中央民族大学“一流大学和一流学科”建设项目资助出版

畔张[illegible] [illegible]著

Jingji Xiaoyizhong De

Shuxue Fangfa

经济效益中的数学方法

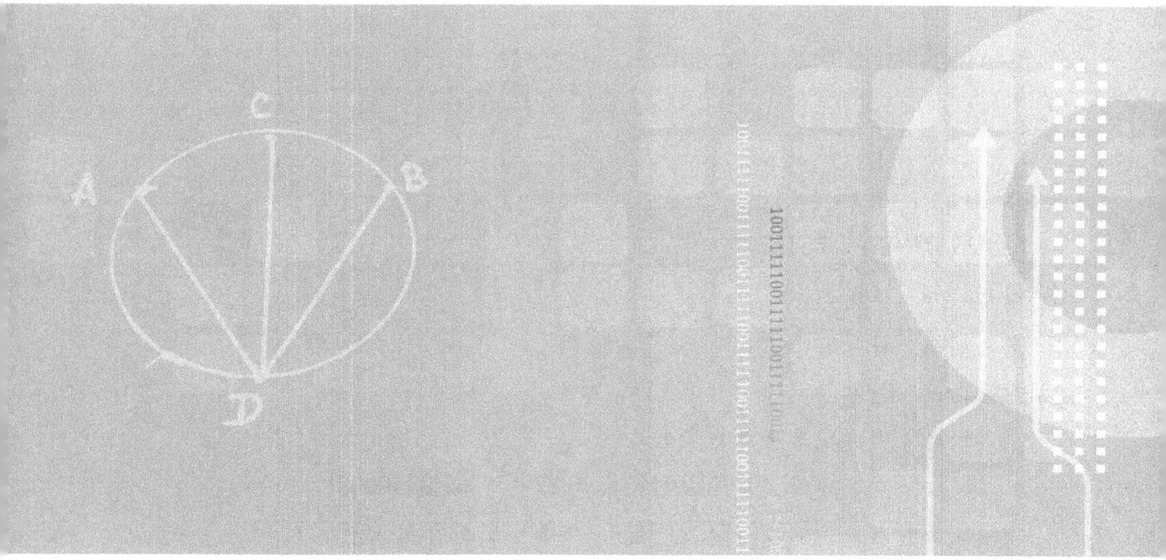

中央民族大学出版社
China Minzu University Press

图书在版编目(CIP)数据

经济效益中的数学方法/薛振邦编著. —北京:中央民族大学出版社,2019.4 重印

ISBN 978-7-5660-1435-1

Ⅰ.①经… Ⅱ.①薛… Ⅲ.①经济数学—数学方法 Ⅳ.①F224.0

中国版本图书馆 CIP 数据核字(2017)第 243503 号

经济效益中的数学方法

编 著 者 薛振邦

责任编辑 杜星宇

封面设计 舒刚卫

出 版 者 中央民族大学出版社

北京市海淀区中关村南大街 27 号 邮编:100081

电话:68472815(发行部) 传真:68933757(发行部)

68932218(总编室) 68932447(办公室)

发 行 者 全国各地新华书店

印 刷 厂 北京建宏印刷有限公司

开 本 787×1092(毫米) 1/16 印张:19.75

字 数 320 千字

版 次 2019 年 4 月第 2 次印刷

书 号 ISBN 978-7-5660-1435-1

定 价 68.00 元

中央民族大学离退休教师学术著作出版编审委员会

内容提要

本书在用浅显通俗的语言讲述高等数学基本理论的基础上，通过近百个实例，介绍在经营管理活动中求得最优值或最优方案的数学方法。全书共七章，内容包括预备知识、线性规划、图论初步、回归分析、马尔可夫链、投入产出模型、决策分析。

本书是企业经营管理者创新和提高经济效益的必备参考书，也可作为高职高专院校经济管理类专业的教材或教学参考书。

总　　序

中央民族大学是为解决民族问题、培养少数民族干部和高级专门人才而创办的高等学府。是国家“211 工程”“985 工程”和“一流大学、一流学科”国家重点建设大学。是我国民族工作的人才摇篮，民族问题研究的学术重镇，民族理论政策的创新基地，民族文化保护和传承的重要阵地。

教师是学校的核心和灵魂。中央民族大学现有离退休教职员工1600 多人，其中具有副高级以上职称 540 多人。离退休人员中有很多是我国民族问题的顶尖专家，他们在工作期间积累了丰富的教学、科研、管理方面的经验，他们是我校的宝贵财富。充分发挥这些老教师、老专家的经验优势和学术优势，鼓励他们为学校“双一流”建设、为民族团结进步事业贡献经验和智慧，是学校建设特色鲜明、国际知名的高水平研究型大学的重要举措。

为了贯彻落实中共中央《关于进一步加强和改进离退休干部工作的意见》（中办发〔2016〕3 号）文件精神，我校制定出台了《中央民族大学离退休教师学术著作出版资助办法》，明确从“双一流”学科建设专项经费中拨出专款，资助我校离退休教师出版学术著作，并建立了资格认定、学科专家组评审及学校评审委员会终审的申报评审机制，确保学术质量。

这些学术著作都是自成体系的，只有汇编为丛书，才能相得益彰，蔚为大观，既便于研读查考，又利于文化积累，《中央民族大学金秋学术文库系列丛书》这套主要收录中央民族大学离退休教师独立撰写或主编的学术著作的开放式丛书也就应运而生了。

“莫道桑榆晚，为霞尚满天”。希望通过实施这一学术著作资助出版项目，汇集民族高等教育的优秀经验成果，加强民族精神文化传承，鼓励离退休教师坚持学术研究，提高我校的知名度和凝聚力，激励后人，为学校建设乃至民族事业发展贡献新的力量。

薪火相继，学林重光。愿这套丛书伴随中央民族大学发展的脚步，不断迈向新的高度！

中央民族大学离退休教师学术著作出版
编审委员会
2017年9月11日

前　言

20世纪80年代出版的《现代西方经济学概论》上篇是由经济学家厉以宁撰写的，就西方现代宏观经济和微观经济基本理论做了系统的全面介绍和评论。数学家秦宛顺写了下篇，对上篇经济命题做了数学推导。这是一部经济数学大纲，同时开启了经济数学这个热门话题。数学的特征：第一是它的抽象性，第二是它的精确性或者更确切地说是逻辑的严格性，最后是它应用的广泛性。如何将数学广泛地应用到经济领域，并产生显著的经济效益是人们十分关切的问题。

企业家、经营管理者决策时，都希望得到产品的最大利润或最小消耗，以获得最好的经济效益。若将经济问题抽象转化为数学问题，那么高等数学的宝库中各门学科都有求解最优值和最佳方案的方法。考虑到读者的数学修养，本书用通俗浅显的语言通过近百个实例讲述了这些方法。第一章帮助读者复习高等数学基础理论（微积分、线性代数、概率论与数理统计）中的主要内容并带上了经济色彩。第二章是俗称“平凡劳动中的数学”的线性规划，其中绝大多数的例子是出于生产管理第一线的干部、技术员之手。其余各章是运筹学和概率论，理论性较强，有的或属于前沿学科的内容在经济中的应用。

本书对如何将经济问题抽象转化为数学问题和经济决策问题做了简明的阐述，它是企业经营管理者创新和提高经济效益的必备参考书。本书可作为高职高专院校经济管理类专业教材或教学参考书。

目　录

第一章 预备知识

为便于读者阅读和理解，本章讲述高等数学中的基础理论：微积分、线性代数、概率论与数理统计中与经济有关的主要内容。

§1 几种重要的经济函数

1. 函数

在自然现象或经济活动中有两个变量 x，y，若 x 在其变化区域 D 内任意取定一个值，y 都有唯一确定的值与之相对应，就称 y 是 x 的函数，x 叫作自变量，函数 y 又叫作因变量，记为 $y=f(x)$。x 的变化区域 D 称为函数 $f(x)$ 的定义域，$f(x)$ 也表示与 x 值相应的函数值，全体函数值称 $y=f(x)$ 的值域记作 R。符号"f"表示 y 与 x 相对应的规律（或称对应法则），即对于任意取定的 x（简记为 $x\in D$）是按照何种规律得到 y 的值（一般用运算法则给出）。

求某函数的定义域在中学数学中，读者已受过很好的训练，这里不再讲述。

求某函数的函数值，记为 $f(x_0)$ 或 $y|_{x=x_0}$，它表示对应于 $x=x_0$ 时的函数值 y_0。

例如，设 $y=f(x)=\sqrt{4-x^2}$，求在 $x=-1$ 处的函数值：$y(-1)=f(-1)=\sqrt{4-(-1)^2}=\sqrt{3}$。

为了直观地表示一个函数 $f(x)$ 的自变量 x 与因变量 y 间对应取值的关系，用数对（x，y）与笛卡尔平面直角坐标系下的点 P 间的一一对应，即用点 P 的集合（或点 P 形成的轨迹）来表示函数 $f(x)$，并称它为函数 $f(x)$ 的图像。下面列出读者熟知的五种基本初等函数：

（1）幂函数　$y=x^{\alpha}$，α 为任何实数

（2）指数函数，$y=a^{x}$，（$a>0$，$a\neq 1$）

（3）对数函数　$y=\log_a x$，（$a>0$，$a\neq 1$）

特别地，当 $a=\mathrm{e}$（e 是无理数，$\mathrm{e}=2.71828\cdots$）时

$$y=\log_{\mathrm{e}} x=\ln x$$

（4）三角函数

$y=\sin x$，$y=\cos x$，$y=\tan x$，$y=\cot x$，$y=\sec x$，$y=\csc x$

（5）反三角函数　$y=\arcsin x$，$y=\arccos x$，$y=\arctan x$，$y=\mathrm{arccot}\, x$，$y=\mathrm{arcsec}\, x$，$y=\mathrm{arccsc}\, x$

2. 经济中常用的函数

在市场经济中，表现最为活跃的几个因素——价格（P）、需求（Q）、供给（S）、成本（C）、收益（R）等，它们之间相互依存和影响，研究这些因素间的函数关系、相关关系（见第四章），对了解和掌握现代经济的特点和研究经营管理的经济效益是非常重要的。

（一）需求函数

需求是指消费者在一定价格条件下对商品的需要。需求有两个条件：第一，消费者愿意购买；第二，消费者有支付能力；仅有第一个条件，只能被看成欲望或需要，而不是需求。用 Q 表示消费者对商品的需求量，P 表示商品的价格，则 Q 是 P 的函数 $Q=Q(P)$，称它为需求函数，这里 P 是自变量，Q 是因变量。

一般地，消费者对某种商品的需求量随价格上涨而减少，因此需求函数是价格的减函数。如需求函数可能遇到以下几种例外的情况：某些商品的价格越下降，需求越小。例如：装饰品代表一定的社会地位与身份，如果价格下降，它们就不能再代表这种社会地位与身份，对它们的需求就会减少；某些商品的

价格越高，需求就越大。例如、名贵珍品，往往价格越高，越显示它们的珍贵性；少数人的逆反心理盲目地认为，“商品价格越高，越是好货”，本来价值几十元（或几百元）的商品卖不出去，换个高出原价几倍或十几倍的标签反而销售一空。

另外，还有一些商品，小幅度升降价需求按正常情况变动；大幅度升降价人们就会采取观望的态度，需求将出现不规则的变化。例如，证券、黄金市场上常有的情况。

在经营管理和经济学中常见的需求函数有：（1）线性需求函数：$Q=a-bp$，其中 $b\geqslant0$，$a\geqslant0$，均为常数；

（2）二次曲线需求函数：$Q=a-bp-cp^2$，其中 a、b、c 均为 $\geqslant0$ 的常数；

（3）指数需求函数 $Q=Ae^{-bp}$，其中 $A>0$，$b\geqslant0$ 均为常数。

需求函数的反函数，就是价格函数，记作 $P=P(Q)$，

一般地，价格是需求量的增函数。

（二）供给函数

供给是指某一时间内，生产者在一定价格条件下，愿意并可能出售的产品，其中包括：新提供的物品和已有的库存的物品。

生产者提供一定量商品所愿意接受的价格，称供给价格，以 P 表示供给价格，S 表示供给量，则 S 是 P 的函数 $S=S(P)$ 称为供给函数。

一般地，商品的供给与价格成正比，即随着价格的上升，供给增加，也就是 $S=S(P)$ 是增函数。

需求价格是指消费者对一定量商品所愿意支付的价格，供给价格是指生产者为提供一定量商品愿意接受的价格，综合考虑供需两个方面共同接受的价格 P_0，谓之均衡价格。因此，均衡价格就是市场上需求量 Q_0 与供给量 S_0 相等时的价格 P_0。这时，需求量 Q_0 与供给量 S_0 都称为均衡商品量。

在均衡价格下，生产者愿意出卖产品，消费者愿意购买商品；当高于均衡价格时，生产者更愿意出卖产品，生产积极性高，市场上可能出现“供过于求”，商品滞销；当低于均衡价格时，生产者不大愿意出卖产品，市场上可能出现“供不应求”，商品短缺，形成抢购。总之，市场上的商品价格围绕均衡价格发生波

动，经营管理者应及时掌握这个重要的市场信息。

例 1 某商品的需求量和供给量与其价格 P 的关系分别为：

$$\begin{cases} Q^2 - 20Q - P = -99 \\ 2Q^2 + P = 123 \end{cases}$$

试求市场的均衡价格和数量。

解：求均衡价格和数量只需解方程组：

$$\begin{cases} Q^2 - 20Q - P = -99 \\ 2Q^2 + P = 123 \end{cases}$$

得到

$$\begin{cases} Q_1 = 6 \\ P_1 = 15 \end{cases}, \begin{cases} Q_2 = -1 \\ P_2 = 120 \end{cases} \text{（无意义）}$$

故所求均衡价格为 15 个单位，均衡数量为 6 个单位。

（三）成本函数

从事生产，就需要投入，也就是成本。在微观经济学中，成本是指生产活动中所使用的生产要素的价格，成本也叫生产费用。

生产要素是指生产某种商品时所投入的经济资源，它包括劳动、资本、土地、企业才能；总成本是生产某特定产量的商品所需要的成本总额，它包括两个部分：固定成本与可变成本。

固定成本是指在短时间不发生变化或变化很小的生产投入，如厂房、设备等。常用 C_1 记之；随产品生产而投入的原材料、人工等，称为可变成本，它以 C_2 记之，它随产品数量的变化而直接变化。因此，可变成本是产品数量 q 的函数，即 $C_2 = C_2(q)$

也就是，总成本 C 也是产品数量 q 的函数，即 $C = C(q) = C_1 + C_2(q)$

在企业中，常常用平均成本，即生产单位产品所需的成本来衡量该企业生产的好坏，用 $\overline{C}(q)$ 表示平均成本，则

$$\overline{C}(q) = C(q)/q = \frac{\text{固定成本} + \text{可变成本}}{\text{产量}}$$

例 2　生产某产品 q 件的总成本为 $C(q)=300+2.5q$，求生产 100 个该产品时的总成本和平均成本。

解：由题意，产量为 100 时的总成本为：

$$C(100)=(300+2.5q)\big|_{q=100}=300+2.5\times100=550$$

所求平均成本

$$\overline{C}(100)=\frac{C(q)}{q}\bigg|_{q=100}=\frac{C(100)}{100}=\frac{550}{100}=5.5$$

（四）收益函数和利润函数

总收益是生产者出售一定数量的产品所得的全部收入，常用 R 表示。相应地，也有平均收益的概念，用 $\overline{R}$ 表示。

总收益，平均收益都是出售产品数量 q 的函数。设 p 为产品的价格；则生产者出售产品数量 q 时的总收益为：$R=R(q)=P(q)\cdot q$

平均收益为：$\overline{R}=\dfrac{R(q)}{q}=P(q)$

其中 $P(q)$ 是商品 q 的价格函数（显然，这个 q 对生产者来说是销售量；对消费者来说是需求量。不论销售量或需求量，都是产品推向市场的结果，因此都称商品量）。可以看出商品价格函数，由产品的平均收益函数来确定。

例 3　设某商品的需求关系是

$$3q+4P=100$$

其中 q 是商品量，P 是该商品的价格，求销售 5 件时的总收益和平均收益。

解：由已知得商品价格为 $P=\dfrac{100-3q}{4}=25-\dfrac{3}{4}q$

所求总收益函数为 $R(q)=Pq=25q-\dfrac{3}{4}q^2$

因此，销售 5 件商品时的总收益和平均收益分别为

$$R(5)=\left(25q-\frac{3}{4}q^2\right)\Big|_{q=5}=106.25$$

$$\overline{R}(5)=\frac{R(5)}{5}=21.25$$

下面介绍利润函数：

企业生产一定数量 q 的产品的总收益 $R(q)$ 与总成本 $C(q)$ 之差，就是它的总利润。记作 L，即 $L=L(q)=R(q)-C(q)$，它的平均利润，记作 $\overline{L}$；

$$\overline{L}=\overline{L}(q)=\frac{L(q)}{q}$$

总利润 L 和平均利润 $\overline{L}$ 都是产量 q 的函数。

例 4 在例 2 中，产品价格 p 为多少单位时，生产 100 个这种产品的总利润为 50？

解：设 $p=x$ 个单位，则生产 100 个这种产品的总收益

$R(100)=R(q)\big|_{q=100}=x\cdot q\big|_{q=100}=100x$

由例 2 的结果知道，生产 100 个这种产品的总成本 $C(100)=550$

所以，生产 100 个这种产品的总利润

$$\begin{aligned}L(100)&=L(q)\big|_{q=100}=[R(q)-C(q)]_{q=100}\\&=R(q)\big|_{q=100}-C(q)\big|_{q=100}=100x-550\end{aligned}$$

再由已知 $L(100)=50$，得

$$100x-550=50$$

求得 $x=6$ 个单位。也就是当产品价格定为 6 个单位时，生产 100 个这种产品的总利润为 50。

从例 2、例 4 的已知和计算结果看出：

（1）平均利润 $\overline{L}(100)=\left.\dfrac{L(q)}{q}\right|_{q=100}=\dfrac{L(100)}{100}=\dfrac{50}{100}=0.5$

（2）平均成本$[\overline{C}(100)=5.5]$，平均利润 $\overline{L}(100)=0.5$ 和产品价格$(p=6)$之间的关系：

$$P(q)=\overline{C}(q)+\overline{L}(q)\text{，或}\quad \overline{L}(q)=P(q)-\overline{C}(q)$$

即，平均利润等于产品价格与平均成本之差。

本节介绍了几个经济学中基本的、常用的也是重要的经济函数（需求、供给、成本、收益、利润函数），还有一些经济函数，例如库存函数等，待今后讲解导数在经济上的应用时，在举例中介绍。

§2　导数的应用

1. 函数的极限

极限方法是研究函数、引进导数、微分、积分乃至高等数学最主要的工具，它是迈进高等数学殿堂的门槛。

教学过程中，一般学生不易理解极限的概念。的确，极限是由初等数学过渡到高等数学的一个硬结，也是学生思维由不变到变、由有限到无限转化的一个关口。为了帮助学生顺利地渡过这个关口，先介绍一下我国古代数学家刘徽（263年，魏末晋初）朴素的极限思想，他为了计算圆的面积创造了割圆术，他从计算圆内接正六边形、正十二边形等的面积，算到圆内接正九十六边形，得出了圆周率的近似值（$\pi \approx 3.14$），并总结出："割之弥细，所失弥少，割之又割，以至于不可割，则与圆周合体而无所失矣。"还有，古代数学家将求数列：1，$\frac{1}{2}$，$\frac{1}{4}$，$\frac{1}{8}\cdots$的极限过程，比喻作"一尺之棰，日取其半，万世不竭"（棰是杆子的意思）。因此，极限概念描述了一个事物由量变到质变及由有限到无限的变化过程和趋向。

为了不冲淡正文，这里不讲述极限的内容。请读者参阅笔者曾发表过的一篇论文《极限》（《中央民族大学学报·自然科学版》，2012年第4期）。

2. 函数的连续性

实际应用中遇到的函数常有这样一个特点：当自变量的改变量非常小时，相应的函数值的改变量也非常小，这种性质引出连续函数的概念。

在函数 $y=f(x)$ 的定义域中，设自变量 x 由 x_0 变到 x_1，相应的函数值由 $f(x_0)$ 变到 $f(x_1)$，记 $\Delta x=x_1-x_0$，$\Delta y=f(x_1)-f(x_0)$，它们分别叫作自变量 x 和函数 $y(x)$ 的增量或称改变量。

函数$f(x)$在点x_0处连续的意义是：设函数$f(x)$在点x_0及其领域有定义，如果当自变量的改变量趋于0（$\Delta x \to 0$）时，相应的函数的改变量也趋于0（$\Delta y \to 0$），即$\lim\limits_{\Delta x \to 0} \Delta y = 0$

或$\lim\limits_{\Delta x \to 0}[f(x_0+\Delta x)-f(x_0)]=0$

$\lim\limits_{\Delta x \to 0} f(x_0+\Delta x) = f(x_0)$

如令$x=x_0+\Delta x$，则当$\Delta x \to 0$时，$x \to x_0$于是$\lim\limits_{x \to x_0} f(x) = f(x_0)$

该式是函数$f(x)$在x_0点连续意义的另一种表达形式。就是说，当$x \to x_0$时函数$f(x)$的极限值等于函数$f(x)$在x_0点的函数值$f(x_0)$，那么函数在x_0点是连续的，因此$f(x)$在x_0点连续必须满足

（1）$f(x)$在x_0点有确定的函数值$f(x_0)$；

（2）当$x \to x_0$时，$f(x)$有确定的极限值，且这个极限值等于$f(x_0)$。

根据$\lim\limits_{x \to x_0} x = x_0$，函数$f(x)$在$x_0$点处连续还可表示成

$$\lim_{x \to x_0} f(x) = f(\lim_{x \to x_0} x)$$

例如，对任意有理整函数（多项式）$p(x)=a_0x^n+a_1x^{n-1}+\cdots+a_n$，因有$\lim\limits_{x \to x_0} p(x) = a_0x_0^n+a_1x_0^{n-1}+\cdots+a_n=p(x_0)$，所以任何一个有理整函数在其定义域（$-\infty<x<+\infty$）上任何一点处都是连续的。

若函数$f(x)$在其定义区间D上任何一点处都是连续的，则称函数$f(x)$在区间D上连续。例如，有理整函数$p(x)$在区间$-\infty<x<+\infty$上连续。

若函数$f(x)$在点x_0处不满足连续条件，则称函数$f(x)$在点x_0处不连续，或者称函数$f(x)$在点x_0处间断。点x_0称为$f(x)$的间断点。

显然，如果$f(x)$在点x_0处有下列三种情形之一，则点x_0为$f(x)$的间断点：

（1）在点x_0处$f(x)$没有定义。

（2）$\lim\limits_{x \to x_0} f(x)$不存在。

（3）虽然$f(x_0)$有定义，且$\lim\limits_{x \to x_0} f(x)$存在，但$\lim\limits_{x \to x_0} f(x) \neq f(x_0)$

例如，$y=\dfrac{1}{x}$在点$x=0$处间断。这是因为$y=\dfrac{1}{x}$在点$x=0$处没有定义。

例1　考察函数

$$f(x)=\begin{cases}x-1 & x<0\\ 0 & x=0\\ x+1 & x>0\end{cases}$$，在点 $x=0$ 处的连续性。

解：虽然 $f(0)=0$，但 $\lim\limits_{x\to 0^-}f(x)=-1\neq\lim\limits_{x\to 0^+}f(x)=+1\Rightarrow\lim\limits_{x\to 0}f(x)$不存在。

所以，$f(x)$在 $x=0$ 处间断

例2　考察函数 $f(x)=\begin{cases}x+1 & x\neq 1\\ 1 & x=1\end{cases}$

在点 $x=1$ 处的连续性。

解：虽 $f(1)=1$，但 $\lim\limits_{x\to 1}f(x)=\lim\limits_{x\to 1}x+1=2\neq f(1)$，

所以，$f(x)$在 $x=1$ 处间断。

可以证明，§1 中给出的五种基本初等函数在其定义域内都是连续函数，因此，可以利用连续函数的运算法则推出，一般初等函数（由基本初等函数的和、差、积、商复合而成）在其定义区间内也都是连续的。这样，就可以根据连续函数的意义$[\lim\limits_{x\to x_0}f(x)=f(\lim\limits_{x\to x_0}x)=f(x_0)]$，和两个重要极限来求一般初等函数的极限。

例3　求下列极限

（1）$\lim\limits_{x\to 0}\dfrac{\tan x-\sin x}{x}$，（2）$\lim\limits_{x\to x_0}\dfrac{e^{x^2}\cos x}{\arcsin(1+x)}$

解：（1）$$\lim_{x\to x_0}\frac{\tan x-\sin x}{x}=\lim_{x\to 0}\frac{\sin x}{x}\cdot\frac{1}{\cos x}-\lim_{x\to 0}\frac{\sin x}{x}$$

$$=\lim_{x\to 0}\frac{\sin x}{x}\cdot\lim_{x\to 0}\frac{1}{\cos x}-\lim_{x\to 0}\frac{\sin x}{x}=1\times\frac{1}{1}-1=0$$

（2）$$\lim_{x\to 0}\frac{e^{x^2}\cos x}{\arcsin(1+x)}=\lim_{x\to 0}e^{x^2}\lim_{x\to 0}\cos x\Big/\lim_{x\to 0}\arcsin(1+x)=\frac{2}{\pi}$$

连续函数的性质：如果函数 $f(x)$在闭区间 $[a,\ b]$ 上连续，则 $f(x)$在该区间上有以下三个性质：

（1）有界（有界性）。

（2）有最大值 M 和最小值 m（极值性）。

(3) 若 C 是 m 和 M 之间的任一实数（即 $m<C<M$），至少存在一点 $\xi \in (a, b)$，使得 $f(\xi)=C$（介值性）。

3. 导数的意义

物体做匀速直线运动时，其位移 s 与所经过的时间 t 之比，等于物体运动的速度 v，即 $v=\frac{s}{t}$。实际上，这是一种理想的运动。客观现实生活中的运动物体（例如汽车，飞机，轮船等）的运动都是做变速（非匀速）运动，即运动物体每时每刻的速度都在随时间而发生着变化，即速度是时间的函数 $v=v(t)$。

设做变速运动的物体在时间 t 内运行的距离为 s，s 也是 t 的函数 $s=s(t)$。而 $v(t)=\frac{s(t)}{t}$ 是做变速运动的物体在 t 这段时间内的平均运行速度，如何来描述物体在某一时刻的速度（瞬时速度或即时速度）呢？

假定物体从时间 t_0 到 t_1 这段时间内的改变量为 $\Delta t=t_1-t_0$，那么，物体位置的改变量 $\Delta s=s(t_1)-s(t_0)$。由 $t_1=t_0+\Delta t$ 有 $\Delta s=s(t_0+\Delta t)-s(t_0)$，物体位置改变量与时间改变量之比，为这段时间内物体运动的平均速度（也称平均变化率）$\bar{v}$，即

$$\bar{v}=\frac{\Delta s}{\Delta t}=\frac{s(t_0+\Delta t)-s(t_0)}{\Delta t}$$

$\bar{v}$ 的值反映了在 Δt 时间内物体运动快慢的平均程度。而物体在时间 t_0 的瞬时速度（形象地说，运动物体在时刻 t_0 的爆发力，或在时刻 t_0 物体冲出的距离）。$v(t_0)$ 只能借助于函数极限的概念来描述。即当 $\Delta t \to 0$ 时，平均速度 $\bar{v}$ 趋向于瞬时速度 $v(t_0)$，也就是

$$v(t_0)=\lim_{\Delta t \to 0}\bar{v}=\lim_{\Delta t \to 0}\frac{\Delta s}{\Delta t}=\lim_{\Delta t \to 0}\frac{s(t_0+\Delta t)-s(t_0)}{\Delta t}$$

例 4 求自由落体的瞬时速度。

解：由自由落体的运动方程 $s(t)=\frac{1}{2}gt^2$。（g 是重力加速度，$g \approx 9.8$ 米/秒^2）

设物体在时刻 t_0 的运动时间改变 Δt，于是在 t_0 的距离 $s(t_0)=\frac{1}{2}gt_0^2$ 改变为

$s(t_0+\Delta t)=\frac{1}{2}g(t_0+\Delta t)^2$。距离的改变量

$$\Delta s=\frac{1}{2}g(t_0+\Delta t)^2-\frac{1}{2}gt_0^2=\frac{1}{2}g[t_0^2+2t_0(\Delta t)+(\Delta t)^2]-\frac{1}{2}gt_0^2$$

$$=gt_0(\Delta t)+\frac{1}{2}g(\Delta t)^2$$

求极限

$$\lim_{\Delta t\to 0}\frac{\Delta s}{\Delta t}=\lim_{\Delta t\to 0}\left[gt_0\Delta t+\frac{1}{2}g(\Delta t_0)^2\right]/\Delta t=\lim_{\Delta t\to 0}\left[gt_0-\frac{1}{2}g(\Delta t)\right]$$

$$=\lim_{\Delta t\to 0}gt_0-\lim_{\Delta t\to 0}\frac{1}{2}g(\Delta t)=gt_0-\frac{1}{2}g\times 0=gt_0$$

即自由落体在时刻 t_0 的瞬时速度

$$v(t_0)=gt_0。$$

譬如，$t=1$，2，3，…时的瞬时速度 $v(1)$，$v(2)$，$v(3)$ …分别为 9.8 米/秒，19.6 米/秒，29.4 米/秒……人坠楼时，若下落两秒时间着地时对地面的冲击速度为 19.6 米/秒（相当于从六、七层楼上坠下），除奇迹出现，无一幸存。

例 5　设某商品的出售价格为 P，顾客对该商品的需求量为 Q。由市场调查可知，该商品需求量与价格之间的函数关系为 $Q=75+8P-P^2$。试比较，当每件商品出售价格为 2 元和 3 元时商品销售的快慢程度。

解：显然，由函数 $Q=75+8P-P^2$ 知道，不同的价格 $P(P>0)$ 对商品出售的快慢程度有直接的影响（这里不考虑影响商品出售的其他原因）。

欲求商品出售价格 $P=2$(元)时，商品销售的快慢程度，可仿照例 1 的做法，给 $P=2$ 一个增量 ΔP，相应的销售量的增量：

$$\Delta Q=Q(2+\Delta P)-Q(2)$$

$$=75+8(2+\Delta P)-(2+\Delta P)^2-(75+8\times 2-2^2)=4(\Delta P)-(\Delta P)^2。$$

比值：$\frac{\Delta Q}{\Delta P}=\frac{4(\Delta P)-(\Delta P)^2}{\Delta P}=4-\Delta P$ 为这一段商品价格增长的过程中，商品销售量增长的平均快慢程度（平均变化率）。当 $\Delta P\to 0$ 时，$\frac{\Delta Q}{\Delta P}$的极限值就是 $P=2$（元）时商品销售的快慢程度（函数 $Q=75+8P-P^2$ 在 $P=2$ 时的变化率），即

$$\lim_{\Delta P \to 0} \frac{\Delta Q}{\Delta P} = \lim_{\Delta P \to 0}(4 - \Delta P) = 4\ (件/单位时间)$$

同样的计算方法，可求出商品价格 $P = 3$ 元时，商品销售的快慢程度为 2（件/单位时间）。

显然，商品价格为 2(元/件)时，销售要快些。

撇开上述两个例子的实际意义，只考虑它们共同的实质是求函数 $f(x)$ 在一点 $x = x_0$ 的变化量（例 1 中求 $s = \frac{1}{2}gt^2$ 当 $t = t_0$ 时的瞬时速度；例 2 中求 $Q = 75 + 8P - P^2$ 当 $P = P_0$ 时的销售快慢程度）。这就引出了数学分析中的一个重要概念：导数。

设函数 $y = f(x)$ 在点 $x = x_0$ 及其附近有意义。当自变量 x 在 x_0 处有改变量 Δx（Δx 可正可负），则函数 y 相应的有改变量 $\Delta y = f(x_0 + \Delta x) - f(x_0)$

这两个改变量的比 $\frac{\Delta y}{\Delta x} = \frac{f(x_0 + \Delta x) - f(x_0)}{\Delta x}$

叫作函数 $y = f(x)$ 在 x_0 到 $x_0 + \Delta x$ 之间的平均变化率。

如果当 $\Delta x \to 0$ 时，$\frac{\Delta y}{\Delta x}$ 有极限，就称函数 $f(x)$ 在 x_0 处可导，并把这一极限叫作函数 $f(x)$ 在点 x_0 处的导数（变化率），记作 $f'(x_0)$ 或 $y'\big|_{x=x_0}$，$\frac{dy}{dx}\Big|_{x=x_0}$，即 $f'(x_0) = \frac{dy}{dx}\Big|_{x=x_0} = \lim_{\Delta x \to 0}\frac{\Delta y}{\Delta x} = \lim_{\Delta x \to 0}\frac{f(x_0 + \Delta x) - f(x_0)}{\Delta x}$

总而言之，函数 $f(x)$ 在点 x_0 处的导数就是函数的平均变化率当自变量的改变量趋向于零时的极限值。它反映了函数 $f(x)$ 在点 x_0 处变化快慢程度（变化率），亦称瞬时速度。

现在可以说，例 1 中自由落体在 $t = t_0$ 时的导数为 gt_0，即 $s'(t_0) = gt_0$；例 2 中经济函数 $Q = 75 + 8P - P^2$ 在 $P = 2$，3 时的导数分别为 4 和 2，即 $Q'\big|_{p=2} = 4$，$Q'\big|_{p=3} = 2$。

实际工作中会遇到许多的求函数变化率的问题。例如，在某时刻洪水的流量、导线中的电流量、车站人的候车量等。因此，导数的概念在实际应用中起着重要的作用，它是微积分学基础。

利用导数的定义可求出基本初等函数的导数和导数的运算法则。详见附录1：导数公式。

4. 导数在数学中的应用

（1）函数的增减性。

如果在区间（a，b）内任取两点 $x_1 < x_2$，都有

$$f(x_1) \leq f(x_2) \; [\text{或} f(x_1) \geq f(x_2)]$$

则 $y = f(x)$ 在区间 (a,b) 上是单调增加（或单调减少）的。

下面讨论怎样判定函数的增减性。

从图1—1上可以看到：当沿着增函数的曲线从左向右移动时，曲线逐渐上升，它的切线和 x 轴正方向的夹角（倾角）是锐角，斜率是正的，当沿着减函数的曲线从左向右移动时，曲线逐渐下降，它的切线对 x 轴的倾角为钝角。斜率是负的（图1—2），由导数的几何意义 $\tan\alpha = f'(x_0)$ 得出：若函数 $f(x)$ 在 (a,b) 上可导，则 $f(x)$ 在 (a,b) 上单调增加（单调减少）的充要条件是 $f'(x) \geq 0 \; [f'(x) \leq 0]$。

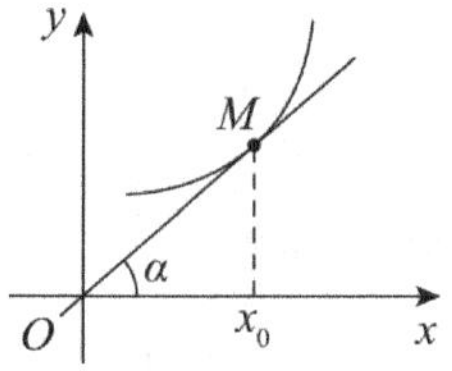

图1—1

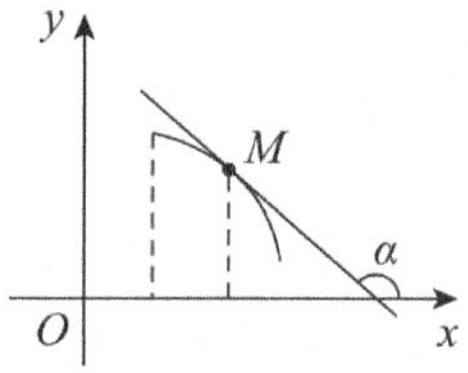

图1—2

例6　讨论 $y = 2x^3 - 3x^2 - 36x + 16$ 的增减性

解：$y' = 6x^2 - 6x - 36 = 6(x^2 - x - 6) = 6(x-3)(x+2)$

多项式函数的定义域是 $(-\infty, +\infty)$，根据 $y' = 6(x-3)(x+2)$，将 $(-\infty, +\infty)$ 分成 $(-\infty, -2)$、$(-2, 3)$、$(3, +\infty)$，该函数的增减性及其判别如表1—1。

表1—1

x	$(-\infty, -2)$	-2	$(-2, 3)$	3	$(3, +\infty)$
y'	+	0	−	0	+
$f(x)$	↗	60	↘	−65	↗

（2）曲线的凸凹与拐点。

研究曲线的另一特征是曲线的凹向，从左往右曲线有凸和凹之分，如图1—3和图1—4所示。曲线向上凹时，曲线在切线的上方；曲线向上凸时，曲线在切线的下方。用曲线的斜率的大小，也就是曲线在各点导数的增减来描述曲线的凸凹。

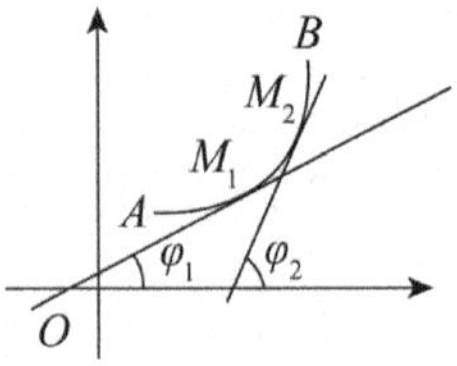

图1—3

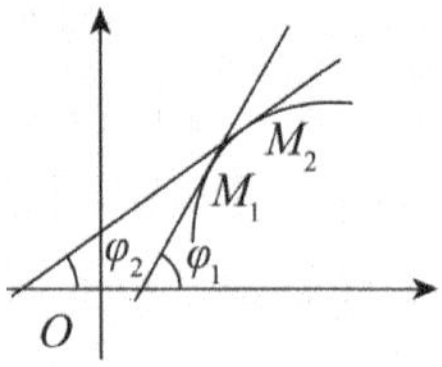

图1—4

从图1—3和图1—4可以看出，当曲线向上凸时，$\tan\varphi=f'(x)$的值由大变小；当曲线向上凹时 $\tan\varphi=f'(x)$由小变大。这样就遇到了判别一个函数$f(x)$的导函数$f'(x)$的增减性问题。

如果函数$y=f(x)$的导数$f'(x)$在点x处可导，则称$f'(x)$在点x处的导数为函数$f(x)$在点x处的二阶导数，记作$f''(x)$，y''或$\dfrac{d^2y}{dx^2}$

类似地，有函数$f(x)$的三阶，……，n阶导数的概念。

由判别函数$f(x)$增减性的方法可以推出判别曲线$f(x)$的凸凹的方法：

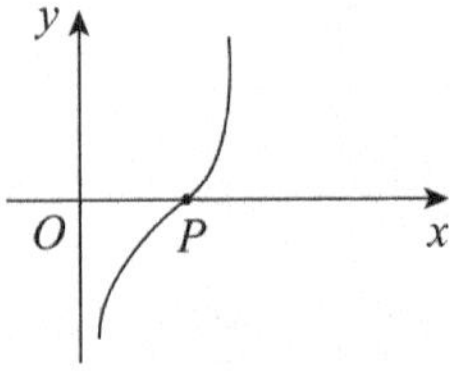

图1—5

若函数$f(x)$在(a,b)上可导，且有二阶导数，则曲线$f(x)$在(a,b)上凸（凹）的充要条件是$f''(x)<0$ $[f''(x)>0]$

曲线凸凹的分界点称为曲线的拐点，如图1—5中的P点。

拐点既然是曲线凸凹的分界点，所以在拐点左右邻近$f''(x)$必然异号，因而在拐点处$f''(x)=0$或$f''(x)$不存在。

例7 讨论曲线$y=x^4-2x^3+1$的凸凹性，并求其拐点。

解：求一阶导数$y'=4x^3-6x^2$

求二阶导数$y''=12x^2-12x=12x(x-1)$，令$y''=0$，得拐点$x_1=0$，$x_2=1$

列表1—2说明曲线的凸凹。

表 1—2

x	$(-\infty, 0)$	0	$(0, 1)$	1	$(1, +\infty)$
y''	+	0	−	0	+
y	∪	1（拐点）	∩	0（拐点）	∪

可见，曲线在区间 $(-\infty, 0)$，$(1, +\infty)$ 是凹的；在区间 $(0, 1)$ 上是凸的；曲线有两个拐点 $(0, 1)$ 和 $(1, 0)$，如图 1—6。

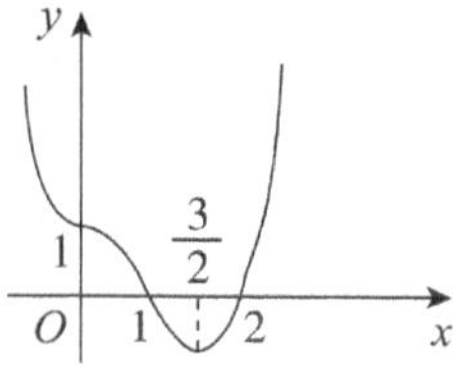

图 1—6

（3）极值。

生产实践中经常考虑在一定条件下使材料最省、燃料最少、运费最小、功率最大、运输量最多等问题，生产中这类研究经济效益最好，即“最省”“最少”“最大”“最小”等问题，在数学上叫作最大值和最小值问题。导数是解决这类问题的基本工具之一。

如果函数 $f(x)$ 在点 x_0 的函数值，比 x_0 点附近其他 x 点函数值 $f(x)$ 都大（小），即 $f(x_0)>f(x)$ $[f(x_0)<f(x)]$ 则称 $f(x)$ 在 x_0 点有一个极大（小）值 $f(x_0)$。

函数 $f(x)$ 的极大值、极小值统称为函数 $f(x)$ 的极值，它是一个局部性概念。函数在其定义区间上可能有几个极值，这几个极大（小）值中相互比较其中最大（小）的一个，称为函数在这个区间上的最大（小）值。因此，最大（小）值是函数的一个整体性质。例如由图 1—7 绘出的函数在 x_0、x_2、x_4 分别有极大值 $f(x_0)$、$f(x_2)$、$f(x_4)$，其中最大的值 $f(x_4)$ 为 $f(x)$ 在区间 $[a,b]$ 上的最大值。同样，函数 $f(x)$ 在区间 $[a,b]$ 上有最小值 $f(x_3)$。

若函数 $f(x)$ 在 x_0 点的导数为零，即 $f'(x)=0$，则称该点 x_0 为函数 $f(x)$ 的驻点。

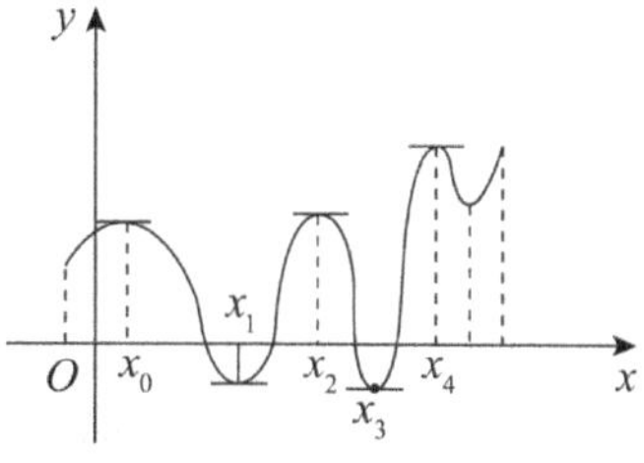

图 1—7

例如，在例 7 中令函数 $y=x^4-2x^3+1$ 的导数 $y'=4x^3-6x^2=2x^2(2x-3)=0$

求得 $x_1=0$、$x_2=\frac{3}{2}$。因此，该函数有两个驻

点，即 $x_1=0$、$x_2=\frac{3}{2}$。不难发现，函数在驻点 $x_2=\frac{3}{2}$处取得极小值。

$f(\frac{3}{2})=(\frac{3}{2})^4-2(\frac{3}{2})^3+1=-\frac{11}{16}$。但函数在另一个驻点 $x_1=0$ 处没有极值。

再由例6知道，令 $y'=6(x-3)(x+2)=0$，求得函数 y 的两个驻点 $x_1=-2$、$x_2=3$处分别取得最大值$f(-2)=60$，最小值$f(3)=-65$。

由讨论过的函数的增减性和凸凹性知道，函数$f(x)$“↗”与“↘”的分界点就是该曲线$f(x)$呈凸形时的最高点（顶点），也就是函数$f(x)$的极大值点，并且曲线$f(x)$在这点的切线平行于 x 轴，即该点的导数为零（驻点）。因此，得出结论：驻点可能是函数$f(x)$的极大值点。同样，驻点也可能是函数$f(x)$的极小值点。

费马引理（极值的必要条件）：设函数$f(x)$在 x_0 点可导，且$f(x)$在 x_0 点取得极值（极大或极小），则$f'(x)=0$

$f'(x)=0$ 是 x_0 点为极值点的必要条件，而不是充分条件。也就是说，驻点可能是函数的极值点，也可能不是极值点。例如，例 6 中的两个驻点都是函数的极值点；例 7 中的驻点 $x_2=\frac{3}{2}$是函数的极值点；而驻点 $x_1=0$ 不是函数的极值点。

从图 1—8 看出，曲线$f(x)$在 x_0 点有水平切线这一特征外，还有下面两个特征：

（1）在 x_0 点的左侧曲线是上升的，在 x_0 点的右侧曲线是下降的；

（2）在 x_0 点附近图形是凸的。

这两个特征都表明了判定函数$f(x)$在 x_0 点有极值的充分条件。

极值判别法一：设 $y=f(x)$ 在$[a,b]$上连续，在(a,b)上可导，且有$f'(x_0)=0$。

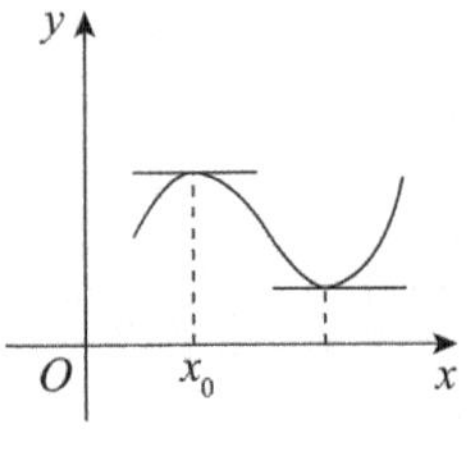

图 1—8

（1）若 $x<x_0$ 时，$f'(x)>0$，而 $x>x_0$ 时，$f'(x)<0$，则$f(x_0)$为极大值。

（2）若 $x<x_0$ 时，$f'(x)<0$，而 $x>x_0$ 时，$f'(x)>0$，则$f(x_0)$为极小值。

极值判别法二：设 $y=f(x)$在 x_0 点附近有一阶、二阶导数，且 $f'(x_0)=0$，$f''(x_0)\neq 0$。

（1）若 $f''(x_0)>0$，则 $f(x_0)$ 是函数的极小值；

（2）若 $f''(x_0)<0$，则 $f(x_0)$ 是函数的极大值。

综合上述讨论，可将求极值的步骤归纳如下：

（一）用一阶导数判定

（1）找出所有驻点［即 $f'(x)=0$ 的点］。

（2）判断在 $f'(x)$ 这些点左右 $f'(x)$ 符号变化情况，以决定是否为极值点，并决定是极大或极小。

（二）用二阶导数判定

（1）同上。

（2）在使 $f'(x)=0$ 的点处考虑 $f''(x)$ 的符号，由它的正、负决定是极小值或极大值。

例 8　求 $y=x^3-6x^2+9x-3$ 的极值

解：$y'=3x^2-12x+9=3(x-1)(x-3)$

令 $y'=0$ 得驻点 $x_1=1$，$x_2=3$

用判别法一，列表 1—3：

表 1—3

x	$(-\infty, 1)$	1	$(1, 3)$	3	$(3, +\infty)$
y'	+	0	−	0	+
$f(x)$	↗	极大值 1	↘	极小值 −3	↗

用判别法二：

因 $y''=6x-12$，$f''(1)=-6<0$，所以在 $x=1$ 处有极大值 $f(1)=1-6+9-3=1$；因 $f''(3)=6>0$，所以在 $x=3$ 处有极小值，$f(3)=-3$。

请读者注意，以上讨论的求函数 $f(x)$ 的极值都是在导数 $f'(x)$ 存在的条件下进行的。若函数 $f(x)$ 在 x_0 点的导数不存在的情况下，x_0 点是否可能为函数 $f(x)$ 的极值点呢？回答是可能的。例如函数 $f(x)=x^{\frac{2}{3}}(-\infty<x<+\infty)$，在 $x=0$ 点

导数不存在，但在该点有极小值 $f(0)=0$。因此，导数不存在的点也可能成为函数的极值点。

例 9 用一根长为 l 的绳子围成一个矩形，问怎样围使得矩形的面积最大？

解：设矩形的宽为 x，则长为 $\frac{l-2x}{2}$，这时矩形的面积

$$s=x\cdot\frac{l-2x}{2}=\frac{lx}{2}-x^2$$

$$s'_x=\frac{l}{2}-2x$$

$$s''_{xx}=-2$$

令 $s'_x=0$，得 $x=\frac{l}{4}$（驻点）

由于 $s''(\frac{l}{4})=-2<0$，所以函数在 $x=\frac{l}{4}$ 处取得极大值。也就是，矩形的宽为 $\frac{l}{4}$，长为 $\frac{l-2\cdot\frac{l}{4}}{2}=\frac{l}{4}$，即矩形为正方形时面积最大。

例 10 要做一个容积为 a 的圆柱形罐头筒，怎样设计才能使所用铁皮最省？

解：显然，要求圆柱形筒的表面积最小。

设圆筒的底半径为 r，高为 h，于是圆筒的体积为 $\pi r^2\cdot h=a$（已知），由此得 $h=\frac{a}{\pi r^2}$。

圆筒的表面积 $s(r)=2\pi r^2+2\pi r\cdot h \quad r\in(0,+\infty)$

$$=2\pi r^2+2\pi r\cdot\frac{a}{\pi r^2}=2\pi r^2+\frac{2a}{r}$$

$$s'(r)=4\pi r-\frac{2a}{r^2}$$

$$s''(r)=4\pi-\frac{4a}{r^3}$$

令 $s'(r)=0$，解得 $r=\sqrt[3]{\frac{a}{2\pi}}$（驻点）

因为 $s''(\sqrt[3]{\frac{a}{2\pi}})=4\pi+4a/(\sqrt[3]{\frac{a}{2\pi}})^3=12\pi>0$

所以，$s(r)$在点$\sqrt[3]{\frac{a}{2\pi}}$处有极小值。这时相应的高为

$$h=\frac{a}{\pi r^2}=\frac{a}{\pi(\sqrt[3]{\frac{a}{2\pi}})^2}=2\sqrt[3]{\frac{a}{2\pi}}=2r$$

这个结果表明，当所做罐头筒的高和底面直径相等时，所用铁皮最省。

例 11　在公路的一侧某乡的两个村 A、B，其位置如图 1—9 所示。乡政府欲在公路旁边修建一个堆货场 M，并从 A、B 两个村各修一条直线大道通往堆货场。要使 A、B 到 M 的大道总长最短，堆货场 M 应修在何处为宜?

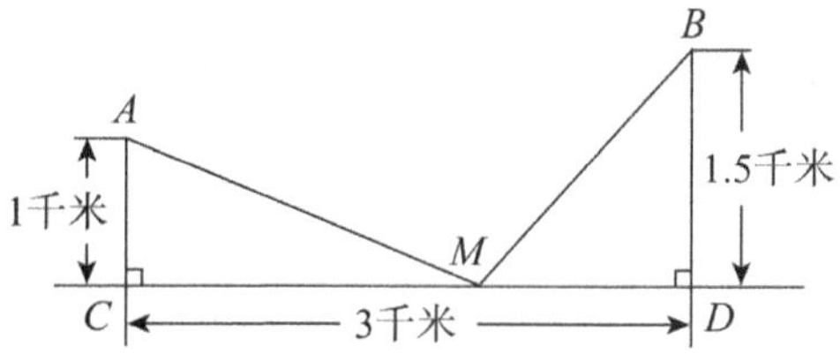

图 1—9

解：设 M 距 C 为 x(千米)，则 $MD=3-x$，且 $AM=\sqrt{1+x^2}$，$MB=\sqrt{1.5^2+(3-x)^2}$，A、B 到 M 的大道总长

$$l(x)=\sqrt{1+x^2}+\sqrt{1.5^2+(3-x^2)}$$

$$l'(x)=\frac{x}{\sqrt{1+x^2}}-\frac{3-x}{\sqrt{2.25+(3-x)^2}}$$

令 $l'(x)=0$，求得 $x=1.2$ 或 $x=-6$（不合题意）。

略去求函数 $l(x)$ 的二阶导数的复杂过程，可以验证 $l''(x)>0$。因此将堆货场 M 修在距 C 地 1.2 千米处为宜。

例 12　求例 5 中销售函数 $Q=75+8P-P^2$ 的最大值。

解：令 $Q'(P)=(75+8P-P^2)'=8-2P=0$，得 $P=4$

因 $Q''(P)=-2<0$，所以函数 $Q(P)$ 在 $P=4$(元)时取得最大值，即最大销量：$Q(4)=75+8\times4-4^2=91$(件)。

(1) 曲线的渐近线。

有些函数的定义域或值域是无限的，其图形远离原点向无穷远处延伸，如抛物线、双曲线等，这些曲线有的向无穷远处延伸的过程中与某直线无限地靠近，如平面解析几何中的双曲线 $\frac{x^2}{a^2}-\frac{y^2}{b^2}=1$ 与直线 $y=\frac{b}{a}x$ 和直线 $y=-\frac{b}{a}x$ 就是如此。这样的直线叫曲线的渐近线，渐近线是描述曲线特征的另一种形式。它有如下三种情况：

①水平渐近线。

若函数 $y=f(x)$ 有 $\lim\limits_{x\to\infty}f(x)=c$（常数）时，则称直线 $y=c$ 为曲线 $y=f(x)$ 的水平渐近线，如果 $\lim\limits_{x\to\infty}f(x)$ 不存在，那么曲线无水平渐近线。

例如 $y=\frac{1}{x}(x\neq0)$ 有水平渐近线 $y=0$（图1—10）。

②铅直渐近线。

若函数 $y=f(x)$ 在点 a 处间断，且 $\lim\limits_{x\to a}f(x)=\infty$ 则称直线 $x=a$ 是曲线 $y=f(x)$ 的铅直渐近线，例如 $y=\frac{1}{x}$ 也有铅直渐近线 $x=0$（图1—10）。

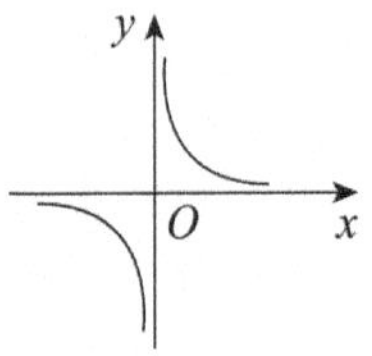

图1—10

③斜渐近线。

若对函数 $y=f(x)$ 有 $\lim\limits_{x\to\infty}[f(x)-(ax+b)]=0$ 成立，则称直线 $y=ax+b$ 为曲线 $y=f(x)$ 的斜渐近线，其中 $a=\lim\limits_{x\to\infty}\frac{f(x)}{x}$，$b=\lim\limits_{x\to\infty}[f(x)-ax]$

例如曲线 $y=\frac{x^2}{1+x}$ 除铅直渐近线 $x=-1$ 外，还有斜渐近线 $y=x-1$（图1—11）。

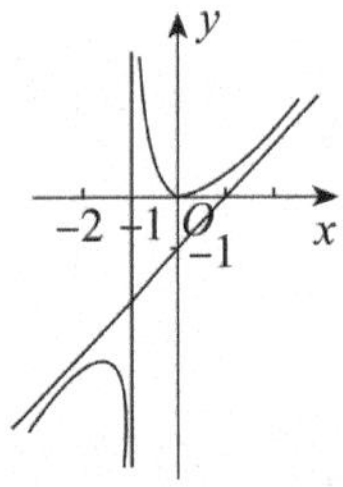

图1—11

事实上，曲线在 $x=-1$ 点间断，且 $\lim\limits_{x\to-1}\frac{x^2}{1+x}=\infty$；$\lim\limits_{x\to\infty}\frac{f(x)}{x}=\lim\limits_{x\to\infty}\frac{x}{1+x}=1=a$

$$\lim_{x\to\infty}[f(x)-ax]=\lim_{x\to\infty}\frac{-x}{1+x}=-1=b$$

（2）函数作图。

在中学里，读者熟悉了采用描点法作函数的图形，由于知识范围所限选点不可能很多，因而一些关键性的点如极值点、拐点等，往往有可能漏掉，曲线的增减性、凸凹性、渐近性等一些曲线性态也难以准确地显示出来。现在通过上述介绍的函数导数的应用，我们可以较准确地将函数的图形描绘出来。

利用导数描绘函数的图形的一般步骤为：

①确定函数 $y=f(x)$ 的定义域，并讨论其周期性、有界性、奇偶性；

②求 $f'(x)$，并求出使 $f'(x)=0$ 的点(驻点)或 $f'(x)$ 不存在的点；

③求 $f''(x)$，并求出 $f''(x)=0$ 或 $f''(x)$ 不存在的点；

④由第（2）（3）步中所得到的点，将定义域分成相应区间，列表标明各区间内函数的增减性、凸凹性，各区间分点是不是极值点，拐点；

⑤确定曲线的渐近线；

⑥适当补充一些点，如曲线与坐标轴的交点等；

⑦据上述结果作图。

例 13 作函数 $y=\frac{4(x+1)}{x^2}-2$ 的图像。

解：（1）定义域：$x\neq0$ 的一切实数；

（2）$y'=-\frac{4(x+2)}{x^3}$，令 $y'=0$ 得 $x=-2$（驻点）；

（3）$y''=\frac{8(x+3)}{x^4}$，令 $y''=0$，得 $x=-3$；

（4）列表 1—4：

表 1—4

x	$(-\infty,-3)$	-3	$(-3,-2)$	-2	$(-2,0)$	0	$(0,+\infty)$
y'	$-$		$-$	0	$+$		$-$
y''	$-$	0	$+$		$+$		$+$
y	↘ ∩	$-2\frac{8}{9}$ 拐点	↘ ∪	-3 极小值	↗ ∪	间断	↘ ∪

（5）求出渐近线：

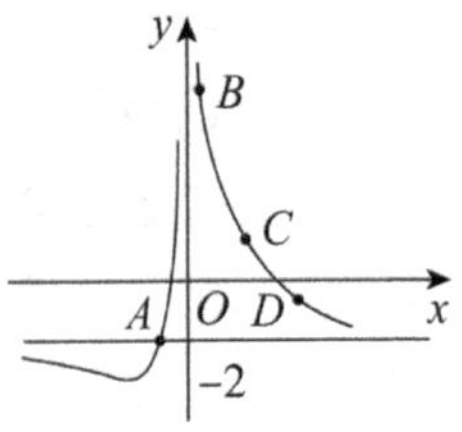

图 1—12

因 $\lim\limits_{x\to\infty}\left[\frac{4(x+1)}{x^2}-2\right]=-2$，所以 $y=-2$ 是水平渐近线；

又因 $\lim\limits_{x\to 0}\left[\frac{4(x+1)}{x^2}-2\right]=\infty$，所以 $x=0$ 是铅直渐近线；

（6）选点 $A(-1,\ -2)$，$B(1,\ 6)$，$C(2,\ 1)$，$D(3,\ -\frac{2}{9})$。

（7）如图 1—12，为函数 $y=\frac{4(x+1)}{x^2}-2$ 的图像。

例 14 作函数 $y=\mathrm{e}^{-x^2}$ 的图像。

解：（1）定义域：$x\in(-\infty,+\infty)$。因 $\mathrm{e}^{-x^2}=\mathrm{e}^{-(-x)^2}$，该函数为偶函数，其图像关于 y 轴对称。

（2）$y'=-2x\mathrm{e}^{-x^2}$。令 $y'=0$，解得 $x=0$（驻点）。

（3）$y''=2(2x^2-1)\mathrm{e}^{-x^2}$。令 $y''=0$，解得 $x=\pm\frac{1}{\sqrt{2}}$。

（4）列表 1—5，根据对称性只列（0，$+\infty$）部分：

表 1—5

x	0	$(0,\frac{1}{\sqrt{2}})$	$\frac{1}{\sqrt{2}}$	$(\frac{1}{\sqrt{2}},+\infty)$
y'	0	−	−	−
y''	−	−	0	+
y	1，极大值	↘	$\mathrm{e}^{-\frac{1}{2}}$，拐点	↘

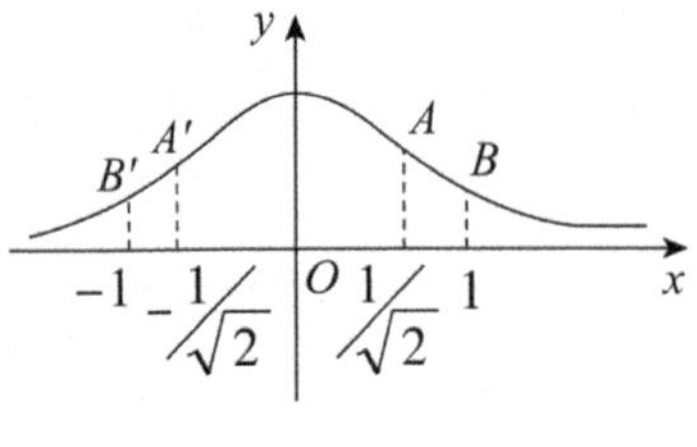

图 1—13

（5）因 $\lim\limits_{x\to\infty}\mathrm{e}^{-x^2}=0$，所以有水平渐近线 $y=0$。

（6）取点 $A(0,\ \frac{1}{\sqrt{2}})$，$B(1,\ 0.368)$。

（7）作图 1—13（只画出 Oy 轴右半平面部分，左半平面部分由对称性得出）。

5. 导数在经济中的应用

（一）经济函数的边际

在现代西方经济学中，均衡是指经济中变动着的各种力量处于一种暂时稳定的状态。在市场经济的激流中，变动着的各种力量经常处于不稳定的状态。例如前面提到的均衡价格——供给与需求一致的价格，在供给与需求这个矛盾的两个方面的冲突中，经常发生变动。因此，研究经济函数的变化规律是掌握市场经济航舵的必要手段。变量数学为经济工作者提供了一整套研究经济函数的理论和方法。

在经济学中，由边际效用的意义引导出边际成本，边际收益等经济函数的边际的概念，它对现代经济学的研究起到重要的作用。

边际效用也称限界效用，它指最后增加的一单位商品或劳务所具有的效用。效用是价值的源泉，是形成价值的一个必要条件，但不是充分条件。效用必须同物品的稀缺性相结合，才能形成价值。一个物品越稀缺，边际效用越大，价值也就越大。例如，一个消费者在进入市场时，手头的货币总是有限的。他面临着不同的商品，各种不同的商品的效用在消费者心目中形成先后次序和等级高低，消费者总是用手头的货币先购买对他来说边际效用最大的商品。比如说，家里没粮食，粮食对他的效用最大；现期消费与未来消费，前者比后者对他的效用更大。对一定的资源利用时，例如，一单位水作为饮料比作为洗脸、漱口用水效用要大。

按照边际效用的意义，边际产量、边际成本、边际收益的意义，分别是：

边际产量是指最后增加的一个单位生产要素所引起产量的增量，即

$$\text{边际产量}=\frac{\text{总产量增量}}{\text{生产要素投入量的增量}}$$

边际成本是指生产最后增加的那个单位产品所花费的成本。或者说，边际成本就是每增加或减少一个单位产品而使总成本变动的数值。即

$$\text{边际成本}=\frac{\text{总成本的增量}}{\text{产量的增量}}$$

边际收益是指生产者每多出售一个商品而使总收益增加的值，也就是最后一

个商品的价格，即

$$边际收益 = \frac{总收益增量}{产量增量}$$

综合上述，以 Δy 记产量、成本、收益等的增量，以 Δx 记投入量、产量等的增量，于是经济函数（假定其可导）$y=f(x)$在 $\Delta x \to 0$ 的过程中 $y=f(x)$的边际 $=\lim\limits_{\Delta x \to 0} \frac{\Delta y}{\Delta x}=f'(x)$。因此，经济函数$f(x)$在点 x 的边际等于它在该点的导数(或变化率)。

特别地，边际需求、供给、成本、收益分别以 $Q'(p)$、$S'(p)$、$C'(q)$、$R'(q)$ 记之。

例 15 求§1 例 3 中的边际需求和边际收益。

解：由已知某商品的需求关系 $3q+4P=100$

得需求函数 $q=\frac{1}{3}(100-4P)$和收益函数 $R=\frac{1}{4}(100q-3q^2)$

因此，边际需求，边际收益分别是

$$q'(P) = -\frac{4}{3} \qquad R'(q)=25-\frac{3}{2}q$$

通过该例给出的边际收益函数 $R'(q)=25-\frac{3}{2}q$ 来说明经济函数的边际的经济意义，例如：

当产量 $q=4$ 时的边际收益 $R'(4)=(25-\frac{3}{2}q)\Big|_{q=4}=19$ 指当销量 $q=4$（件）时，再多出售一（件）产品所增加的收益为 19（元）。

当 $q=6$ 时的边际收益 $R'(6)=(25-\frac{3}{2}q)\Big|_{q=6}=16$ 是指生产者当销售量 $q=6$（件）时，再多出售一（件）产品所增加的收益为 16（元）。

显然，边际收益函数 $R'(q)=25-\frac{3}{2}q$ 当 q 取不同值时的边际收益值不同。这就为经营管理者提供了一个信息：生产者在市场需要的情况下，产量越多，收益越大。

（二）经济函数的弹性

在经济学中，某个经济函数 $y=y(x)$ 的弹性是指因变量 y 对自变量 x 的微小百分比变动所做的反应，以 e 表示之，即 $e=\frac{\Delta y}{y}/\frac{\Delta x}{x}$

例如，需求弹性是指因价格或收入变动而引起的需求的相应变化率。需求弹性有需求价格弹性和需求收入弹性之分，前者反映需求量的变动对价格变动的敏感程度，后者反映需求量的变动对收入变动的敏感程度。

为了刻画经济函数的弹性，在数学上引进函数的相对变化率的概念。

函数 $y=f(x)$ 在 x_0 点的改变量 $\Delta y=f(x+\Delta x)-f(x)$ 称为函数在点 x_0 处的绝对改变量，Δx 为自变量在点 x_0 处的绝对改变量，$f'(x)=\lim\limits_{x\to 0}\frac{\Delta y}{\Delta x}$ 称为函数 $f(x_0)$ 在点 x_0 处的绝对变化率。函数的绝对改变量 Δy 与该点的函数值之比：$\frac{f(x_0+\Delta x)-f(x_0)}{f(x_0)}$ 称为函数在 x_0 点的相对改变量，与自变量的相对改变 $\frac{\Delta x}{x_0}$ 之比 $\frac{\Delta y/y_0}{\Delta x/x_0}$ 称为函数 $f(x)$ 从 $x=x_0$ 到 $x=x_0+\Delta x$ 两点间的相对变化率，或称两点间的弹性。

当 $\Delta x\to 0$ 时，$\frac{\Delta y/y_0}{\Delta x/x_0}$ 的极限称为 $f(x)$ 在 $x=x_0$ 点处的相对变化率，也就是相对导数，或弹性。记作 e 或 $\left.\frac{Ey}{Ex}\right|_{x=x_0}$，或 $\frac{E}{Ex}f(x_0)$ 即

$$e=\left.\frac{Ey}{Ex}\right|_{x=x_0}=\lim_{\Delta x\to 0}\frac{\Delta y/y_0}{\Delta x/x_0}=\lim_{\Delta x\to 0}\frac{\Delta y}{\Delta x}\cdot\frac{x_0}{y_0}=f'(x_0)\cdot\frac{x_0}{f(x_0)}$$

当 x_0 为定值时，$\left.\frac{Ey}{Ex}\right|_{x=x_0}$ 为定值。

对一般的 x，若 $f(x)$ 可导，则有 $e=\frac{Ey}{Ex}=\lim\limits_{\Delta x\to 0}\frac{\Delta y/y}{\Delta x/x}=\lim\limits_{\Delta x\to 0}\frac{\Delta y}{\Delta x}\cdot\frac{x}{y}=y'\cdot\frac{x}{y}$ 是 x 的函数，称为 $f(x)$ 的弹性函数。

函数 $f(x)$ 在点 x 的弹性 $\frac{E}{Ex}f(x)$ 反映了随 x 的变化 $f(x)$ 变化幅度的大小，也

就是$f(x)$对x变化反应的强烈程度或灵敏度，更具体地说，函数$y=f(x)$在点x处的弹性e反映了当自变量变化1%时，函数变化的百分数为$|e|$%。当$|e|=1$时，称为单位弹性，即函数的相对变化等于自变量的相对变化；当$|e|>1$时，表明函数的相对变化大于自变量的相对变化；$|e|<1$时，表明函数的相对变化小于自变量的相对变化。

例16 某商品的需求函数为$q=75-p^2$，p为商品价格（单位：元）且$0<p<5\sqrt{3}$，q为市场对该产品的需求量。

（1）求价格$p=2$(元)时，商品的需求量$q(2)$。

（2）当价格p从2(元)上涨到3(元)时，求需求量的绝对改变量和相对改变量。

（3）求需求弹性函数$e(p)$和$e(2)$，并说明其经济意义。

（4）讨论价格为多少时，弹性为单位弹性；价格为何值时有$|e_p|<1$或$|e_p|>1$？并说明其经济意义。

解：(1)$q(2)=(75-p^2)\big|_{p=2}=75-2^2=71$(件)。

（2）当价格p从2(元)上涨到3(元)时，意味着给$p=2$一个增量$\Delta p=1$，于是商品需求量的绝对改变为：

$$\begin{aligned}\Delta q&=[q(p+\Delta p)-q(p)]\big|_{q=2}=q(2+1)-q(2)=q(3)-q(2)\\&=66-71=-5\end{aligned}$$

相对改变量为$\left.\dfrac{q(p+\Delta p)-q(p)}{q(p)}\right|_{p=2}=\dfrac{-5}{71}\approx-0.07$

（3）在经济学中，把需求弹性更明确地称作需求量对价格的弹性，记作e_p。它表明了需求量对价格的相对变化率。根据定义，需求弹性函数

$$e_p=\frac{p}{q(p)}\cdot q'(p)=\frac{p}{75-p^2}(75-p^2)'=\frac{-2p^2}{75-p^2}$$

因为$0<p<5\sqrt{3}$，所以$e_p=\dfrac{-2p^2}{75-p^2}<0$

$$e(2)=\frac{-2\cdot 2^2}{75-2^2}=\frac{-8}{71}\approx-0.113$$

$e(2)$的经济意义是，需求函数$q=75-p^2$在$p=2$时的弹性（相对变化率）为$|e(2)|\approx0.113$，即商品价格p增加1%时，商品需求量减少$|e(2)|=0.113$%。

这个百分比说明，需求量比价格的变化幅度小得多（近似11.3倍）。在这种情况下，价格为2元时经营者可以提价，需求量不会急剧下降，究竟从 $p=2$ 元提价到几元时为宜呢？要考虑单位弹性。

（4）由 $e_p=\dfrac{-2p^2}{75-p^2}<0$，令 $e_p=-1$，即 $\dfrac{-2p^2}{75-p^2}=-1$ 解得：$p=5$ 或 $p=-5$（不合题意，舍去）当价格为5元时，$|e_p|=1$，是单位弹性，即需求量增加（或减少）的百分数与价格下降（或上涨）的百分数相等。这回答了上述问题，即价格可由2元上涨不超过5元，需求量不会急剧下降。

要 $|e_p|>1$，因 $e_p<0$，故有 $e_p<-1$，即 $\dfrac{-2p^2}{75-p^2}<-1$

得到 $q>5$，即当 $5<p<5\sqrt{3}\approx 8.66$ 时，$|e_p|>1$。这时，价格的变动很影响需求量的变化，采取小量的提价措施，需求量将大幅度减少。

例如，由 $e(6)=\dfrac{-2\times 6^2}{75-6^2}\approx-1.85$，说明当 $p=6$(元)时，价格上涨1%，需求减少。$|e(6)|\%=1.85\%$，再由 $e(7)=\dfrac{-2\times 7^2}{75-7^2}\approx-3.77$，说明当 $p=7$(元)时，价格上涨1%，需求减少，$|e(7)|\%=3.77\%$。

令 $|e_p|<1$，得到 $0<p<5$。即价格不超过5元时，对商品销售量影响不大。

（三）最大利润原则

若市场对厂商的某种产品的需求函数为 $p=p(q)$，其中 p 为厂商产品销售价格，q 为厂商产品的产量，则厂商的总收益，是产量 q 的函数 $R(q)=p\cdot p(q)$

设厂商生产该种产品的总成本

$$C(q)=C_0+C_1(q)$$

其中，C_0 为固定成本，$C_1(q)$ 为可变成本。则厂商的总利润

$$L(q)=R(q)-C(q)$$

显然，$R(q)$、$C(q)$、$L(q)$ 均为产量 q 的函数。

欲求厂商的最大利润，可根据求函数的极值的理论，令

$$L'(q)=\frac{\mathrm{d}L}{\mathrm{d}q}=0, \text{即 } L'(q)=[R(q)-C(q)]'=0$$

得 $R'(q)=C'(q)$ 或 $\frac{dR}{dq}=\frac{dC}{dq}$

因此，厂商获得最大利润的必要条件是：$\frac{dR}{dq}=\frac{dC}{dq}$，充分条件是：$L''(q)<0$

即 $L''(q)=[R(q)-C(q)]''=R''(q)-C''(q)<0$ 即 $R''(q)<C''(q)$ 或 $\frac{d^2R}{dq^2}<\frac{d^2C}{dq^2}$

综合上述，厂商获最大利润的必要条件是边际收益等于边际成本 $[R'(q)=C'(q)]$，充分条件是收益函数 $R(q)$ 的二阶导数小于成本函数的二阶导数，这称为经营管理的最大利润原则。其中 $R'(q)=C'(q)$ 称为厂商的均衡条件，即厂商的均衡条件是边际收益等于边际成本。

例 17　厂商生产某种商品 x 单位的利润是

$$L(x)=5000+x-0.001x^2\text{（元）}$$

问：生产多少单位时获得的利润最大？

解：根据最大利润原则，令 $L'(x)=0$

得 $1-0.002x=0$

$x=500$

又因为 $L''(x)=-0.002<0$

所以根据函数极值的判别法，当 $x=500$ 时，函数 $L(x)$ 有极大值，也是最大值［因 $L(x)$ 在定义区间 L 只有一个极大值］。

因此，生产 500 单位获利最大。

例 18　某工厂生产某种产品，固定成本为 20000 元，生产一件产品，成本增加 100 元。经市场调查结果表明，对该产品的需求函数为 $q=800-2p$。（p 是产品价格，q 是需求量），问该厂每年应生产多少件这种产品，获利最大？最大利润是多少？

解：由需求函数 $q=800-2p$ 的反函数 $p=400-\frac{1}{2}q$

可得该厂的收益函数：$R=R(q)=p\cdot q(p)=(400-\frac{1}{2}q)\cdot q=400q-\frac{1}{2}q^2$

$R(q)$ 的一阶导数（边际收益）$R'(q)=\frac{dR}{dq}=400-q$

由已知，生产这种产品的可变成本

$$C_1(q)=100q$$

总成本函数

$$\begin{aligned}C&=C(q)=C_0(\text{固定成本})+C_1(q)\\&=20000+100q\end{aligned}$$

$C(q)$的一阶导数（边际成本）：$C'(q)=\dfrac{\mathrm{d}C}{\mathrm{d}q}=100$

这里 q 是年产量，与市场需求量采用的符号 q 相同。

这样，得到该厂年产量为 q（件）的总利润为

$$\begin{aligned}L&=L(q)=R(q)-C(q)\\&=(400q-\frac{1}{2}q^2)-(20000+100q)=-20000+300q-\frac{1}{2}q^2\end{aligned}$$

$L(q)$的一阶导数（边际利润）$L'(q)=\dfrac{\mathrm{d}L}{\mathrm{d}q}=300-q$

二阶导数 $L''(q)=\dfrac{\mathrm{d}^2L}{\mathrm{d}q^2}=-1$

根据最大利润原则，令$\dfrac{\mathrm{d}R}{\mathrm{d}q}=\dfrac{\mathrm{d}C}{\mathrm{d}q}$

即 $400-q=100$ 得 $q=300$

再由$\dfrac{\mathrm{d}^2L}{\mathrm{d}q^2}=-1<0$

可知，该厂每年生产 300 件这种产品，获利最大，最大利润是

$$L=L(300)=-20000+300\times300-\frac{1}{2}\times300^2=25000(\text{元})$$

§3 矩阵、行列式

矩阵与行列式是线性代数学科内容的重要组成部分，是高等数学的工具，它起源于解线性方程组，先从一个趣味性的例子讲起。

例 1 今有 100 个和尚吃 100 个馒头，大和尚一人吃三个，小和尚三人吃一个正好吃光馒头，请问大小和尚各有几人？

解：若设大小和尚的人数分别为 x、y，不难猜出 $x=25$，$y=75$。初等数学方法是通常用代入消元法或加减消元法解二元一次方程组：

$$\begin{cases} x+y=100 \\ 3x+1/3y=100 \end{cases}$$

可得 $x=25$，$y=75$

x，y 的数值大小依赖数表：$\begin{pmatrix} 1 & 1 & 100 \\ 3 & 1/3 & 100 \end{pmatrix}$，称该形式的数表为矩阵，它是两行三列的矩阵。

一般地 m 行 n 列的矩阵可写作：$\begin{pmatrix} a_{11} & a_{12} & \cdots & a_{1n} \\ a_{21} & a_{22} & \cdots & a_{2n} \\ \cdots & \cdots & \cdots & \cdots \\ a_{m1} & a_{m2} & \cdots & a_{mn} \end{pmatrix}$

对解线性方程组而言另一种重要形式的数表：$\begin{vmatrix} b_{11} & b_{12} & \cdots & b_{1n} \\ b_{21} & b_{22} & \cdots & b_{2n} \\ \cdots & \cdots & \cdots & \cdots \\ b_{n1} & b_{n2} & \cdots & b_{nn} \end{vmatrix}$ 称为 n 阶行列式，例如上述二元一次方程组中 x、y 系数构成二阶行列式：$\begin{vmatrix} 1 & 1 \\ 3 & 1/3 \end{vmatrix}$

1. 行列式

（1）二阶行列式的定义：$\begin{vmatrix} a_{11} & a_{12} \\ a_{21} & a_{22} \end{vmatrix} = a_{11}a_{22} - a_{12}a_{21}$

例如 $\begin{vmatrix} 1 & 1 \\ 3 & 1/3 \end{vmatrix} = 1\times\frac{1}{3} - 3\times 1 = -2\frac{2}{3} = D_1$

$\begin{vmatrix} 2 & -1 \\ 3 & 5 \end{vmatrix} = 2\times 5 - 3\times(-1) = 13$。

$\begin{vmatrix} 1 & 100 \\ 3 & 100 \end{vmatrix} = 1\times 100 - 3\times 100 = -200 = D_2$，$\begin{vmatrix} 100 & 1 \\ 100 & 1/3 \end{vmatrix} = -\frac{200}{3} = D_3$

下面给出二元一次方程组的行列式解法：对例 1 有 $x=\frac{D_3}{D_1}=25$，$y=\frac{D_2}{D_1}=75$。这种方法由克拉默法则给出，它是解线性方程组的一般解法。

（2）三阶行列式的定义：$\begin{vmatrix} a_{11} & a_{12} & a_{13} \\ a_{21} & a_{22} & a_{23} \\ a_{31} & a_{32} & a_{33} \end{vmatrix}=a_{11}a_{22}a_{33}+a_{32}a_{21}a_{13}+a_{23}a_{12}a_{31}-a_{31}a_{22}a_{13}-a_{21}a_{32}a_{13}-a_{12}a_{23}a_{31}$

例如 $\begin{vmatrix} 2 & 1 & 0 \\ -1 & 5 & 2 \\ 4 & 3 & 1 \end{vmatrix}=2\times5\times1+1\times2\times4+0\times(-1)\times3-0\times5\times4-1\times2\times4-0\times(-1)\times3=10$

对于三元一次方程组同样有行列式解法。

（3）行列式的性质。

性质 1，把行列式的行依次用同号数的列去代替，行列式的值不变。

性质 2，使行列式的任意两行（列）相交换行列式改变正负号，但绝对值不变。

推论：若行列式有两行（列）的元素成比例，则该行列式的值为零。

性质 3，把行列式的某一行（列）乘以数 m，等于原行列式乘以 m。

该性质说明行列式某一行（列）所有元素都含有一个公因子，这个公因子可以写在行列式记号的外边。

性质 4，如果行列式的某一行（列）每一个元素都写成两个数的和，则此行列式可以写成两个行列式的和，这两个行列式分别以这两个数为所在行（列）对应位置的元素，其他位置的元素与原行列式相同。

推论：将行列式某一行（列）的所有元素同乘以数 k 后加于到另一行（列）对应位置的元素上，行列式的值不变。

这些性质不予证明和举例说明，读者可参考任何一本线性代数教科书加深理解。

（4）行列式按行（列）展开。

前面讲述了二、三阶行列式的计算方法，任意阶的行列式如何计算？

设 n 阶行列式 $D_n=\begin{vmatrix} a_{11} & a_{12} & \cdots & a_{1n} \\ a_{21} & a_{22} & \cdots & a_{2n} \\ \cdots & \cdots & \cdots & \cdots \\ a_{n1} & a_{n2} & \cdots & a_{nn} \end{vmatrix}$ 的某一元素 a_{ij}，去掉该元素所在行和列的所有元素，得到一个 $n-1$ 阶的行列式 D_{n-1}。称它为原行列式的一个子式，并称 $(-1)^{i+j}D_{n-1}$ 为代数余子式，记作 A_{ij}，则有：

$$D_n=\sum_{j=1}^{n} a_{ij}A_{ij},\ i=1,\ 2,\ \cdots,\ n \text{ 或 } D_n=\sum_{i=1}^{n} a_{ij}A_{ij},\ j=1,\ 2,\ \cdots,\ n$$

（证明从略）它的意思：n 阶行列式等于它的任意一行（列）的各元素与其对应代数余子式乘积的代数和。

例 2 计算行列式

$$D=\begin{vmatrix} 1 & 2 & 3 & 4 \\ 1 & 0 & 1 & 2 \\ 3 & -1 & -1 & 0 \\ 1 & 2 & 0 & -5 \end{vmatrix}$$

解：用第二行元素展开 D

$$D=a_{21}A_{21}+a_{22}A_{22}+a_{23}A_{23}+a_{24}A_{24}$$

其中

$$A_{21}=(-1)^{2+1}\begin{vmatrix} 2 & 3 & 4 \\ -1 & -1 & 0 \\ 2 & 0 & -5 \end{vmatrix}=-3 \qquad A_{22}=(-1)^{2+2}\begin{vmatrix} 1 & 3 & 4 \\ 3 & -1 & 0 \\ 1 & 0 & -5 \end{vmatrix}=-3$$

$$A_{23}=(-1)^{2+3}\begin{vmatrix} 1 & 2 & 4 \\ 3 & -1 & 0 \\ 1 & 2 & -5 \end{vmatrix}=-63 \qquad A_{24}=(-1)^{2+4}\begin{vmatrix} 1 & 2 & 3 \\ 3 & -1 & -1 \\ 1 & 2 & 0 \end{vmatrix}=21$$

$D=1\times(-3)+0\times A_{22}+1\times(-63)+2\times 21=24$

2. 矩阵

一般用 A，B，C…表示矩阵。为了明确它的行、列数用 $A_{m\times n}$ 表示 A 是一个

m 行 n 列的矩阵，或记作：$(a_{ij})_{m\times n}$。当 $m=n$ 时，称作方阵，特别地，形如：$\begin{pmatrix} 1 & 0 & 0 & \cdots & 0 \\ 0 & 1 & 0 & \cdots & 0 \\ \cdots & \cdots & \cdots & \cdots & \cdots \\ 0 & 0 & 0 & 1 & 0 \\ 0 & 0 & 0 & 0 & 1 \end{pmatrix}$ 的 n 阶方阵称为单位矩阵，记作 I。若 n 阶方阵的每个元素均为零，则称为零矩阵，记作 0。

定义：两个矩阵 A 与 B 有相同的行和列，并且对应位置上的元素都相同，则称它们相等，即 $A=B$。

（1）矩阵的运算。

①加法与数乘。

定义：设两个 m 行 n 列的矩阵 $A=(a_{ij})$，$B=(b_{ij})$ 对应位置元素相加得到的 m 行 n 列矩阵称 A 与 B 的和，记为 $A+B$。即

$$A+B=(a_{ij}+b_{ij})_{m\times n}$$

定义：用数 k 乘矩阵 A 的每个元素所得到的矩阵，称为数 k 与矩阵 A 的积，记作 kA。即 $kA=k(a_{ij})_{m\times n}=(ka_{ij})_{m\times n}$

这两种运算满足通常的运算律。

②乘法。

定义：设矩阵 $A=(a_{ik})_{m\times l}$ 的列数与矩阵 $B=(b_{kj})_{l\times n}$ 的行数相同，则由元素

$$c_{ij}=\sum_{k=1}^{l}a_{ik}b_{kj}$$

$(i=1,2,\cdots,m;\ j=1,2,\cdots,n)$ 构成的 m 行 n 列的矩阵 $C=(c_{ij})_{m\times n}$ 称为 A 与 B 的积，记作 $C=AB$。

例 3　若 $A=\begin{pmatrix} 1 & 3 \\ 0 & 2 \\ 4 & -1 \end{pmatrix}$　　$B=\begin{pmatrix} 1 & 0 & -1 \\ 2 & 1 & 3 \end{pmatrix}$，求 $A\times B$。

解：$A\times B=\begin{pmatrix} 7 & 3 & 8 \\ 4 & 2 & 6 \\ 2 & -1 & -7 \end{pmatrix}$

应注意，矩阵乘法不满足交换律，即 $AB\neq BA$。

性质：设 A，B 为同阶方阵，则 $|A\times B|=|A|\times|B|$，即 A 与 B 乘积的行列式等于 A 的行列式与 B 的行列式的乘积。

③逆矩阵。

对于 n 阶方阵 A，若存在另一 n 阶方阵 B，使得

$A\times B=B\times A=I$，则称 B 是 A 的逆矩阵，记作 A^{-1}。也就是 $A\times A^{-1}=I$。求解它的方法：

$$A^{-1}=\frac{1}{|A|}\begin{pmatrix} A_{11} & A_{21} & \cdots & A_{n1} \\ A_{12} & A_{22} & \cdots & A_{n2} \\ \cdots & \cdots & \cdots & \cdots \\ A_{1n} & A_{2n} & \cdots & A_{nn} \end{pmatrix}$$

其中 A_{ij} 是 $|A|$ 中元素 a_{ij} 的代数余子式，并且 $|A|\neq 0$。

例 4 已知 $A=\begin{pmatrix} 1 & 0 & 1 \\ 2 & 1 & 0 \\ -3 & 2 & -5 \end{pmatrix}$，求 A^{-1}。

解：$|A|=2$ $A_{11}=-5$，$A_{12}=10$，$A_{13}=7$，$A_{21}=2$，$A_{22}=-2$，$A_{23}=-2$ $A_{31}=-1$，$A_{32}=2$，$A_{33}=1$，

$$A^{-1}=\frac{1}{2}\begin{pmatrix} -5 & 2 & -1 \\ 10 & -2 & 2 \\ 7 & -2 & 1 \end{pmatrix}=\begin{pmatrix} -5/2 & 1 & -1/2 \\ 5 & -1 & 1 \\ 7/2 & -1 & 1/2 \end{pmatrix}$$

请读者自己验证公式：

$$A\times A^{-1}=I$$

（2）矩阵的秩。

从矩阵 $A=(a_{ij})_{m\times n}$ 任取 k 行 k 列 $[k\leqslant\min(m,n)]$，位于这些行和列相交处的元素，保持它们原来的相对位置构成的 k 阶行列式，称为 A 的一个 k 阶子式。

定义：如果 A 中的不为零的子式最高阶数为 r，则称矩阵 A 的秩为 r 记作 $r(A)=r$。（注意，该定义的另一层意思是所有 $r+1$ 阶子式都为零）。

例 5 求矩阵 $A=\begin{pmatrix} 1 & 3 & -1 & -2 \\ 0 & -7 & 4 & 7 \\ 0 & -7 & 4 & 7 \\ 0 & -7 & 4 & 7 \end{pmatrix}$ 的秩。

解:该矩阵有一个二阶子式 $\begin{vmatrix} 1 & 3 \\ 0 & -7 \end{vmatrix} = -7 \neq 0$，且它的所有三阶子式都等于零，因此 $r(A)=2$。

显然计算矩阵的秩是很麻烦的，可用下述两种变换（称作初等变换，且可证明：初等变换不改变矩阵的秩）：（1）交换矩阵的两行或两列。（2）把矩阵某行（列）的元素乘以数 k 加到另一行（列）对应元素上，简化秩的计算。

例 6　求矩阵 $A=\begin{pmatrix} 1 & -1 & 1 & 2 \\ 2 & 3 & 3 & 2 \\ 1 & 1 & 2 & 1 \end{pmatrix}$ 的秩。

解：$A \to \begin{pmatrix} 1 & -1 & 1 & 2 \\ 0 & 5 & 1 & -2 \\ 0 & 2 & 1 & -1 \end{pmatrix} \to \begin{pmatrix} 1 & -1 & 1 & 2 \\ 0 & 5 & 1 & -2 \\ 0 & -3 & 0 & 1 \end{pmatrix}$

经过两次初等变换（需要时可进行多次），最后一个矩阵有三阶子式 $\begin{vmatrix} 1 & 1 & 2 \\ 0 & 1 & -2 \\ 0 & 0 & 1 \end{vmatrix} = 1 \neq 0$，故 $r(A)=3$。

（3）线性方程组解的结构。

给出一般的线性方程组 $\begin{cases} a_{11}x_1 + a_{12}x_2 + \cdots + a_{1n}x_n = b_1 \\ a_{21}x_1 + a_{22}x_2 + \cdots + a_{2n}x_n = b_2 \\ \cdots \quad \cdots \quad \cdots \quad \cdots \\ a_{m1}x_1 + a_{m2}x_2 + \cdots + a_{mn}x_n = b_m \end{cases}$　　（1—1）

设 $A=\begin{pmatrix} a_{11} & a_{12}\cdots & a_{1,n-1} & a_{1n} \\ a_{21} & a_{22}\cdots & a_{2,n-1} & a_{2n} \\ \cdots & \cdots & \cdots & \cdots \\ a_{m1} & a_{m2}\cdots & a_{m,n-1} & a_{mn} \end{pmatrix}$　称为（1—1）的系数矩阵

$B=\begin{pmatrix} b_1 \\ b_2 \\ \cdots \\ b_m \end{pmatrix}$　称为（1—1）的常数项矩阵

$$X=\begin{pmatrix} x_1 \\ x_2 \\ \cdots \\ x_n \end{pmatrix} \quad \text{为 } n \text{ 元未知量矩阵}$$

① 当 $m=n$，且 $|A|\neq 0$ 时，方程组（1—1）有唯一解：$x_j=\dfrac{|A_j|}{|A|}$，其中 A_j ($j=1, 2, \cdots, n$) 是将系数行列式中第 j 列元素 a_{1j}，$a_{2j}\cdots$，a_{nj} 对应地换为方程组的常数项 b_1，b_2，$\cdots$，b_n 后得到的行列式，这就是克拉默法则，本节开始就提及过。

② 当 $r(Ab)=r(A)=r<n$ 时，A 中不为零的 r 阶子式所含的 r 列以外的 $n-r$ 列对应的未知量称为自由未知量[$r(Ab)$ 称为增广矩阵；当 $r<m$ 时 A 中不为零的 r 阶子式所含的 r 个行所对应的 r 个方程以外的 $n-r$ 个方程是多余的，可以删去不影响（1—1）的解]，这时（1—1）有无穷多解。无穷多解如何表示是一个很复杂的问题，它涉及矩阵的初等变换、向量空间、基础解系等知识，读者可查阅参考书。

§4　随机事件及其概率

概率论与数理统计是一门研究随机现象中数量规律性的一门学科，是近代经济理论的应用与研究的重要数学工具。

自然界和生活中经常发生的各种各样的现象可分两类。一类是确定性现象。例如：

"早晨，太阳必然从东方升起。"

"边长为 a、b 的矩形，其面积为 $a\times b$。"

……

另一类是随机现象。例如：

"某地区的年降雨量"

"打靶射击时，弹着点离靶心的距离。"

"检验产品质量时，任取一件是'合格的'或是'不合格的'。"

"掷一个骰子可能出现'1 点''2 点'……'6 点'。"

……

研究这类随机现象中数量的规律性问题，把“打一次靶”“任取一个产品检验”“掷一次骰子”……统称为一次试验，试验发生的结果称为事件（随机事件）。用字母 A，B，C…来表示。随机事件中是否存在着数量的规律性？从简单例子讲起。

掷一枚硬币（要求它制作均匀）可能出现“正面”（带字的一面），也可能出现“反面”（带国徽的一面）。分别用字母 A，B 表示这两个事件，即

A = “出现正面”

B = “出现反面”

虽然，每做一次试验，事件 A、B 的发生是随机的，但试验次数很多时，呈现出事件 A、B 发生的数量规律性，请看表 1—6：

表 1—6

试验者	抛掷次数 n	正面出现次数 m	正面出现频率 m/n
德 · 摩尔根	2048	1061	0. 518
蒲丰	4040	2048	0. 5669
皮尔逊	12000	6019	0. 5016
皮尔逊	24000	12012	0. 5005
维尼	30000	14994	0. 4998

从表 1—6 中看出，出现正面的频率（事件 A 发生的次数 m 与试验次数 n 之比：$\frac{m}{n}$）接近 0. 5，并且抛掷次数越多，频率越接近 0. 5，经验告诉人们，多次重复同一试验随机现象呈现出一定的数量规律。这种数量的规律性，用事件 A 的概率来描述，它表明了事件 A 发生的可能性大小。

定义：在不变的条件下，重复进行 m 次试验，事件 A 发生的频率稳定在某一常数 P 附近，则称常数 P 为事件 A 的概率，记作 $P(A)=P\quad(0\leqslant P\leqslant 1)$

抛掷一枚硬币，$P(A)=0.5$，$P(B)=0.5$。

读者是否会问，事件 A 的概率为 0. 5 是不是近似值？否，$P(A)=0.5$ 是抛一枚硬币事件 A 发生的可能性大小的精确反映，它存在于这种试验的规律性之中，这在概率论的系统著作里会有明确而满意的解答，今后也随着学习内容的增加，逐渐解答这个问题。读者也会问，了解某一事件 A 的概率如此麻烦？这

种用统计的方法求事件的概率确实是相当烦琐的。

概率的另一种定义可参阅概率论教科书。

1. 条件概率

事件间的关系和运算如下：

（1）事件的和（并）："两个事件 A、B 至少有一个发生"是一个事件，这个事件称为事件 A、B 的和（并），记作 $A+B$。

（2）事件的积（交）："两个事件 A 与 B 同时发生"是一个事件，称为事件 A 与 B 的积（交）。记作 AB

（3）互不相容事件：如果事件 A 与 B 不能同时发生，即 $AB=\phi$（不可能事件）。这时 $P(A+B)=P(A)+P(B)$，对任意的两个事件有 $P(A+B)=P(A)+P(B)-P(AB)$。　　（1—2）

（4）对立事件："不是事件 A"称为事件 A 的对立事件，记作 $\overline{A}$。即 $A+\overline{A}=\Omega$（必然事件），这时 $P(A)+P(\overline{A})=1$。

有时事件 A 发生的概率与事件 B 是否发生有关，反之亦然。这就需要引进条件概率的概念。

设 A、B 为两个事件，$P(B)>0$，那么在事件 B 已发生的条件下，事件 A 发生的概率称为在事件 B 发生的条件下，事件 A 发生的概率，简称条件概率。记作：$P(A/B)$，且

$$P(A/B)=\frac{P(AB)}{P(B)} \tag{1—3}$$

当 $P(A)>0$ 时，同样可定义

$$P(B/A)=\frac{P(AB)}{P(A)} \tag{1—4}$$

例 1　市场上供应的灯泡中，甲厂产品占 70%，乙厂占 30%。甲厂产品的合格率为 95%，乙厂的合格率为 80%，若用 A，$\overline{A}$ 分别表示甲乙两厂的产品，B 表示产品为合格品，则

$$P(A)=0.7 \qquad P(\overline{A})=0.3$$

$$P(B/A)=0.95 \qquad P(B/\overline{A})=0.8$$

试问：在市场上购得一个灯泡是合格的，并且是甲厂生产的概率等于多少？

解：问题中的事件“市场上任一灯泡是合格的，并且是甲厂生产的”为事件 B、A 同时发生所致，即事件 AB，根据（1—3）得所求：

$$P(AB)=P(B/A)\cdot P(A)=0.95\times 0.7=0.665$$

由（1—3）（1—4）得到（1—5）的乘法公式

$$P(AB)=P(A)\cdot P(B/A)=P(B)\cdot P(A/B) \qquad (1—5)$$

例 2　若某地区位于甲乙河流的汇合处，甲河流被污染的概率为 0.1，乙河流被污染的概率为 0.2，当甲河流被污染时乙河流也被污染的概率为 0.25，求（1）这个地区被污染的概率。（2）当乙河流被污染时甲河流被污染的概率。

解：设 A =“甲河流被污染”　B =“乙河流被污染”

于是　$A+B$ =“这个地区被污染”

由已知得　$P(A)=0.1$　$P(B)=0.2$　$P(B/A)=0.25$

所求：

（1）因为 A，B 是相容的，即 $AB\neq\phi$（空集），为此，

$P(AB)=P(A)\cdot P(B/A)=0.1\times 0.25=0.025$

于是由(1—2)，$P(A+B)=P(A)+P(B)-P(AB)=0.1+0.2-0.025=0.275$

(2)利用(1—5)计算

$$P(A/B)=P(A)\cdot P(B/A)/P(B)=\frac{0.1\times 0.25}{0.2}=0.125$$

概率论研究的重要问题之一是由已知事件的概率求出未知事件的概率，或从简单事件的概率求出较为复杂事件的概率，因此当计算复合事件概率时，常把复合事件分解为若干互不相容的简单事件，求出这些简单事件的概率后再利用概率的有限可加性，求得最终结果。

该事件 A，B，有 $B=AB+\bar{A}B$（如图 1—14 所示），且 AB 与 $\bar{A}B$ 互不相容，故

$$P(B)=P(AB+\bar{A}B)$$
$$=P(AB)+P(\bar{A}B)$$

再由（1—5）得：

$$P(B)=P(A)\cdot P(B/A)+P(\bar{A})\cdot P(B/\bar{A}) \qquad (1—6)$$

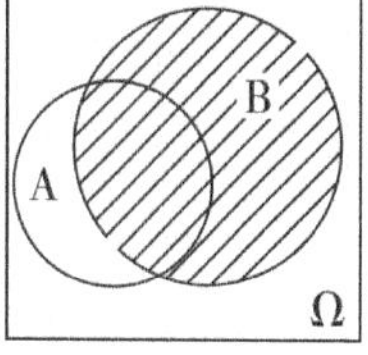

图 1—14

（1—6）称为全概率公式，其中 A，$\overline{A}$ 构成完备事件组即 $A+\overline{A}=\Omega$（必然事件）。更一般地，如果 A_1，A_2，…，A_n 构成完备事件组有

$$P(B)=P(A_1)\cdot P(B/A_1)+P(A_2)\cdot P(B/A_2)+\cdots+P(A_n)\cdot P(B/A_n) \tag{1—7}$$

例 3 试求例 1 中，市场上任购一件是合格品的概率。

解：利用（1—6），易得：

$$P(B)=P(A)\cdot P(B/A)+P(\overline{A})\cdot P(B/\overline{A})$$
$$=0.7\times0.95+0.3\times0.8=0.905$$

例 4 某工厂有三个车间生产同一种产品，每个车间的产量分别占全厂的 25%，35%，40%，而各车间的产量的废品率分别是 5%，4%，2%，求从总产品中任意抽出一件是废品的概率。

解：设 $B=$ “抽出一件产品是废品”

$A_i=$ “抽出的是第 i 个车间的产品”

$(i=1,2,3)$

依题意，A_1、A_2、A_3 两两不相容，并 $A_1+A_2+A_3=\Omega$，又

$P(A_1)=25\%$　　$P(A_2)=35\%$　　$P(A_3)=40\%$

$P(B/A_1)=5\%$　　$P(B/A_2)=4\%$　　$P(B/A_3)=2\%$

由（1—7）得所求：

$$P(B)=P(A_1)\cdot P(B/A_1)+P(A_2)\cdot P(B/A_2)+P(A_3)\cdot P(B/A_3)$$
$$=0.25\times0.05+0.35\times0.04+0.4\times0.02$$
$$=0.0345$$

2. 事件的独立性和二项概率公式

对事件 A，B，一般 $P(B/A)\neq P(B)$，但是，当事件 A 的发生与否并不影响事件 B 的发生，则应有 $P(B/A)=P(B)$。这时，

$$P(AB)=P(A)\cdot P(B/A)=P(A)\cdot P(B)$$

当 A 的发生不影响 B 的发生时，同样有

$$P(A/B)=\frac{P(AB)}{P(B)}=\frac{P(A)\cdot P(B)}{P(B)}=P(A)$$

即 B 的发生也不依赖 A 的发生与否，称这样的两个事件 A，B 是相互独立的。也就是说，事件 A，B 相互独立的充要条件是：

$$P(AB)=P(A)\cdot P(B)$$

注意：

（1）事件 A、B 相互独立，决非说明它们之间没有任何关系（譬如，两者之间还有是否相容的关系），只是一个事件的发生与否并不影响另一个事件的发生。

（2）事件 A，B 相互独立与事件 A、B 互不相容是两个截然不同的概念。下面的例子说明，A、B 相互独立但相容。

分别掷两枚硬币，令

A =“硬币甲出现正面”

B =“硬币乙出现反面”

这时，$S=$ {（正，正），（正，反），（反，正），（反，反）}

$A=$ {（正，正），（正，反）}

$B=$ {（正，反），（反，反）}

则　$AB=$ {（正，反）}，即 $AB\neq\emptyset$，所以 A 与 B 相容，由

$$P(A)=\frac{2}{4}=\frac{1}{2}\qquad P(B)=\frac{2}{4}=\frac{1}{2}\qquad P(AB)=\frac{1}{4}$$

因此，$P(AB)=P(A)\cdot P(B)$

A 与 B 相互独立。

（3）可以证明：若事件 A 与 B 相互独立，则事件 A 与 $\overline{B}$，$\overline{A}$ 与 B，$\overline{A}$ 与 $\overline{B}$ 也都相互独立。

（4）两个事件相互独立的概念可推广到 n 个事件的情形。即事件 A_1，A_2，…，A_n，相互独立的充要条件是：

$$\mathrm{P}(A_1A_2\cdots A_n)=\mathrm{P}(A_1)\cdot\mathrm{P}(A_2)\cdot\cdots\cdot\mathrm{P}(A_n)\qquad(1-8)$$

例 5　三台机床因发生故障而停车的概率分别为 0.1，0.05，0.08，求：

（1）三台机床全部正常工作的概率。

（2）恰有一台正常工作的概率。

解：设 A_1，A_2，A_3 分别表示“第一、二、三台机床正常工作”，那么 $\overline{A_1}$，$\overline{A_2}$，$\overline{A_3}$ 分别表示“第一、二、三台机床因发生故障而停止工作”，依题意 $\overline{A_1}$，$\overline{A_2}$，

$\overline{A_3}$相互独立，由注意（3）知 A_1，A_2，A_3 也相互独立，由于，

$$P(\overline{A_1})=0.1 \qquad P(A_1)=1-P(\overline{A_1})=0.9$$

$$P(\overline{A_2})=0.05 \qquad P(A_2)=1-P(\overline{A_2})=0.95$$

$$P(\overline{A_3})=0.08 \qquad P(A_3)=1-P(\overline{A_3})=0.92$$

所求：（1）三台机床全部正常工作，为事件 A_1，A_2，A_3 同时发生，即事件 $A_1A_2A_3$，因此，

$$P(A_1A_2A_3)=P(A_1)P(A_2)P(A_3)=0.9\times0.95\times0.92=0.787$$

（2）“恰好有一台正常工作”为事件：$A_1\overline{A_2}\,\overline{A_3}+\overline{A_1}A_2\overline{A_3}+\overline{A_1}\,\overline{A_2}A_3$，因此有

$$P(A_1\overline{A_2}\,\overline{A_3}+\overline{A_1}A_2\overline{A_3}+\overline{A_1}\,\overline{A_2}A_3)$$

$$=P(A_1\overline{A_2}\,\overline{A_3})+P(\overline{A_1}A_2\overline{A_3})+P(\overline{A_1}\,\overline{A_2}A_3)$$

$$=P(A_1)\cdot P(\overline{A_2})\cdot P(\overline{A_3})+P(\overline{A_1})\cdot P(A_2)\cdot P(\overline{A_3})+P(\overline{A_1})\cdot P(\overline{A_2})\cdot P(A_3)$$

$$=0.9\times0.05\times0.08+0.1\times0.95\times0.08+0.1\times0.05\times0.92=0.0158$$

在实际问题中，经常遇到一个随机试验只有两个相互独立的结果 A 与 $\overline{A}$。例如，掷一枚硬币出现“正面”与“反面”；一次射击“命中”与“不中”；检验一个产品“合格”与“不合格”等，如果在相同的条件下这种试验独立地重复 n 次，称为 n 重独立试验。下面来推导 n 重独立试验中，事件 A 发生的概率公式。

例如，某射手射击 5 次，事件 $A_k=$“射击 5 次命中 k 次”发生的可能有 C_5^k 种结果（$k=0,1,2,3,4,5$），$A_2=$“射击 5 次命中 2 次”发生的可能有 $C_5^2=10$ 种结果；换个说法，事件 $A_2=$“射击 5 次不中 3 次”。设该射手一次射击的命中率为 p，于是不命中率 $q=1-p$。事件 A_2 每一种可能发生结果的概率等于 $p\cdot p\cdot q\cdot q\cdot q=p^2\cdot q^3$，因此事件 A_2 发生的概率 $P(A_2)=C_5^2p^2\cdot q^3=C_5^2p^2\cdot q^{5-2}$

类似地，事件 A_k 发生的概率

$$P(A_k)=C_5^kp^k\cdot q^{5-k} \qquad (k=0,1,2,\cdots,5)$$

一般地，若某射手一次射击的命中率为 p（不命中率 $q=1-p$）在 n 次射击中命中 k 次有 C_n^k 种结果，于是事件：$A=$“射击 n 次命中 k 次”的概率

$$P(A)=C_n^k p^k \cdot q^{n-k}$$
$$=C_n^k p^k (1-p)^{n-k} \qquad (0 \leqslant k \leqslant n)$$

该式称为二项概率公式，它的意义是：n 重独立试验中，一次试验只能发生两种对立的结果 A 与 $\overline{A}$，设 $P(A)=p,[P(\overline{A})=1-P(A)=1-p=q]$ 对事件 $B=$ “n 次试验 A 发生 k 次”的概率：

$$P(B)=C_n^k p^k (1-p)^{n-k} \qquad (0 \leqslant k \leqslant n) \qquad (1—9)$$

为了突出（1—9）中的两个参数 n，k，通常将其写作：

$$P_n(k)=C_n^k p^k (1-p)^{n-k} \qquad (1—10)$$

例 6　某工厂生产的一批产品中有 10% 的次品，进行放回抽样检查，独立重复 8 次，求 8 次中恰有 3 次是次品的概率。

解：由题意可知，$n=8$，$k=3$，$p=0.1$

根据（1—10）所求概率

$$P_8(3)=C_8^3 0.1^3 \times 0.9^{8-3}$$
$$=56 \times 0.1^3 \times 0.9^5 \approx 0.033$$

注意，该题中“放回抽样”条件不可少，若无放回抽样，则后一次抽样（试验）较前一次抽样的条件发生变化，因而不再是 n 重独立试验。

§5　随机变量及其分布

在前面研究了随机事件及其概率，读者可能注意到，随机事件和实数之间存在着某种客观的联系。例如，用 ξ 来表示在射击中出现的随机事件：$\xi=0$ 表示“命中”；$\xi=1$ 表示“不中”，显然，同样可以用 $\xi=0$ 表示掷一枚硬币的试验中“出现正面”；用 $\xi=1$ 表示“出现反面”，再例如，一颗骰子的试验中出现的随机事件用变量 ξ 来表示，

{试验结果出现 1 点}：$\xi=1$

{试验结果出现 2 点}：$\xi=2$

……

{试验结果出现 6 点}：$\xi=6$

这样，就将随机事件量化，或者说给随机事件以数量标识，变量 ξ 的不同取值表示随机试验中发生随机事件的各种可能，把用来标识随机事件的变量称为随机变量。随机变量也可采用其他符号，例如，η，$\zeta\cdots$

二项概率公式（1—10）可写成

$$P(\xi=k)=C_n^k\quad p^k\cdot q^{n-k}$$

$$(k=0,\ 1,\ 2,\ \cdots)$$

例 1　求解 §4 例 6。

解：$P(\xi=3)=C_8^3 0.1^3\times 0.9^{8-3}\approx 0.033$

$P(\xi=0)=C_8^0 0.1^0\times 0.9^{8-1}\approx 0.430$

…

$P(\xi=8)=C_8^8 0.1^8\times 0.9^{8-8}\approx 0.00000001$

例 2　某人拿着一串钥匙共 5 把，其中一把能打开门，试开门的次数是个随机变量，求无放回地试开门次数的概率。

解：由题可知，试开门（无放回地）的次数是个随机变量 ξ，ξ 可能取值 0，1，2，3，4。$\xi=0$的意义是，第一次任取 5 把钥匙中的一把就打开了门，即第一次就碰巧取到了 5 把中能打开门的那一把。显然 $\xi=0$ 时对应的概率为$\frac{1}{5}$，即$P(\xi=0)=\frac{1}{5}$。

$\xi=1$ 时的意义是“试开门一次”，也就是说，“第一次未打开门”（对应的概率为$\frac{4}{5}$）而“第二次打开了门”（对应的概率为$\frac{1}{4}$）。因此，事件“试开门一次”（$\xi=1$），是由“第一次未打开门”与“第二次打开了门”这两个相互独立的事件同时发生所致，据概率的乘法法则，$P(\xi=1)=\frac{4}{5}\times\frac{1}{4}=\frac{1}{5}$。

类似地，有

$$P(\xi=2)=\frac{4}{5}\times\frac{3}{4}\times\frac{1}{3}=\frac{1}{5}$$

$$P(\xi=3)=\frac{4}{5}\times\frac{3}{4}\times\frac{2}{3}\times\frac{1}{2}=\frac{1}{5}$$

$$P(\xi=4)=\frac{4}{5}\times\frac{3}{4}\times\frac{2}{3}\times\frac{1}{2}\times\frac{1}{1}=\frac{1}{5}$$

可将本例的答案列成表1—7：

表1—7

ξ	0	1	2	3	4
P	$\frac{1}{5}$	$\frac{1}{5}$	$\frac{1}{5}$	$\frac{1}{5}$	$\frac{1}{5}$

以上介绍了随机变量的概念，按其取值情况可分为两类：

（1）离散型随机变量，这类变量只可能取有限个或无限可列个值；

（2）非离散型随机变量可以在整个数轴上取值，或至少有一部分取某实数区间的值，这类变量范围很广，情况比较复杂，其中最重要的，在实际中常遇到的是连续型随机变量。

本书只研究离散型及连续型随机变量两种。前面几个例子均属离散型随机变量。

将离散型随机变量可能取的值及其相应的概率列成概率分布表1—8：

表1—8

ξ	$x_1 \quad x_2 \quad \cdots x_k \cdots$
P	$p_1 \quad p_2 \quad \cdots p_k \cdots$

或写成表达式：

$$P(\xi = x_k) = p_k \qquad (k = 1, 2, \cdots) \tag{1—11}$$

其中事件 $\{\xi = x_1\}$，$\{\xi = x_2\}$，…，$\{\xi = x_k\}$ …构成一个完备事件组。即这些事件彼此互不相容且它们的和是一个必然事件，再根据概率的加法法则有

$$p_1 + p_2 + \cdots + p_k + \cdots = 1$$

其中，$p_k \geqslant 0$（$k = 1, 2, \cdots$）。把（1—11）称为随机变量 ξ（离散型的）的概率函数或称概率分布，表1—8称为 ξ 的概率分布表。一般所说的离散型随机变量的分布就是指它的概率函数或概率分布表。

例3　一批产品的废品率为5%，从中任意抽取一个进行检验，用随机变量 ξ 来描述废品出现的情况。请写出 ξ 的分布。

解：用"$\xi = 0$"表示"产品为合格品"，"$\xi = 1$"表示"产品为废品"，于是

$$P(\xi = 0) = 1 - 5\% = 95\%$$

$$P(\xi = 1) = 5\%$$

列成概率分布表如表1—9所示：

表1—9

ξ	0	1
P	95%	5%

也可以用下述等式表示：

$$P(\xi=k)=(5\%)^{k}(95\%)^{1-k}\qquad(k=0,\ 1)$$

随机变量 ξ 只取0和1两个值的分布，称为（0—1）分布。若 $P(\xi=1)=P$，则 $P(\xi=0)=1-P$，因此（0—1）分布的概率函数为：

$$P(\xi=k)=P^{k}(1-P)^{1-k}\qquad(k=0,\ 1)\qquad(1—12)$$

对掷一枚硬币的试验来说，也属（0—1）分布，$\xi=0$ 表示“出现正面”$\xi=1$ 表示“出现反面”，这里 $P=0.5$，（1—12）写成

$$P(\xi=k)=(0.5)^{k}(1-0.5)^{1-k}=0.5^{k}0.5^{1-k}\qquad(k=0,1)$$

列成概率分布表1—10：

表1—10

ξ	0	1
P	0.5	0.5

例4 掷一颗骰子（均匀的）出现的点数是一个随机变量 ξ，$\xi=1,\ 2,\ \cdots,\ 6$，相应的概率都是 $\frac{1}{6}$。其概率函数：

$$P(\xi=x_{k})=\frac{1}{6}\qquad(k=1,\ 2,\ \cdots,\ 6)\qquad(1—13)$$

试判断：ξ 是否服从均匀分布。

解：列成概率分布表1—11。

表1—11

ξ	1	2	3	4	5	6
P	$\frac{1}{6}$	$\frac{1}{6}$	$\frac{1}{6}$	$\frac{1}{6}$	$\frac{1}{6}$	$\frac{1}{6}$

如果 ξ 有概率函数：

$$P(\xi = x_k) = \frac{1}{n} \qquad (k=1, 2, \cdots, n) \tag{1—14}$$

且当 $i \neq j$ 时 $x_i \neq x_j$，则称 ξ 服从离散型均匀分布。显然，例 4 属均匀分布。

下面介绍随机变量分布函数的概念。

首先提醒读者注意：（1—11）表达了随机变量的概率函数（或称概率分布），其意义是对于随机变量 ξ 的每一个可取值 $\xi = x_k$，其对应的概率等于多少（$P \geqslant 0$），即 $P(\xi = x_k) = P$，而随机变量分布函数 $F(x)$ 是实数 x（$-\infty < x < \infty$）的一个实函数，对一切 $x \in (-\infty, +\infty)$

$$F(x) = P(\xi \leqslant x) \tag{1—15}$$

其中 ξ 是随机变量（可以是离散型，也可以是连续型），"$\xi \leqslant x$" 表示随机变量 ξ 小于等于给定的 x 的一个事件，$P(\xi \leqslant x)$ 表示这个事件对应的概率，也就是说，随机变量 ξ 的分布函数是定义在实数轴上的一个实函数 $F(x)$，其自变量 $x \in (-\infty, +\infty)$（定义域），对任何 x 的可取值 x_0，对应的函数值 $F(x_0)$ 等于事件："$\xi \leqslant x_0$" 对应的概率，即 $F(x_0) = P(\xi \leqslant x_0)$。

例 5　求本节例 3 中的分布函数。

解：根据本例随机变量 ξ 只取 0、1 两个值，将实数 x 分成三个区间 $x<0$，$0 \leqslant x < 1$，$x \geqslant 1$，那么 ξ 的分布函数 $F(x)$ 可用分段函数来表示：

$$F(x) = P(\xi \leqslant x) = \begin{cases} 0 & x < 1 \\ 0.95 & 0 \leqslant x < 1 \\ 1 & x \geqslant 1 \end{cases}$$

这是由于：当 $x<0$ 时，事件"$\xi < 0$"是一个不可能事件，因此其对应的概率为 0；当 $0 \leqslant x < 1$ 时，事件"$\xi \leqslant x$" = "$\xi = 0$"，因此 $P(\xi \leqslant x) = P(\xi = 0) = 0.95$；当 $x \geqslant 1$ 时，事件 "$\xi \leqslant x$" = "$\xi = 0$" + "$\xi = 1$" = Ω（必然事件），因此 $P(\xi \leqslant x) = P(\Omega) = 1$。

例 6　求本节中例 4 的分布函数。

解：由于随机变量 $\xi = 1, 2, \cdots, 6$，故将 $x \in (-\infty, +\infty)$ 分成 7 个区间，它的分布函数 $F(x)$ 用分段函数表示如下：

$$F(x)=P(\xi\leqslant x)=\begin{cases}0 & x<1\\ \frac{1}{6} & 1\leqslant x<2\\ \frac{1}{3} & 2\leqslant x<3\\ \frac{1}{2} & 3\leqslant x<4\\ \frac{2}{3} & 4\leqslant x<5\\ \frac{5}{6} & 5\leqslant x<6\\ 1 & x\geqslant 6\end{cases}$$

易知，$F(5)=P(\xi\leqslant 5)=\frac{5}{6}$，$F(3)=P(\xi\leqslant 3)=\frac{1}{2}$

对由（1—15）表达的均匀分布的随机变量的分布函数

$$F(x)=P(\xi\leqslant x)=\begin{cases}0 & x<1\\ \frac{k}{n} & k\leqslant x<k+1 \qquad (k=1,\ 2,\ \cdots,\ n-1)\\ 1 & x\geqslant n\end{cases}$$

随机变量的分布函数 $F(x)$ 具有下列性质：

(1) $0\leqslant F(x)\leqslant 1$，对一切 $x\in(-\infty<x<\infty)$ 成立。

(2) 对任意实数 $x_1<x_2$，有

$$\begin{aligned}P(x_1<\xi\leqslant x_2)&=P(\xi\leqslant x_2)-P(\xi\leqslant x_1)\\&=F(x_2)-F(x_1)\end{aligned}$$

(3) 因为事件"$\xi\leqslant-\infty$"是不可能事件，"$\xi\leqslant+\infty$"是必然事件，所以

$$F(-\infty)=\lim_{x\to-\infty}F(x)=\mathrm{P}(\xi\leqslant-\infty)=0$$

$$F(+\infty)=\lim_{x\to+\infty}F(x)=\mathrm{P}(\xi\leqslant+\infty)=1$$

例 7 对本节例 4，试求 $P(3<\xi\leqslant 5)$

解：由性质（2）

$$P(3<\xi\leqslant 5)=F(5)-F(3)$$

再由例 6 可知：$F(5)=P(\xi\leqslant 5)=\frac{5}{6}$

$$F(3)=\frac{1}{2}$$

因此 $P(3<\xi\leqslant 5)=\frac{5}{6}-\frac{1}{2}=\frac{1}{3}$

截至目前所讲的例题均属离散型随机变量，由于这类随机变量只可能取有限个或无限个可列值，因此易求它们对应的概率，并且具有较强的直观性。对于连续性随机变量，由于其复杂性质不易理解，这里不予举例讲述。只笼统地介绍连续型随机变量 ξ 的概率分布密度函数 $\varphi(x)$ 的意义：

对于任何实数 x，如果随机变量 ξ 的分布函数 $F(x)$ 可以写成：

$$F(x)=\int_{-\infty}^{x}\varphi(t)\,\mathrm{d}t \qquad (1—16)$$

其中 $\varphi(x)\geqslant 0$，则称 ξ 为连续型随机变量，并称 $\varphi(x)$ 为 ξ 的概率分布密度函数，记为 $\xi\sim\varphi(x)$，简称 ξ 的概率密度。

（1—16）是一个变上限的广义积分，根据微积分的知识，在 $\varphi(x)$ 的一切连续点有 $F'(x)=\varphi(x)$。也就是说，连续型随机变量的概率分布密度函数是该随机变量分布函数的导函数。

例 8　若 ξ 的分布函数

$$F(x)=\begin{cases}0 & x<a\\ \dfrac{x-a}{b-a} & a\leqslant x<b\\ 1 & x\geqslant b\end{cases} \qquad (1—17)$$

试求 ξ 的概率密度 $\varphi(x)$。

解：由　$F'(x)=\varphi(x)$　　$x\in(-\infty<x<\infty)$

易得：

$$\varphi(x)=\begin{cases}\dfrac{1}{b-a} & a\leqslant x<b\\ 0 & \text{其他}\end{cases}$$

$\varphi(x)$ 具有下列性质

（1）$\varphi(x)\geqslant 0$

(2) $\int_{-\infty}^{+\infty}\varphi(x)\mathrm{d}x=1$

证：∵ 事件“$\xi\leqslant+\infty$”是一个必然事件

$\therefore P(\xi\leqslant+\infty)=1$

即 $\lim\limits_{x\to+\infty}F(x)=\lim\limits_{x\to+\infty}P(\xi\leqslant x)=P(\xi\leqslant+\infty)=1$

而 $\lim\limits_{x\to+\infty}F(x)=\lim\limits_{x\to+\infty}\int_{-\infty}^{x}\varphi(x)\mathrm{d}t=\int_{-\infty}^{+\infty}\varphi(x)\mathrm{d}x=1$

(3) $P(a<\xi\leqslant b)=\int_{a}^{b}\varphi(x)\mathrm{d}x$

证：$P(a<\xi\leqslant b)=\mathrm{F}(b)-\mathrm{F}(a)$

$$=\int_{-\infty}^{b}\varphi(x)\mathrm{d}x-\int_{-\infty}^{a}\varphi(x)\mathrm{d}x=\int_{a}^{b}\varphi(x)\mathrm{d}x$$

进一步剖析 $\varphi(x)$ 的意义，由导数的定义，和上面的性质（3）

$$\varphi(x)=\mathrm{F}'(x)=\lim_{\Delta x\to0}\frac{F(x+\Delta x)-F(x)}{\Delta x}$$

$$=\lim_{\Delta x\to0}\frac{F(x<\xi\leqslant x+\Delta x)}{\Delta x}$$

这表明，$\varphi(x)$ 不是 ξ 取值 x 的概率，而是反映它在 x 点概率分布的密集程度，$\varphi(x)$ 的大小能反映出 ξ 在 x 点附近取值的概率大小，但 ξ 取值 $x\in(-\infty,\infty)$ 任何一个值的概率都为零。例如：若 ξ 表示在区间 $[a, b]$ 上任意抛掷一个质点离开原点 O 的距离，则 ξ 是一个随机变量。如果这个质点落在 $[a, b]$ 上任一子区间的概率与这个区间的长度成正比，则 ξ 的分布函数 $F(x)$ 即为（1—17）所表达，$P(\xi\leqslant x)$ 表示事件“$\xi\leqslant x$”=“质点落在 $[a, b]$ 上任意一个子区间 $[c, d]$（$a\leqslant c<b$，$a<d\leqslant b$）”的概率。当

$x<a$ 时，“$\xi<a$”$=\phi$，$P(\xi\leqslant a)=0$

$x\geqslant b$ 时，“$\xi\geqslant b$”$=\Omega$，$P(\xi\geqslant b)=1$

$a\leqslant x<b$ 时，$P(\xi\leqslant x)=\dfrac{x-a}{b-a}$

特别地，$a=c=0$，$b=d$ 时

$$F(x)=P(\xi\leqslant x)=\begin{cases}0 & x<0\\ \dfrac{1}{b}x & 0\leqslant x<b\\ 1 & x\geqslant b\end{cases}$$

明显地表示了质点落在［0，b］上的概率与［0，x］⊂［0，b］的长度成正比，（比例常数为$\frac{1}{b}$），这时

$$\varphi(x)=\begin{cases}\frac{1}{b} & 0<x<b\\ 0 & x\leqslant 0,\ x\geqslant b\end{cases}$$

表明 $\varphi(x)$在 x 点概率分布的密度是均匀的（则称 ξ 服从区间［a，b］上的均匀分布）。另外，当 ξ 取 $x\in(-\infty<x<\infty)$上任何一个具体值 x_0，即 $\xi=x_0$ 时，意味着抛掷质点所落在［a，b］上子区间缩为一点，其长度为零。因此$P(\xi=x_0)=0$。

1. 数学期望和方差

随机变量及其分布揭示了概率论的基本内容和特点。读者会感到求随机变量的分布函数 $F(x)$和离散型随机变量的概率函数 $P(\xi=x_k)$以及连续型随机变量的概率密度函数 $\varphi(x)$是异常麻烦和困难的，不过读者不必忧虑。在实际应用中，很多情况下，并不需要全面考察随机变量的变化情况，也没必要去求它的分布函数，而只要弄清在一定程度上能够刻画随机变量的某些特征的数值，即随机变量的数字特征。譬如，在质量检验中，分析灯泡的寿命，只要知道灯泡的“平均寿命”以及与平均寿命的偏离程度就可以了。这就是本节所要介绍的内容：随机变量的数学期望和方差——随机变量的两个重要的数字特征。

例 9　为了检验某厂生产的灯泡质量，抽取了 25 个灯泡做寿命试验，试验结果如表 1—12：

表 1—12

寿命（小时）	852	881	905	958	992	1004	1084	1102
个数	1	2	2	3	5	6	4	2

试求灯泡的平均寿命。

解：这是个极其简单的问题，答案为

$$(852\times1+881\times2+905\times2+958\times3+992\times5+1004\times6+1084\times4+1102\times2)\times\frac{1}{25}$$

$$=852\times\frac{1}{25}+881\times\frac{2}{25}+905\times\frac{2}{25}+958\times\frac{3}{25}+992\times\frac{5}{25}+1004\times\frac{6}{25}+1084\times\frac{4}{25}+1102\times\frac{2}{25}=992.88\text{（小时）}$$

从计算过程可以看到，平均寿命是以这些值的次数（$m=1$，2，2，…，4，2，称为频数）与试验总次数（$n=25$）的比值（m/n 称为频率）为权重的加权平均数，倘若抽取灯泡的试验是随机的，即不受任何主客观条件的影响，总试验的结果（灯泡平均寿命为 992.88 小时）确实反映了该厂生产的灯泡质量。一般说来，试验的总次数 n 越大，结果越准确，这种计算在实际中常常用到。根据这种方法的基本思想引导出随机变量数学期望的概念。

（一）离散型随机变量的期望和方差

（1）期望。

设 n 次试验结果的随机变量 ξ 取值 x_1，x_2，…，$x_k(k\leqslant n)$，其中每个数据出现的频数分别为 m_1，m_2，…，m_k，当 n 相当大时，每个数据出现的频率 $\frac{m_1}{n}$，$\frac{m_2}{n}$，…，$\frac{m_k}{n}$ 分别接近它们各自的概率 P_1，$P_2\cdots P_k$。为了直观，列表 1—13：

表 1—13

ξ	x_1	x_2	…	x_k
频数	m_1	m_2	…	m_k
频率	$\frac{m_1}{n}$	$\frac{m_2}{n}$	…	$\frac{m_k}{n}$
概率	P_1	P_2	…	P_k

$x_1\frac{m_1}{n}+x_2\frac{m_2}{n}+\cdots+x_k\frac{m_k}{n}$ 是 ξ 取值的平均数（以频率为权重的加权平均）。当 n 相当大时，$x_1p_1+x_2p_2+\cdots+x_kp_k$ 是 ξ 取值理想上的平均值。这个平均值，称

为 ξ 的数学期望或简称为期望（或均值），记作 $E\xi$，即

$$E\xi = x_1p_1 + x_2p_2 + \cdots + x_np_n = \sum_{i=1}^{n} x_ip_i \tag{1—18}$$

$E\xi$ 的意义是：ξ 取值与其取值对应的概率为权重的加权平均值。符号“E”可理解为一个算子。它按（1—18）作用在离散型随机变量 ξ 上，表示 ξ 的期望，不加证明地介绍算子“E”满足下列法则：

① $EC = C$ （C 是常数），即常量的期望就是这个常数本身。

② $E(\xi + C) = E\xi + C$，即随机变量 ξ 与常量之和的数学期望等于 ξ 的期望与这个常量的和。

③ $E(C\xi) = CE\xi$，即常量与随机变量乘积的期望等于这个常量与随机变量期望的乘积。

④ $E(\xi + \eta) = E\xi + E\eta$ 即两个随机变量 ξ，η 之和的期望等于这两个随机变量期望的和。

⑤ $E(\xi \cdot \eta) = E\xi \cdot E\eta$ 即两个随机变量之积的期望等于它们的期望之积，其中，ξ 与 η 相互独立。

根据上述法则可推导出下列式子成立：

① $E(k\xi + b) = kE\xi + b$ k，b 为常数

② $E(\xi_1 + \xi_2 + \cdots + \xi_n) = E\xi_1 + E\xi_2 + \cdots + E\xi_n$

其中 ξ_1，ξ_2，…，ξ_n 为 n 个随机变量。

③ 若随机变量 η 是 ξ 的函数，$\eta = f(\xi)$，则

$$E\eta = E[f(\xi)] = \sum_k f(x_k)p_k$$

其中，$P(\xi = x_n) = P_k$。

例 10 某手表厂在出厂产品中，抽查了 $n = 100$ 只手表的走时误差，其数据如表 1—14：

表 1—14

日走时误差（秒）	−2	−1	0	1	2	3	4
只数（m_k）	3	10	17	28	21	16	5

求该手表厂生产的手表平均日走时误差（期望值）。

解：手表平均日走时误差（期望值）

$$=\frac{1}{100}[(-2)\times3+(-1)\times10+0\times17+1\times28+2\times21+3\times16+4\times5]=1.22\text{ 秒/日}$$

例 11　求 §5 例 4 的期望。

解：$$E\xi=1\times\frac{1}{6}+2\times\frac{1}{6}+\cdots+6\times\frac{1}{6}=\frac{1}{6}(1+2+\cdots+6)=\frac{7}{2}$$

例 12　测量一矩形土地的长与宽，测量结果如表 1—15 和表 1—16。

表 1—15

长度 η	29	30	31
P	0.3	0.5	0.2

表 1—16

宽度 ξ	19	20	21
P	0.3	0.4	0.3

试求矩形周长 ξ 的期望。

解：由长与宽的分布计算

$$E\eta=29\times0.3+30\times0.5+31\times0.2=29.9$$

$$E\xi=19\times0.3+20\times0.4+21\times0.3=20$$

由于周长 $\zeta=2(\eta+\xi)$；根据上述法则（3）、（4）且 ξ 与 η 相互独立，有：

$$E\zeta=\mathrm{E}[2(\eta+\xi)]=2E(\eta+\xi)=2(E\eta+E\xi)=2\times29.9+2\times20=99.8$$

（2）方差。

在实际问题中，仅靠期望值不能完善地说明随机变量的分布特征，还必须研究随机变量 ξ 对期望值 $E\xi$ 的离散程度。称 $\xi-E\xi$ 为随机变量 ξ 的离差。为了消除离差 $\xi-E\xi$ 的正负号，用（$\xi-E\xi)^2$ 来衡量 ξ 离开其期望 $E\xi$ 的程度，并称 $(\xi-E\xi)^2$ 为 ξ 的偏差。

需要指出，$\xi-E\xi$ 和（$\xi-E\xi)^2$ 均为随机变量，这里因为随机变量 ξ 与数值 $E\xi$ 的代数和（是 ξ 的函数）为一个随机变量，因此可以求新的随机变量

$(\xi-E\xi)^2$的数学期望，并用符号 $D\xi$ 表示之，即

$$D\xi=E(\xi-E\xi)^2$$

称 $D\xi$ 为随机变量 ξ 的方差，其意义是：ξ 的偏差以其概率为权重的加权平均值。在实际计算中，常常要求出 $D\xi$ 的算术根$\sqrt{D\xi}$，以 σ 记之，称 $\sigma=\sqrt{D\xi}$为随机变量 ξ 的标准差（或方差根）。

例 13　试求表 1—17 给出的 ξ 的离差、偏差、方差和标准差。

解：为醒目起见，列表 1—17（已知 $E\xi=20$）：

表 1—17

随机变量 ξ	29	20	21
概率 P	0.3	0.4	0.3
离差 $\xi-E\xi$	-1	0	1
偏差 $(\xi-E\xi)^2$	1	0	1

$$D\xi=E(\xi-E\xi)^2=1\times0.3+0\times0.4+1\times0.3=0.6$$

$$\sigma=\sqrt{D\xi}=\sqrt{0.6}\approx0.775$$

例 14　甲、乙两炮射击弹着点与目标的距离分别为 ξ_1，ξ_2，并有如表 1—18 和表 1—19 所示分布：

表 1—18

ξ_1	80	85	90	95	100
P	0.2	0.2	0.2	0.2	0.2

表 1—19

ξ_2	85	87.5	90	92.5	95
P	0.2	0.2	0.2	0.2	0.2

分别求 ξ_1，ξ_2 的期望值和方差值，并比较两者射击的准确性。

解：$E\xi_1=0.2\times(80+85+90+95+100)=90$

$E\xi_2=0.2\times(85+87.5+90+92.5+95)=90$

列表 1—20 和表 1—21 求 ξ_1，ξ_2 的偏差：

表 1—20

$\xi_1 - E\xi_1$	-10	-5	0	5	10
$(\xi_1 - E\xi_1)^2$	100	25	0	25	100
P	0.2	0.2	0.2	0.2	0.2

表 1—21

$\xi_2 - E\xi_2$	-5	-25	0	25	5
$(\xi_2 - E\xi_2)^2$	25	6.25	0	6.25	25
P	0.2	0.2	0.2	0.2	0.2

因此 $D\xi_1 = 0.2 \times (100 + 25 + 0 + 25 + 100) = 50$

$D\xi_2 = 0.2 \times (25 + 6.25 + 0 + 6.25 + 25) = 12.5$

可以看出，ξ_1，ξ_2 有相同的期望值，而 ξ_1 的方差大于 ξ_2 的方差，这说明乙炮的弹着点比甲炮的弹着点更集中于它们共同的期望值 90 附近。也就是，两炮射击，乙炮较甲炮更准确，这个结论完全可以从 ξ_1，ξ_2 的分布得出。

方差的性质（证明从略）

① $DC = 0$，即常数的方差等于零。

② $D(C\xi) = C^2\xi$，即常数与随机变量乘积的方差，等于这个常数的平方与随机变量方差的乘积。

③ $D(\xi + \eta) = D\xi + D\eta$，特别地 $D(\xi + C) = D\xi + DC = \mathrm{D}\xi$，即两个独立随机变量之积的方差，等于这两个随机变量方差的和。

更一般地，若 ξ_1，ξ_2，…，ξ_n 相互独立，则有

$$D(\xi_1 + \xi_2 + \cdots + \xi_n) = D\xi_1 + D\xi_2 + \cdots + D\xi_n$$

④ $D\xi = E\xi^2 - (E\xi)^2$，即任意随机变量的方差等于这个随机变量平方的期望与其期望平方之差。

例 15 一个螺丝钉重量是随机变量，期望值为 10 克，标准差为 1 克。100 个一盒的同型号螺丝钉重量的期望和标准差各为多少？

解：设一个螺丝钉的重量为 $\xi_i(i = 1, 2, \cdots, 100)$，且每个螺丝钉的重要不受其他螺丝钉重量的影响，即 100 个螺丝钉的重量是相互独立的，由已知，

$$E\xi_i = 10 \qquad \sqrt{D\xi_i} = 1 \qquad (i = 1,\ 2,\ \cdots,\ 100)$$

所以 $E(\sum_{i=1}^{100} \xi_i) = \sum_{i=1}^{100} E\xi_i = 100 \times 10 = 1000$

$$\sqrt{D(\sum_{i=1}^{100}\xi_i)} = \sqrt{\sum_{i=1}^{100} D\xi_i} = \sqrt{100 \times 1} = 10 \qquad [\text{性质③}]$$

即 100 个一盒同型号的螺丝钉重量的期望值为 1000 克，标准差为 10 克。

（二）连续型随机变量的期望和方差

根据积分的意义和依照离散型随机变量期望、方差的概念，规定连续型随机变量期望和方差的意义如下：

$$E\xi = \int_{-\infty}^{+\infty} x\,\varphi(x)\,\mathrm{d}x \qquad (1\text{—}19)$$

$$D\xi = \int_{-\infty}^{+\infty} (x - E\xi)^2 \varphi(x)\,\mathrm{d}x \qquad (1\text{—}20)$$

其中，$\varphi(x)$是 ξ 的概率密度，并假定（1—19）（1—20）中的两个广义积分绝对收敛。

例 16　某种无线电元件的使用寿命 ξ 是一个连续型随机变量，其概率密度为

$$\varphi(x) = \begin{cases} \lambda \mathrm{e}^{-\lambda x} & x > 0 \\ 0 & x \leqslant 0 \end{cases}$$

其中 $\lambda > 0$，求这种元件的平均使用寿命（数学期望）$E\xi$。

解：由（1—19）$E\xi = \int_{-\infty}^{+\infty} x\varphi(x)\,\mathrm{d}x$

$$= \int_0^{\infty} \lambda x \mathrm{e}^{-\lambda x}\mathrm{d}x$$

$$= -\lim_{t\to\infty}\int_0^t x\mathrm{d}\mathrm{e}^{-\lambda x} = -\lim_{t\to\infty}[x\mathrm{e}^{-\lambda x} - \int \mathrm{e}^{-\lambda x}\mathrm{d}x]_0^t$$

$$= \lim_{t\to\infty}[-x\mathrm{e}^{-\lambda x} - \frac{1}{\lambda}\mathrm{e}^{-\lambda x}]_0^t = \frac{1}{\lambda}$$

2. 几种常用的分布

下面介绍几种常用的，也是重要的随机变量的分布，其中有的在前面提到过。

（一）（0—1）分布

若随机变量 ξ 只可能取 0 或 1 两个值，其概率分布为

$$P(\xi=k)=p^k(1-p)^{1-k} \qquad (k=0,\ 1) \qquad (0<p<1) \tag{1—21}$$

则称随机变量 ξ 服从以 p 为参数的（0—1）分布或称为两点分布，简记作 $\xi \sim B$（1，p）

一切只有两种可能结果的随机试验，都可以用（0—1）分布的随机变量来描述。例如，掷币试验。射击结果（中与不中）、产品质量检验（合格与不合格）、新生婴儿的性别登记等。

（0—1）分布的期望与方差

$$E\xi=0\times(1-p)+1\times p=p$$

$$D\xi=(0-p)^2(1-p)+(1-p)^2\cdot p=p(1-p)$$

（二）二项分布

在§4 中讨论的 n 重伯努利试验中，若以随机变量 ξ 表示 A 发生的次数，它的所有可能取值为 0，1，2，…，n，且有

$$P(\xi=k)=C_n^k p^k(1-p)^{n-k} \qquad (k=0,\ 1,\ 2,\ \cdots,\ n) \tag{1—22}$$

则称随机变量 ξ 服从以 n，p 为参数的二项分布，简记作：$\xi \sim B$（n，p），显然有

（1）$P(\xi=k)\geqslant 0 \qquad (k=0,\ 1,\ 2,\ \cdots,\ n)$

（2）$$\sum_{k=0}^{n} P(\xi=k)=\sum_{k=0}^{n} C_n^k p^k(1-p)^{n-k} = [p+(1-p)]^n=1 \tag{1—23}$$

特别地，当 $n=1$ 时

$$P(\xi=k)=C_n^0 p^k(1-p)^{1-k}=p^k(1-p)^{1-k} \qquad (k=0,\ 1,\ 2,\ \cdots,\ n)$$

这时，二项分布即（0—1）分布。

1. 二项分布的期望与方差：

$$E\xi = \sum_{k=0}^{n} kP(\xi = k) = \sum_{k=0}^{n} k \frac{n!}{k!\ (m-k)!} p^{k}(1-p)^{n-k}$$

$$= \sum_{k=1}^{n} \frac{n!}{(k-1)!\ (n-k)!} p^{k}(1-p)^{n-k}$$

$$= np \sum_{k=1}^{n} C_{n-1}^{k-1} p^{k-1}(1-p)^{n-k}$$

$$= np$$

[其中，可以用中学里学习过的二项式定理证明 $\sum_{k=1}^{n} C_{n-1}^{k-1} p^{k-1}(1-p)^{n-k} = 1$]

同样方法可以计算

$$E\xi^{2} = npq + n^{2}p^{2} \qquad (q = 1-p)$$

利用方差的性质④

$$D\xi = E\xi^{2} - (Ep)^{2} = npq + n^{2}p^{2} - (np)^{2} = npq$$

利用二项分布可以计算：

（1）事件 A 至多出现 m 次的概率（$0 \leqslant m \leqslant n$）

$$P(0 \leqslant \xi \leqslant m) = \sum_{k=0}^{m} C_{n}^{k} p^{k}(1-p)^{n-k}$$

（2）事件 A 至少出现 m 次的概率（$0 \leqslant m \leqslant n$）

$$P(\xi \geqslant m) = \sum_{k=m}^{n} C_{n}^{k} p^{k}(1-p)^{n-k}$$

（3）事件 A 至多出现 m 次至少出现 l 次的概率

$$P(l \leqslant x \leqslant m) = \sum_{k=l}^{m} C_{n}^{k} p^{k}(1-p)^{n-k}$$

例 17　某人射击的命中率为 0.8，独立 5 次射击，求：（1）至多命中 3 次的概率；（2）至少命中 4 次的概率；（3）命中 2—3 次的概率。

解：设命中的次数为 ξ，则 $\xi \sim B$（5，0.8），且 ξ 的概率分布为：

$$P(\xi = k) = C_{n}^{k} p^{k}(1-p)^{n-k}$$

故所求的概率：

(1) 至多命中 3 次的含义是：$k=0, 1, 2, 3$，因此

$$P(0\leqslant\xi\leqslant3)=\sum_{k=0}^{3}C_5^kp^k(1-p)^{5-k}$$
$$=C_5^0 0.8^0\ (1-0.8)^{5-0}+C_5^1 0.8^1\ (1-0.8)^{5-1}+C_5^2 0.8^2\ (1-0.8)^{5-2}+C_5^3 0.8^3\ (1-0.8)^{5-3}$$
$$=1\times1\times0.2^5+5\times0.8\times0.2^4+10\times0.8^2\times0.2^3+10\times0.8^3\times0.2^2$$
$$\approx0.263。$$

(2) 至少命中 4 次的含义是：$k=4, 5$，故所求的概率为：

$$P(\xi\geqslant4)=\sum_{k=4}^{5}C_5^k 0.8^k(1-0.8)^{5-k}=C_5^4 0.8^4\times0.2^1+C_5^5 0.8^5\times0.2^0$$
$$\approx0.737。$$

还可以利用下面的方法计算：因为事件“至多命中 3 次（$k=0, 1, 2, 3$）”与“至少命中 4 次（$k=4, 5$）”的和是必然事件，即利用（1—23）

$$\sum_{k=0}^{5}C_5^kp^k(1-p)^{5-k}=\sum_{k=0}^{3}C_5^kp^k(1-p)^{5-k}+\sum_{k=4}^{5}p^k(1-p)^{5-k}=1$$

因此 $P(\xi\geqslant4)=\sum_{k=4}^{5}0.8^k(1-p)^{5-k}=1-\sum_{k=0}^{5}0.8^k(1-p)^{5-k}$。利用（1）的结果，$P(\xi\geqslant4)=1-0.263=0.737$。

(3)命中 2—3 次的概率：

$$P(2\leqslant\xi\geqslant4)=\sum_{k=2}^{3}C_5^k 0.8^k(1-0.8)^{5-k}=C_5^2 0.8^2\times0.2^3+C_5^3 0.8^3\times0.2^2\approx0.256$$

2. 二项分布的最可能值

为了导出要说明的问题，先给出例 17 中 ξ 的分布列（表 1—22）：

表 1—22

ξ	0	1	2	3	4	5
P	0.00032	0.0128	0.0512	0.2048	0.4096	0.3213

从表 1—22 中看到：当 $\xi=4$ 时的概率值最大。称 $\xi=k_0=4$ 为该二项分布的最可能值。一般地，二项分布中使概率 $P(\xi=k)$ 取最大值的 $\xi=k_0$ 称为二项分布

的最可能值。最可能值有一个，也可能有两个，其计算方法如下：

（1）当 $np+p$ 是整数时，$k_0=np+p$ 和 $np+p-1$

（2）当 $np+p$ 是小数时，$k_0=np+p$ 的整数部分。

例 18　已知随机变量 $\xi \sim B(n, p)$，$E\xi=12$，$D\xi=8$，求 p 和 n 及 ξ 的最可能值。

解：已知，$E\xi=np=12$　　①

$D\xi=npq=np(1-p)=8$　　②

由①②求得：$p=\frac{1}{3}$，$n=36$

因为　　$np+p=36\times\frac{1}{3}+\frac{1}{3}=12\frac{1}{3}$

所以，ξ 的最可能值 $k_0=12$。

例 19　某批产品有 80% 的一等品，对它们进行重复抽样检验，共取出 4 个样品，求其中一等品数 ξ 的最可能值 k_0，并用 ξ 的分布来验证。

解：$\xi \sim B(0.8, 4)$，$np+p=4\times0.8+0.8=4$ 是整数，所以 $k_0=4$ 和 3 时 $P(\xi=k)$ 为最大。即取出 4 个样品时，一等品个数最可能是 3 或 4。

由 $P(\xi=k)=C_4^k 0.8^k(1-0.8)^{4-k}$ 得 ξ 的分布列（表 1—23）：

表 1—23

ξ	0	1	2	3	4
P	0.0016	0.0256	0.1536	0.4096	0.4096

可见，具体计算出的概率也正好在 $\xi=3$ 和 4 时为最大。

例 20　某柜台有 4 个售货员，每天工作 10 小时。据经验每名售货员平均在一小时内只用秤 15 分钟，问该店配置几台秤较为合理？若配置两台秤，每天平均有多少时间台秤不够用？

解：由已知每名售货员平均在一小时内用秤的概率 $p=\frac{15}{60}=\frac{1}{4}$，四名售货员在一小时内同时用秤的人数是随机变量 ξ，因此 ξ 服从以 $p=\frac{1}{4}$，$n=4$ 为参数的二项分布（售货员用秤是相互独立的），即

$$\xi \sim B\left(\frac{1}{4},\ 4\right)$$

ξ 的概率函数：

$$P(\xi=k)=C_4^k\left(\frac{1}{4}\right)^k\left(1-\frac{1}{4}\right)^k \qquad (k=0,\ 1,\ 2,\ 3,\ 4)$$

ξ 的概率分布表 1—24：

表 1—24

ξ	0	1	2	3	4
P	81/256	108/256	54/256	12/256	1/256

从表 1—24 中可以看出，一个小时内，一个售货员用秤的概率最大[$P(\xi=1)=108/256\approx0.42$]；两个售货员同时用秤的概率 $P(\xi=2)=54/256\approx0.20$；三个和四个售货员同时用秤的概率($P=12/256+1/256\approx0.052$)很小。

在实际中概率很小的随机事件在个别试验中几乎是不可能发生的。因此人们常常忽略了那些概率很小的事件发生的可能性（例如人们常常忽略了骑自行车上街有发生车祸的危险）。这个原理叫作小概率原理。根据这个原理，本例的答案是：

（1）该柜台配置两台秤较为合理。

（2）配置两台秤时，一天 10 小时内平均有 $10\times13/256=0.5$ 小时台秤不够用。

（三）泊松分布

在一些常见的所谓稠密性问题中，如在一段时间内，候车的旅客数，织机上断头的次数，某单位的电话总机接到外部呼唤内部分机号的次数，原子放射粒子数，以及零件铸造表面上单位面积内砂眼的个数等。设这些数为随机变量 ξ，ξ 的分布称为泊松（Poisson）分布。其概率函数是：

$$P_\lambda(k)=P(\xi=k)=\frac{\lambda^k}{k!}e^{-\lambda} \qquad (k=0,\ 1,\ 2,\ \cdots) \qquad (1—24)$$

其中参数 $\lambda>0$，由具体问题确定，离散型随机变量 $\xi=k$ 可取任何非负整数。

省略计算过程，给出泊松分布的期望和方差：

$$E\xi=\lambda \qquad D\xi=\lambda$$

实际中，可以利用泊松分布表计算 $\frac{\lambda^k}{k!}e^{-\lambda}$ 之值（参看附表1）。例如

$$P_{0.5}(6)=0.000014 \qquad P_3(5)=0.184737$$

例21　某种产品表面上的疵点数服从泊松分布，平均一件上有0.8个疵点，若规定疵点数不超过1为一等品，价值10元，疵点数大于1不多于4为二等品，价值8元，疵点数在4个以上者为废品。求产品的平均价值。

解：由已知，该种产品表面上的疵点数 $\xi\sim P_\lambda(k)=P(\xi=k)=\frac{\lambda^k}{k!}e^{-\lambda}$ $(k=0, 1, 2, \cdots)$，且 $E\xi=\lambda=0.8$，

通过查附表1，先求出一等品，二等品和废品的概率：

一等品的概率 $=P_\lambda(\xi\leqslant 1)=P_{0.8}(\xi=0)+P_{0.8}(\xi=1)$

$=0.449329+0.359463=0.808792$

二等品的概率 $=P_\lambda(2\leqslant\xi\leqslant 4)=P_{0.8}(\xi=2)+P_{0.8}(\xi=3)+P_{0.8}(\xi=4)$

$=0.143785+0.038343+0.007669=0.189779$

废品的概率 $=P_\lambda(\xi\leqslant 4)=P_{0.8}(\xi=5)+P_{0.8}(\xi=6)+\cdots$

$=0.001227+0.000164+\cdots=0.001412$

所求产品的平均价值等于三种产品的价值分别以它们的概率为权重的加权平均数：

$$10\times 0.808792+8\times 0.189779+0\times 0.00144\approx 9.61\text{（元）}$$

泊松证明了在 n 重伯努利试验中，若事件 A 在每次试验中出现的概率为 P_n（P_n 是与试验总数 n 有关的数），当 $n\to\infty$ 时，$nP_n\to\lambda$（$\lambda>0$ 是一个常数），则有

$$\lim_{n\to\infty}P(\xi=k)=\frac{\lambda^k}{k!}e^{-\lambda} \qquad (k=0, 1, 2, \cdots) \qquad (1—25)$$

特别地，当 $P_n=p$ 不依赖于 n 时，（1—25）仍成立，这时（1—25）即为（1—23）。这就是说，泊松分布是二项分布当 $np\to\lambda$（$n\to\infty$）条件下的极限分布。故当 n 很大（$n>50$）而 p 很小（$p<0.1$）时，可用泊松分布近似计算二项分布（这时两种分布的期望值看作相等，即 $E\xi=np=\lambda$）。这样可以用泊松分布

表简化二项分布的计算。

例 22 已知某工厂活水处理的不合格率为 0.01，在 400 次抽样检查中，求 5 次以上不合格的概率。

解：设 ξ 表示抽样检查不合格，显然 $\xi \sim B(400, 0.01)$，然而，所求 $P(\xi \geqslant 5) = \sum_{k=5}^{400} C_{100}^{k} 0.01^{k}(1-0.99)^{400-k}$ 是异常麻烦的。由于 n 很大，p 很小，所以利用泊松分布近似计算：$E\xi = \lambda = np = 400 \times 0.01 = 4$

由于 $P_4(\xi \geqslant 5) = 1 - P_4(\xi < 5) \approx 1 - [P_4(0) + P_4(1) + P_4(2) + P_4(3) + P_4(4)]$

查泊松分布表得：

$$P_4(\xi \geqslant 5) \approx 1 - (0.018316 + 0.073263 + 0.146525 + 0.10536 + 0.19536)$$
$$= 0.461162$$

因此 5 次以上不合格的概率近似等于 0.46。

前面介绍了三种离散型随机变量的分布，下面再介绍三种常见的连续型随机变量的分布。

（四）均匀分布

设连续型随机变量 ξ 的概率密度是

$$\varphi(x) = \begin{cases} \dfrac{1}{b-a} & a \leqslant x \leqslant b \quad (a < b) \\ 0 & \text{其他} \end{cases} \tag{1—26}$$

则称 ξ 服从区间 $[a, b]$ 上的均匀分布。简记为 $U(a,b)$

可以求得 $U(a,b)$ 的分布函数 $F(x)$ 为：

$$F(x) = P(\xi \leqslant x) = \begin{cases} 0 & (x < a) \\ \dfrac{x-a}{b-a} & (a \leqslant x < b) \\ 1 & (x \geqslant b) \end{cases} \tag{1—27}$$

$U(a, b)$ 的意义是：ξ 在 $[a, b]$ 内取值是等可能的。ξ 取小于 a 或大于 b 的概率为 0；ξ 取 $[a, b]$ 由任一子区间 $[c, d]$ 上值的概率与区间 $[c, d]$ 的长度成正比（比例常数为 $\dfrac{1}{b-a}$），而与区间的具体位置无关。事实上，对任意 c，

$d(a\leqslant c<d\leqslant b)$，根据§5中$\varphi(x)$的性质（3）有

$$\begin{aligned}P(c<\xi\leqslant d)&=F(d)-F(c)\\&=\int_{-\infty}^{d}\varphi(x)\mathrm{d}x-\int_{-\infty}^{c}\varphi(x)\mathrm{d}x=\int_{c}^{d}\varphi(x)\mathrm{d}x\\&=\int_{c}^{d}\frac{1}{b-a}\mathrm{d}x=\frac{d-c}{b-a}\end{aligned}$$

例23　在区间［4，10］上任意抛掷一个质点，用ξ表示这个质点与原点的距离，则ξ是一个连续型的随机变量。如果这个质点落在［a，b］上任一子区间［c，d］内的概率与这个区间长度成正比，求ξ的概率密度函数和分布函数。

解：显然$\xi\sim U(4,10)$，因此它的概率密度函数

$$\varphi(x)=\begin{cases}\dfrac{1}{6} & 4\leqslant x\leqslant 10\\ 0 & \text{其他}\end{cases}$$

ξ的分布函数

$$F(x)=P(\xi\leqslant x)=\begin{cases}0 & x<4\\ \dfrac{1}{6}(x-4) & 4\leqslant x<10\\ 1 & x\geqslant 10\end{cases}$$

（五）指数分布

设随机变量ξ的概率密度是

$$\varphi(x)=\begin{cases}\lambda\mathrm{e}^{-\lambda x} & x>0\\ 0 & x\leqslant 0\end{cases}\qquad(1\text{—}28)$$

则称ξ服从以λ为参数的指数分布。

显然，它的分布函数

$$F(x)=P(\xi\leqslant x)=\begin{cases}0 & x\leqslant 0\\ 1-\mathrm{e}^{-\lambda x} & x>0\end{cases}\qquad(1\text{—}29)$$

且有$\int_{-\infty}^{+\infty}\varphi(x)\mathrm{d}x=\int_{0}^{\infty}\lambda\mathrm{e}^{-\lambda x}\mathrm{d}x=1$

对任何实数a，$b(0\leqslant a<b)$，有

$$P(a<\xi\leqslant b)=F(b)-F(a)=\int_a^b\lambda e^{-\lambda x}dx=e^{-\lambda a}-e^{-\lambda b}$$

前面已计算出指数分布的期望 $E\xi=\lambda^{-1}$，通过计算可知指数分布的方差 $D\xi=\lambda^{-2}$

指数分布在可靠性统计理论中有着广泛的应用。例如产品的寿命、动物的寿命、某些消耗产品（灯泡、电子元件等）的寿命，随机服务系统中的服务时间，设备出故障的时间等，都近似服从指数分布。

例 24 某电子计算机在发生故障前运行的时间 ξ（单位：小时）是连续型随机变量，其概率密度为

$$\varphi(x)=\begin{cases}\frac{1}{100}e^{-\frac{x}{100}} & x\geqslant 0\\ 0 & x<0\end{cases}$$

问这台计算机在发生故障前能正常运行 50—150 小时的概率是多少？运行时间少于 100 小时的概率是多少？

解：在计算机发生故障前能运行 50—150 小时的概率为

$$P(50\leqslant\xi\leqslant 100)=\int_{50}^{100}\frac{1}{100}e^{-\frac{x}{100}}dx=e^{-\frac{x}{100}}\int_{50}^{100}\frac{1}{100}dx\approx 0.384$$

运行时间小于 100 小时的概率为

$$P(0\leqslant\xi\leqslant 100)=\int_0^{100}\frac{1}{100}e^{-\frac{x}{100}}dx\approx 0.633$$

例 25 某电子元件 ξ 服从以 λ（$\lambda^{-1}=1000$ 小时）为参数的指数分布。3 个这样的元件使用 1000 小时后，都没有损坏的概率是多少？

解：已知

$$\xi\sim\varphi(x)=\begin{cases}\frac{1}{1000}e^{-\frac{x}{1000}} & x\geqslant 0\\ 0 & x<0\end{cases}$$

由（1—29）知 ξ 的分布函数

$$F(x)=P(\xi\leqslant x)=1-e^{-\frac{x}{1000}}\qquad(x>0)$$

一个这样的元件使用 1000 小时后没有损坏的概率

$$P(\xi > 1000) = 1 - P(\xi \leqslant 1000)$$
$$= 1 - F(1000) = e^{-1}$$

由于各元件寿命相互独立，因此 3 个这样的元件使用 1000 小时后都没有损坏的概率等于 $e^{-1} \times e^{-1} \times e^{-1} = e^{-3}$（约为 0.05）。

（六）正态分布

最后介绍一种最常见最重要的分布——正态分布。实际问题中大量的连续型随机变量，如人的身高、体重、产品质量数据（砖的抗压强度、细纱的强力、螺丝的口径、条钢的长度等）测量误差，流动资金的管理等，它们的分布都具有"中间大""两头小"的特点。一般说来，只要构成某一数量指标的随机因素很多，而每个因素所起的作用又不太大，这样的随机变量都可以认为服从正态分布。

正态分布的概率密度为

$$\varphi(x) = \frac{1}{\sqrt{2\pi}\,\sigma} e^{\frac{(x-u)^2}{2\sigma^2}} \qquad (-\infty < x < +\infty) \qquad (1—30)$$

其中 μ，$\sigma > 0$，它们是由具体问题而确定的参数。随机变量 ξ 服从正态分布记作：

$$\xi \sim N\ (\mu,\ \sigma^2)$$

通过计算可以证明，参数 μ，σ 分别是 ξ 的期望值和标准差，即

$$E\xi = \int_{-\infty}^{+\infty} x\varphi(x)\,dx$$
$$= \int_{-\infty}^{+\infty} \frac{x}{\sqrt{2\pi}\sigma} e^{\frac{(x-u)^2}{2\sigma^2}} dx = \mu$$

$$D\xi = \int_{-\infty}^{+\infty} (x - E\xi)^2 \varphi(x)\,dx$$
$$= \int_{-\infty}^{+\infty} \frac{(x-\mu)^2}{\sqrt{2\pi}\sigma} e^{\frac{(x-u)^2}{2\sigma^2}} dx = \sigma^2$$

特别地，当 $\mu = 0$，$\sigma = 1$ 时，$\varphi(x)$ 记作 $\varphi_0(x)$，即

$$\varphi_0(x) = \frac{1}{\sqrt{2\pi}} e^{-\frac{x^2}{2}} \qquad (-\infty < x < +\infty) \qquad (1—31)$$

这时称 ξ 服从标准正态分布，记作

$$\xi \sim N(0,\ 1)$$

标准正态分布的概率密度 $\varphi_0(x)$ 在直角坐标系中的图像如图 1—15 所示。称这种图形为标准正态曲线，一般正态曲线如图 1—16 所示。

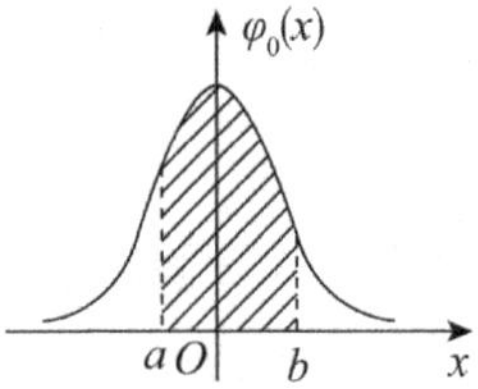

图 1—15

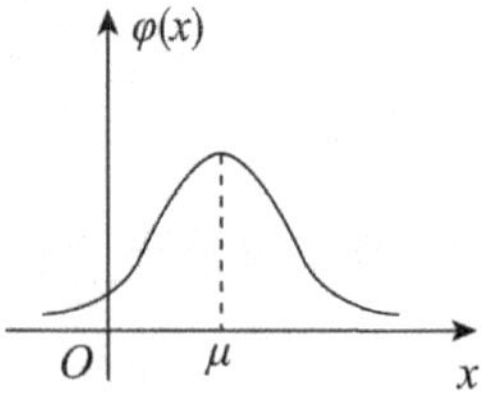

图 1—16

附表 2—1 为标准正态分布密度函数值表，对所给的 $x \in (-\infty, +\infty)$，可通过查该表得到 $\varphi_0(x)$ 的数值。例如：$\varphi_0(0.45)=0.3605$，$\varphi_0(2.9)=0.005953$。

标准正态分布概率密度函数 $\varphi_0(x)$ 具有下列性质：

(1) $\varphi_0(x)$ 有各阶导数。

(2) $\varphi_0(x)=\varphi_0(-x)$，即 $\varphi_0(x)$ 是偶函数，它的图形关于 y 轴对称。

附表 2—1 中只列了 x 取非负数时对应的函数值，利用这个性质可得到 x 取负数时对应的函数值。例如　$\varphi_0(-0.45)=0.3605, \varphi_0(-2.9)=0.005953$

(3) $\varphi_0(x)$ 的图形是单峰曲线。$\varphi_0(x)$ 在 $(-\infty, 0)$ 内严格上升，在 $(0, +\infty)$ 内严格下降，在 $x=0$ 处达到最大值：

$$\varphi_0(x)=\frac{1}{\sqrt{2\pi}}\approx 0.3989$$

并且，$\varphi_0(x)$ 在 $x=\pm 1$ 处有两个拐点，$\varphi_0(\pm 1)=0.2420$。

(4) x 轴是曲线 $\varphi_0(x)$ 的水平渐近线，即 $\lim\limits_{x\to\infty}\varphi_0(x)=0$。

(5) 曲线与 Ox 轴围成的面积为 1，即

$$\int_{-\infty}^{+\infty}\frac{1}{\sqrt{2\pi}}\mathrm{e}^{-\frac{x^2}{2}}\mathrm{d}x=1$$

这是由于服从标准正态分布的随机变量“ξ 落在区间 $(-\infty,\ +\infty)$ 上”这个事件为必然事件和积分的意义所致。从这个道理出发，服从标准正态分布的随机变量 ξ 落在区间 $[a,\ b]$ 上的概率为：

$$P(a\leqslant\xi\leqslant b)=\int_a^b\varphi_0(x)\,\mathrm{d}x \qquad (1—32)$$

这个概率等于由曲线 $\varphi_0(x)$ 和直线 $x=a$，$x=b$ 以及 $y=0$ 所围成的面积之值。

下面研究正态分布的分布函数。

对正态分布的分布函数 $F(x)=P(\xi\leqslant x)$，$x\in(-\infty,+\infty)$ 特记为 $\Phi(x)$，即 $\Phi(x)=P(\xi\leqslant x)$，相应地，记标准正态分布的分布函数为 $\Phi_0(x)$，即

$$\Phi_0(x)=P(\xi\leqslant x)=\int_{-\infty}^{x}\frac{1}{\sqrt{2\pi}}\mathrm{e}^{-\frac{t^2}{2}}\mathrm{d}t \qquad x\in(-\infty,+\infty) \qquad (1—33)$$

由积分学知道，这是一个变积分上限的函数，（其中变量 t 是为区别变上限 x 临时采用的符号，这是积分学的基本常识）。对任何 $x\in[0,+\infty)$，$\Phi_0(x)$ 的值查附表 2—2 给出。例如，$\Phi_0(0)=0.5$，$\Phi_0(0.196)=0.97500$，$\Phi_0(2.58)=0.995060$。

对（1—33）的几何解释见图 1—17。

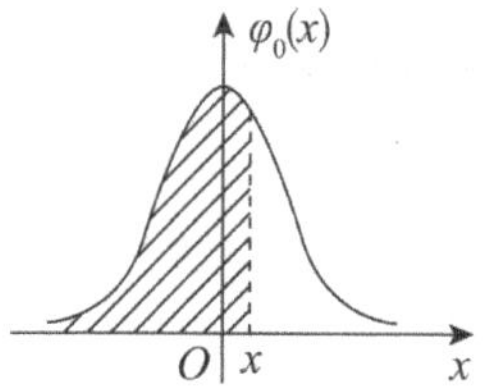

图 1—17

下面来讨论 $\Phi_0(x)$ 与 $\Phi_0(-x)$ 之间的关系。由 $\Phi_0(-x)=P(\xi\leqslant -x)=P(\xi\geqslant x)=1-P(\xi<x)$（如图 1—18 所示），所以

$$\Phi_0(-x)=1-\Phi_0(x)$$

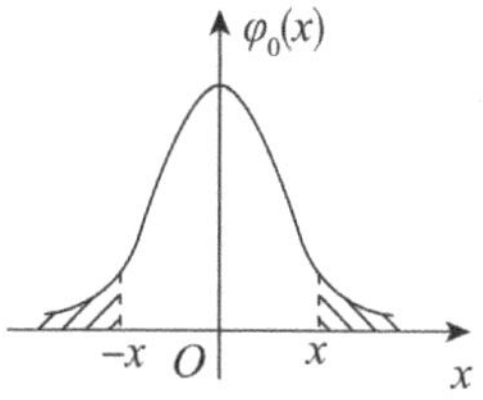

图 1—18

例如，$P(\xi\leqslant -1.96)=\Phi_0(-1.96)=1-\Phi_0(1.96)=1-0.975=0.025$

由（1—32）结合图 1—15 可知：

$$P(a\leqslant\xi\leqslant b)=\Phi_0(b)-\Phi_0(a)=\int_a^b\varphi_0(x)\,\mathrm{d}x$$

例如

$$\begin{aligned}P(-1<\xi\leqslant 2)&=\Phi_0(2)-\Phi_0(-1)\\&=\Phi_0(2)-[1-\Phi_0(1)]\\&=0.97725-(1-0.8413)=0.81855\end{aligned}$$

再来考虑 $P(|\xi|\leqslant x)$ 与 $\Phi_0(x)$ 的关系。

$$\begin{aligned}P(|\xi|\leqslant x)&=P(-x\leqslant\xi\leqslant x)\\&=\Phi_0(x)-\Phi_0(-x)\\&=\Phi_0(x)-[1-\Phi_0(x)]\\&=2\Phi_0(x)-1\end{aligned}$$

概括起来，如果$\xi \sim N$（0，1）则

$$P(\xi \leqslant x)=\begin{cases}\Phi_0(x) & x>0 \\ 0.5 & x=0 \\ 1-\Phi_0(-x) & x<0\end{cases} \tag{1—34}$$

$$P(a \leqslant \xi \leqslant b)=\Phi_0(b)-\Phi_0(a) \tag{1—35}$$

$$P(|\xi| \leqslant x)=2\Phi_0(x)-1 \quad (x>0) \tag{1—36}$$

上面详细地研究了随机变量ξ服从标准正态分布的概率密度函数$\varphi_0(x)$和分布函数$\Phi_0(x)$以及$\xi \sim N(0,1)$，ξ取三种范围内（$\xi \leqslant x$，$a<\xi \leqslant b$，$|\xi| \leqslant x$）值时利用附表2—2求出其对应的概率。倘若ξ服从一般的正态分布。即$\xi \sim (\mu,\sigma^2)$，当ξ取某一范围内的值时，能否用表求出其对应的概率值（请读者注意，附表中没有一般正态分布函数表）？解决这个问题。自然会想到要寻找$\varphi(x)$与$\varphi_0(x)$和$\Phi(x)$与$\Phi_0(x)$的关系。

若$\xi \sim (\mu,\sigma^2)$，$\eta \sim N$（0，1），它们的概率密度$\varphi(x)$、$\varphi_0(x)$和分布函数$\Phi(x)$、$\Phi_0(x)$有如下关系：

$$(1)\quad \varphi(x)=\frac{1}{\sigma}\varphi_0\left(\frac{x-\mu}{\sigma}\right) \tag{1—37}$$

$$(2)\quad \Phi(x)=\Phi_0\left(\frac{x-\mu}{\sigma}\right) \tag{1—38}$$

证：(1) $\varphi(x)=\dfrac{1}{\sqrt{2\pi}\,\sigma}\mathrm{e}^{\frac{(x-\mu)^2}{2\sigma^2}}=\dfrac{1}{\sigma}\cdot\dfrac{1}{\sqrt{2\pi}}\mathrm{e}^{-\frac{1}{2}\frac{(x-\mu)^2}{\sigma}}$

$$=\frac{1}{\sigma}\varphi_0\left(\frac{x-\mu}{\sigma}\right)$$

(2) $\Phi(x)=\displaystyle\int_{-\infty}^{x}\varphi(t)\,\mathrm{d}t=\int_{-\infty}^{x}\frac{1}{\sigma}\varphi_0\left(\frac{t-\mu}{\sigma}\right)\mathrm{d}t$

$$=\int_{-\infty}^{\frac{x-\mu}{\sigma}}\varphi_0(y)\,\mathrm{d}y=\Phi_0\left(\frac{x-\mu}{\sigma}\right)$$

因此，得到如下的结论：如果随机变量ξ服从一般正态分布，即$\xi \sim N(\mu,\sigma^2)$，另一随机变量η是ξ的函数$\eta=\dfrac{\xi-\mu}{\sigma}$，则$\eta$服从标准正态分布，即$\eta \sim N(0,1)$（应证明，从略）。

例 26　已知 $\xi \sim N\ (10,\ 2^2)$，求 $P(\xi \leqslant 13)$，$P(10 < \xi \leqslant 13)$，$P(\xi > 13)$，$P(|\xi - 10| < 2)$。

解：由（1—38）

$$P(\xi \leqslant 13) = \Phi(13) = \Phi_0(\frac{13-10}{2})$$

$$= \Phi_0(1.5) = 0.93319$$

$$P(10 < \xi \leqslant 13) = \Phi(13) - \Phi(10)$$

$$= 0.93319 - \Phi_0(\frac{10-10}{2}) = 0.93319 - \Phi_0(0)$$

$$= 0.93319 - 0.5 = 0.43319$$

$$P(\xi > 13) = 1 - P(\xi \leqslant 13)$$

$$= 1 - 0.93319 = 0.06681$$

$$P(|\xi - 10| < 2) = P(\left|\frac{\xi - 10}{2}\right| < 1)$$

$$= \mathrm{P}(|\eta| < 1) \qquad \text{其中 } \eta = \left|\frac{\xi - 10}{2}\right|,\ \eta \sim N(0,\ 1)$$

$$= 2\Phi_0(1) - 1 \qquad [\text{据}(1\text{—}36)]$$

$$= 2 \times 0.8413 - 1 = 0.6826$$

例 27　某批产品长度按 $N(50,\ 0.25^2)$ 分布，求产品长度在 49.5 厘米和 50.5 厘米之间的概率，长度小于 49.2 厘米的概率。

一个工厂产品质量会受到多种因素的影响（例如设备的精确度，操作者的技术水平等）这些因素往往是随机的（随着操作者的责任心、情绪的好坏，技术水平发生波动等）在这些随机因素所起的作用不太大的情况下，生产出的产品指标稳定在某一数值范围内，并具有“中间大”“两头小”的特点，即大量是合格品，少量是次品（超过指标或低于指标）。在引入正态分布时曾说过，这样的产品质量是个服从正态分布的随机变量。本例已知某批产品长度（例如条钢的长度）按 $N(50,\ 0.25^2)$ 分布的含义是：产品长度 ξ 服从以 50 厘米为期望值，0.25 厘米为标准差的正态分布，求 $P(49.5 \leqslant \xi \leqslant 50.5)$，$P(\xi < 49.2)$。

解：$P(49.5 \leqslant \xi \leqslant 50.5) = P(|\xi - 50| \leqslant 0.5)$

$= P\left(\left|\dfrac{\xi - 50}{0.25}\right| \leqslant 2\right)$　　设 $\eta = \left|\dfrac{\xi - 50}{0.25}\right|$，$\eta \sim N(0,\ 1)$

$= 2\Phi_0(2) - 1$　　［据（1—36）］

$= 2 \times 0.97725 - 1 = 0.9545$

$P(\xi < 49.2) = P\left(\left|\dfrac{\xi - 50}{0.25}\right| < -3.2\right)$

$= \Phi_0(-3.2) = 1 - \Phi_0(3.2)$　　［据（1—33）］

$= 0.0007$

这样求得了产品长度在49.5厘米和50.5厘米之间（以此作为产品的合格标准）的概率为0.9545，即产品合格率在95%以上；产品长度小于49.2厘米（以此作为废品的标准）的概率为0.0007，即产品的废品率仅为0.7%。

在客观实际中，随机变量一切可能的分布以正态分布最为重要，有许多随机变量都是服从或近似服从正态分布。即使原来并不服从正态分布的一些相互独立的随机变量，在一定条件下，当它们的个数无限增加时，其和的分布也趋于正态分布。在概率论中，把研究大量独立随机变量之和的极限分布是正态分布的定理称为中心极限定理。下面不加证明地介绍下述两个结论：

（1）设 ξ_1，ξ_2，…，ξ_i，…，ξ_n 是 n 个相互独立的随机变量，且有相同的分布（不一定是正态分布）则当 n 很大时，随机变量 $\xi = \sum\limits_{i=1}^{n} \xi_i$ 近似服从正态分布。

例28　袋装茶叶用机器装袋，每袋的净重为随机变量，其期望值为100克，标准差为10克，一盒茶叶内装200袋，求一盒茶叶净重在19.7千克和20.3千克之间的概率。

解：每袋茶叶的净重为随机变量 ξ_1，ξ_2，…，ξ_{200}，它们的期望值相同，$E\xi_1 = E\xi_2 = \cdots = E\xi_{200} = 100$；标准差相同，$\sqrt{D\xi_1} = \sqrt{D\xi_2} = \cdots = \sqrt{D\xi_{200}} = 10$，一盒茶叶的净重 $\xi = \sum\limits_{i=1}^{200} \xi_i$ 是随机变量，且 $E\xi = E\sum\limits_{i=1}^{200} \xi_i = \sum\limits_{i=1}^{200} E\xi_i = 200 \times 100 = 20000$（克），$\sqrt{D\xi} = (D\sum\limits_{i=1}^{200} \xi_i)^{\frac{1}{2}} = (\sum\limits_{i=1}^{200} D\xi_i)^{\frac{1}{2}} = \sqrt{200 \times 100} \approx 141.42$(克)。

据结论（1），$\xi \sim N$（20000，141.42^2），因此所求

$$P(19700 \leqslant \xi \leqslant 20300) = P\left(\left|\frac{\xi - 20000}{141.42}\right| \leqslant \frac{300}{141.42}\right)$$

$$= P(|\eta| \leqslant 2.12) \quad \text{其中 } \eta = \frac{\xi - 20000}{141.42} \qquad \eta \sim N(0,1)$$

$$= 2\Phi_0(2.12) - 1 = 0.966$$

也就是，一盒茶叶净重在19.7千克和20.3千克之间的概率为96.6%。

（2）二项分布以正态分布为极限。

设 $\eta \sim B(n, p)$，$n \to \infty$ 时，ξ 的概率函数

$$P(\xi = k) \approx \frac{1}{\sqrt{2\pi} \cdot \sqrt{npq}} e^{\frac{(k-np)^2}{2npq}} \qquad (k = 0, 1, 2, \cdots, n)$$

$$= \frac{1}{\sqrt{npq}} \varphi_0 \frac{(k - np)}{\sqrt{npq}}$$

从而，对非负整数 a，b（$a < b$），当 n 充分大时，有

$$P(a \leqslant \xi \leqslant b) \approx \Phi_0(b) - \Phi_0(a) = \Phi_0\left(\frac{b - np}{\sqrt{npq}}\right) - \Phi_0\left(\frac{a - np}{\sqrt{npq}}\right) \qquad (1\text{—}39)$$

显然，$n \to \infty$ 时，服从以 n，p 为参数的二项分布的随机变量 ξ 近似地服从正态分布，且有 $E\xi = \mu = np$，$D\xi = \sigma^2 = npq$。

例29　某商店负责供应某地区1000人的商品，某种商品在一段时间内每人需用一件的概率为0.6，各人购买与否彼此无关，问商店应购进多少件这种商品，才能以99.7%的概率保证不会脱销（假定在一段时间内每人最多可买一件该商品）。

解：在一段时间内，某种商品每人是否需用而购买是个随机变量 ξ，由已知 $\xi \sim B$（1000，0.6）。因为 $n = 1000$ 充分大（相对地说），ξ 近似地服从正态分布［结论（2）］，且有

$$E\xi = \mu = np = 1000 \times 0.6 = 600$$

$$D\xi = \sigma^2 = npq = 1000 \times 0.6(1 - 0.6) = 240$$

假设该商店应购进该种商品 k 件，据（1—38）

$$P(0 \leqslant \xi \leqslant k) \approx \Phi_0\left(\frac{k - np}{\sqrt{npq}}\right) - \Phi_0\left(\frac{0 - np}{\sqrt{npq}}\right) = 0.997$$

即

$$\Phi_0(\frac{k-600}{\sqrt{240}})-\Phi_0(\frac{-600}{\sqrt{240}})=0.997$$

由于 $\Phi_0(\frac{-600}{\sqrt{240}})\approx\Phi_0(-38.73)=1-\Phi_0(38.73)\approx1-1=0$，并由附表 2—2 知 $\Phi_0(2.75)=0.99702$，因此得

$$\frac{k-600}{\sqrt{240}}=2.75$$

$$k\approx643(\text{件})$$

该商店应购进该种商品 650 件保证不会脱销。

最后总结一下，虽然正态分布和泊松分布都是二项分布的极限分布，但泊松分布以 $n\to\infty$，$P\to0$ 和 $np\to\lambda$ 为条件，而正态分布则只要求 $n\to\infty$ 这一条件。因此，对于 n 充分大（一般要求 n 至少为 50），p 很小的二项分布（$np\leqslant5$）用正态分布来近似计算不如用泊松分布计算精确。

例 30 每粒种子的发芽率为 0.99，求 500 粒种子中不发芽的种子恰为 5 粒的概率。

解：由已知，每粒种子不发芽的概率为 $1-0.99=0.01$，500 粒种子中不发芽的粒数 $\xi\sim B(500,\ 0.01)$，$np=500\times0.01=5$，$\sqrt{npq}\approx(300\times0.01\times0.99)^{\frac{1}{2}}\approx2.225$。

（1）用二项分布的方法计算：

$$P(\xi=5)=C_{500}^{5}0.01^{5}\times0.99^{500-5}=0.17635$$

（2）用泊松分布的方法计算：

直接查附表 1 得：$P_5(5)\approx0.175467$

（3）用正态分布的方法计算：

$$P(\xi=5)=\frac{1}{\sqrt{npq}}\varphi_0(\frac{5-np}{\sqrt{npq}})$$

$$=\frac{1}{\sqrt{2.25}}\varphi_0(\frac{5-5}{\sqrt{2.25}})=\frac{1}{2.225}\varphi_0(0)$$

$$\approx0.4494\times0.3989$$

$$=0.179281$$

可见方法（2）较（3）精确。

第二章　线性规划

半个多世纪以来，在数学中逐渐形成了一门崭新的实用性最强的学科——运筹学。运筹学是研究怎样合理运用资源，怎样筹划和安排生产，怎样在社会生活的各种领域中选择决策、研究对策的一门学问。由于这门学问最源于生活和最为广大劳动者所接受，因此人们称它为平凡劳动中的数学。最近几十年来，在数学与生产劳动相结合的潮流中，许多教学工作者致力于它的研究和理论的升华，运筹学包含了规划论（线性规划、非线性规划、整数规划、动态规划、多目标规划等）、统筹方法、图与网络、决算论、对策论、排队论以及库存理论，贸易管理等多个分支，尤其我国改革开放以来，经济数学成为热门话题，运筹学几乎成为经济管理院校的专业必修课。

本章只介绍运筹学最基本的入门知识——线性规划理论。

§1　基本概念

从几个简单的例子谈起。

例 1　资源最优化问题：

钢筋原材每根长 7.3 米，用它制作钢筋架子，每套架子要用长 2.9 米、2.1 米和 1.5 米的钢筋各一段。现在要求做好钢筋架子 100 套，怎样截料使用钢筋原材最省？最少需用几根？

解：解答这个问题，只需初中数学知识。在下料前，聪明的钢筋工会琢磨出以下三种截料方法：

截法Ⅰ：截成2.9米、2.9米和1.5米三段，没有残料留下；

截法Ⅱ：截成2.1米、2.1米、1.5米和1.5米的四段，留下残料0.1米；

截法Ⅲ：截成2.9米、2.1米和2.1米的三段，留下残料0.2米。

除以上三种截法外，还会有多种截法，但留下的残料比这三种多。

分别设用截法Ⅰ、Ⅱ、Ⅲ取钢筋 x_1、x_2、x_3 根去完成任务。据题意得下列方程组：

$$\begin{cases}2x_1+x_3=100\\2x_2+2x_3=100\\x_1+2x_2=100\end{cases}\quad \text{解得：}\begin{cases}x_1=40\text{（根）}\\x_2=30\text{（根）}\\x_3=20\text{（根）}\end{cases}$$

因此找到了又省又好的截料方法，这种方法共用了 90(=40+30+20) 根原材，完成了100套钢架的截料任务，留下的残料是

$$0.1\times30+0.2\times20=7\text{（米）}$$

该问题的合理解答说明，在完成一个任务时，冷静地思索并合理规划与不动脑筋地蛮干的工作效果是大不一样的。

读者可能会提出问题：是否还有更省更好的截料方法？为回答这个问题，不妨给出：

截法Ⅳ：1.5米、1.5米、1.5米和2.1米四段，留下的残料0.7米；

截法Ⅴ：2.9米、2.1米和1.5米的三段，留下残料0.8米。

假设用截法Ⅳ、Ⅴ…取钢筋 x_4、x_5…根，连同前面的截法列成表2—1。

根据题意，变量 x_1、x_2、x_3、x_4、x_5…在满足约束条件：

表2—1

长度（米）	截料方法						需要量（根）
	x_1	x_2	x_3	x_4	x_5	…	
2.9	2	0	1	0	1		100
2.1	0	2	2	1	1		100
1.5	1	2	0	3	1		100
损耗（米）	0	0.1	0.2	0.7	0.8	…	

$$\begin{cases} 2x_1 + x_3 + x_5 = 100 \\ 2x_2 + 2x_3 + x_4 + x_5 = 100 \\ x_1 + 2x_2 + 3x_4 + x_5 = 100 \end{cases} \quad (2\text{—}1)$$

的基础上，求其目标函数：

$S = 0x_1 + 0.1x_2 + 0.2x_3 + 0.7x_4 + 0.8x_5$ 的最小值。

例 2　生产计划问题：

某工厂在计划期内要安排生产Ⅰ、Ⅱ两种产品，这些产品分别需要在 A、B、C、D 四种不同的设备上加工。按工艺规定，产品Ⅰ、Ⅱ在各设备上所需要的加工台时数由表 2—2 所示。已知各设备在计划期内有效台时数分别是 12、8、16、12（一台设备工作一小时称为一台时）该工厂每生产一件产品Ⅰ可得利润 20 元，每生产一件产品Ⅱ可得利润 30 元。问应如何安排生产计划，才能使得到的利润最大?

表 2—2

设备 产品	A	B	C	D
Ⅰ	2	1	4	0
Ⅱ	2	2	0	4

解：该问题可以用以下的数学语言来描述。

假设 x_1，x_2 分别表示在计划期内产品Ⅰ和Ⅱ的产量。因为设备 A 的有效台时是 12，这是一个限制产量的条件。所以在确定产品Ⅰ和Ⅱ产量时，要考虑不能超出设备 A 的有效台时数，即用不等式表示为 $2x_1 + 2x_2 \leq 12$

类似地，对设备 B，C 和 D 得到以下不等式

$$x_1 + 2x_2 \leq 8$$

$$4x_1 \leq 16$$

$$4x_2 \leq 12$$

该工厂的目标是：在不超过所有设备能力的条件下，确定产量 x_1，x_2，以便得到最大利润。若用 S 表示利润，这时 $S = 20x_1 + 30x_2$。综合上述，该规划问题可归纳为：

满足约束条件：

$$\begin{cases}2x_1+2x_2\leq 12\\ x_1+2x_2\leq 8\\ 4x_1\leq 16\\ 4x_2\leq 12\\ x_1,\ x_2\geq 0\end{cases} \tag{2—2}$$

使得工厂的目标利润：$S=20x_1+30x_2$ 最大。

例 3 运输问题：

一批工业物质，由三个仓库调运到三个工厂，它们间的调运数量如表 2—3，每吨物质的运价如表 2—4，应怎样调运，才能使总运价最低？

表 2—3

工厂 仓库	A	B	C	存量
甲	x_{11}	x_{12}	x_{13}	15
乙	x_{21}	x_{22}	x_{23}	25
丙	x_{31}	x_{32}	x_{33}	50
需量	20	45	25	90

表 2—4

工厂 仓库	A	B	C
甲	8	6	7
乙	2	7	5
丙	3	4	8

解：假设从仓库甲、乙、丙调运到 A、B、C 三个工厂的物质吨数分别为 $x_{ij}(i,\ j=1,\ 2,\ 3)$，则这几个未知量满足方程组

$$\begin{cases}x_{11}+x_{12}+x_{13}=15\\x_{21}+x_{22}+x_{23}=25\\x_{31}+x_{32}+x_{33}=50\\x_{11}+x_{21}+x_{31}=20\\x_{12}+x_{22}+x_{32}=45\\x_{13}+x_{23}+x_{33}=25\end{cases}\tag{2—3}$$

根据运价表（表2—4），可以算出总运价是

$S=8x_{11}+6x_{12}+7x_{13}+2x_{21}+7x_{22}+5x_{23}+3x_{31}+4x_{32}+8x_{33}$于是问题就成为：求出未知量$x_{11}$、$x_{12}$、$\cdots x_{33}$，使它们满足方程组。并且使函数$S(x)$取最小值。

以上列举的几个问题，有的要求用料最省、有的要求利润最大，有的要求运费最少，它们共同的特点是：在满足“某些条件”的基础上，求函数$S(x)$的最大（小）值，“某些条件”一般由未知变量x_1，x_2，…，x_n的方程组或不等式组给出，称它为**约束条件**，称函数$f(x)$为目标函数。由于约束条件是一次方程组（或不等式组），并且目标函数是一次函数，常分别把它们称作线性方程组和线性函数。因此，把解决这类问题的一个数学分支称为线性规划。学习和运用这门学科可以合理地利用有限的人力、物力、财力等资源，以便得到最好的经济效益。

概括起来说，线性规划问题的数学模型的一般形式是：

求一组变量x_j（$j=1$，2，…，n）的值，使其满足约束条件D：

$$\begin{cases}\sum_{j=1}^{n}a_{ij}x_j<b_i(>b_i,=b_i)(i=1,2,\cdots,m)\\x_j\geq 0(j=1,2,\cdots,n)\end{cases}\tag{2—4}$$

并使目标函数$S=\sum_{j=1}^{n}c_jx_j$的值最小（或最大）其中

$$a_{ij},\ b_i,\ c_j\ (i=1,\ 2,\ \cdots,\ m;\ j=1,\ 2,\ \cdots,\ n)$$

为已知量。

当（2—4）满足下列条件：

（1）约束条件D是等式；

(2) 约束条件右端的常数 $b_i \geq 0$。

并求目标函数 S 的最小值时，称为线性规划问题标准型。简记为：

求 $\min S = \sum_{j=1}^{n} c_j x_j$

$$\text{满足 } D: \begin{cases} \sum_{j=1}^{n} a_{ij} x_j = b_i (i = 1,2,\cdots,m) \\ x_j \geq 0 (j = 1,2,\cdots,n) \end{cases} \tag{2—5}$$

称满足约束条件的一组变量的值 $x_j^0 (j=1, 2, \cdots, n)$ 为线性规划问题的一个可行解。使目标函数取得最小（或最大）值的可行解称为最优解。将最优解代入目标函数求得的值 S_0，称为最优值。

先介绍几种求解线性规则问题的特殊方法，然后给出一般解法，最后介绍对偶线性规划问题及其解法。

§2　图解法

先从含有两个变量的线性规划问题入手，通过介绍图解法来了解线性规划问题解的特点。

由于线性规划问题的约束条件中的每一个方程都是线性的，一个含有两个变量的线性方程可用一条直线在平面直角坐标系中表示出来。再根据线性规划问题解的如下性质，它的可行解和最优解可一目了然地直观表示出来。

从理论上可以证明：

(1) 含有两个变量的线性规划问题的可行解集为凸多边形内部和边上的点集。

(2) 可行解集 S 中的 $x^0 = \begin{pmatrix} x_1^0 \\ x_2^0 \end{pmatrix}$ 是凸多边形的顶点的充分必要条件为 x^0 是基础可行解。

(3) 最优解可以在凸多边形的顶点上找到。

例 1　求解 § 1 例 2

线性规划问题 $\max S = 20x_1 + 30x_2$

$$\begin{cases} 2x_1 + 2x_2 \leq 12 \\ x_1 + 2x_2 \leq 8 \\ 4x_1 \leq 16 \\ 4x_2 \leq 12 \\ x_1,\ x_2 \geq 0 \end{cases}$$

解：约束条件化简为 $\begin{cases} x_1 + x_2 \leq 6 \\ x_1 + 2x_2 \leq 8 \\ x_1 \leq 4 \\ x_2 \leq 3 \\ x_1,\ x_2 \geq 0 \end{cases}$

将约束条件中的每一条直线表示在平面直角坐标系上，如图 2—1 所示：

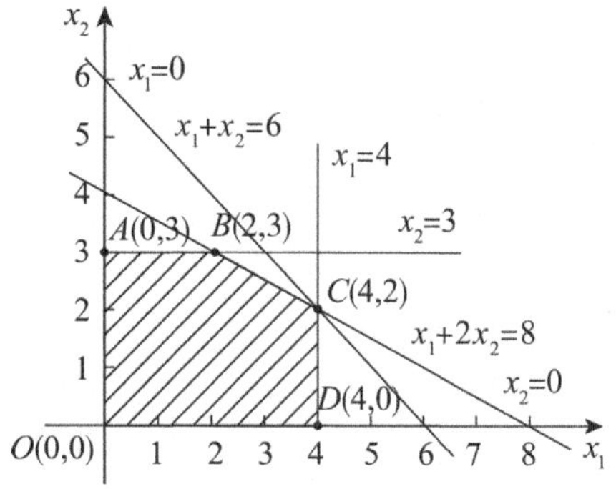

图 2—1

由初等数学知道，满足约束条件的六个不等式的变量 x_1，x_2 的值，由六条直线所围成的凸多边形 *ABCDO* 的内部及边上（图中的阴影部分：因为满足约束条件的每一个不等式的点集是一个半平面，所以满足约束条件的点集是 6 个半平面的相交部分）的所有点的坐标给出，这里凸多边形的 5 个顶点最引人注目。根据线性规划解的性质，阴影部分所有点的坐标均为可行解，并且最优解可以在凸多边形的 5 个顶点 $A(0,\ 3)$、$B(2,\ 3)$、$C(4,\ 2)$、$D(4,\ 0)$ 和 $O(0,\ 0)$ 上找到。

为此，将这些顶点的坐标分别代入目标函数。

$S_A=20\times0+30\times3=90$

$S_B=20\times2+30\times3=130$

$S_C=20\times4+30\times2=140$

$S_D=20\times4+30\times0=80$

$S_O=0$

显然，目标函数S在C点，即$x_1=4$，$x_2=2$时取得最大值。因此，该问题的答案是：该工厂在计划期内安排生产产品Ⅰ：4件，生产产品Ⅱ：2件可获得最大利润140元。

例2 求解线性规划问题 $\max S=7x_1+12x_2$

$$满足\begin{cases}9x_1+4x_2\leq360\\3x_1+10x_2\leq300\\4x_1+5x_2\leq200\\x_1-x_2\geq30\\x_1,\ x_2\geq0\end{cases}$$

解：将约束条件中的每一条直线表示在平面直角坐标系上，如图2—2。

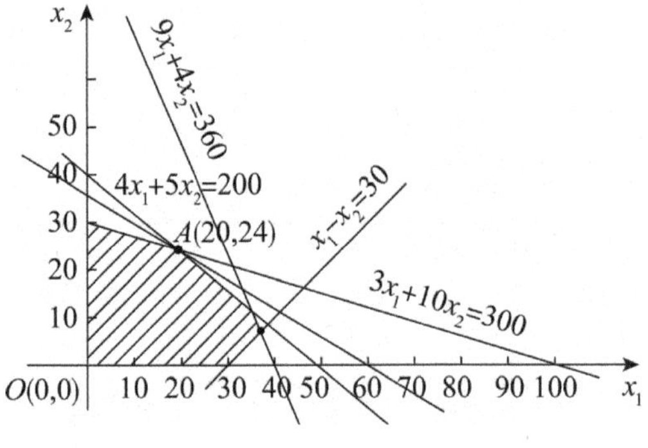

图2—2

满足约束条件的每一个不等式的点集是一个半平面（不等号为“<”的，由它相应的直线的下半面点集表示；反之，由它相应的直线的上半面点集表示。）特别地标铅直线由右半平面表示。因为约束条件是由六个不等式组成的，所以满

足约束条件的点集是六个半平面的相交部分，即图 2—2 中的阴影部分所示的凸六边形。凸六边形上任何一点的坐标都是该线性规划问题的一个可行解。由线性规划问题解的性质（3）可知，该问题的最优解可在凸六边形的六个顶点上找到，为此，需要求出除原点外其他五个顶点的坐标。

现求 A 点的坐标

解方程组：

$$\begin{cases}3x_1+10x_2=300\\4x_1+5x_2=200\end{cases}$$

得：$x_1=20$，$x_2=24$，因此，$A(20,\ 24)$

请读者求出其余点的坐标。

笔者已验证，该问题在 A 点取得最优值：

$$S=7\times20+12\times24=428$$

通过以上两个例子，给出了用图解法求解线性规划问题的第一种方法，其解法依据和解法步骤如下：

（1）把 x_1，x_2 看成坐标平面上点的坐标，把约束条件中的每一个方程看成一条直线，并表示在坐标平面上。

（2）满足约束条件的每一个不等式的点集是一个与它相应的方程所决定的半平面。这些半平面相交的部分共构成一个凸多边形，则该凸多边形上所有点的坐标均为线性规划问题的可行解。

（3）利用线性规划问题解的性质（3），在凸多边形的顶点上找出问题的最优解。为此，要求解与凸多边形的顶点数相同的数个二元一次方程组，从而确定多个顶点的坐标。

（4）将各顶点坐标分别代入目标函数，取得最大（或最小）值的顶点坐标即为线性规则问题的最优解。同时，也求出了最优值 S_0。

可以看出，该法只直观上用了约束条件的几何表示。而对目标函数的意义，用了未加证明的线性规则问题解的性质（3）来体现并求解。因此，第一种图解法是不完全的图解法。为弥补这个缺陷，先介绍目标函数在坐标平面上的表示方法。

对目标函数 $S=c_1x_1+c_2x_2$，其中 c_1、c_2 对给定的问题是已知数，S 是 x_1、x_2

的函数。设问题的一个可行解 $x^0=\begin{pmatrix}x_1^0\\x_2^0\end{pmatrix}$，相应的目标函数值 $S_0=c_1x_1^0+c_1x_2^0$ 是一个常数，设问题的可行解集 $x=\begin{pmatrix}x_1\\x_2\end{pmatrix}$，$S=c_1x_1+c_2x_2$ 可在坐标平面上表示为斜率等于 $-\frac{c_1}{c_2}$ 的一族直线。

例如，前面两个例子的目标函数在坐标平面上的表示如图 2—3 和图 2—4 所示的直线族。

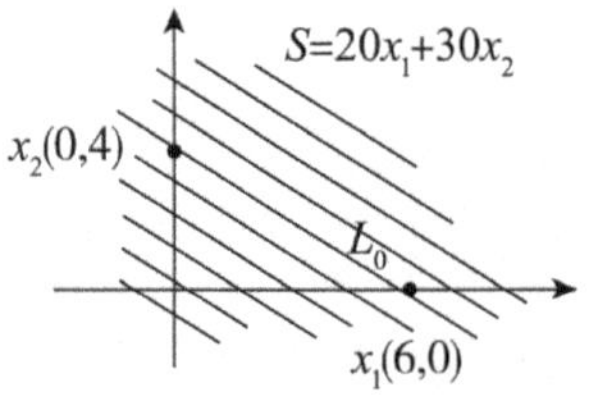

图 2—3

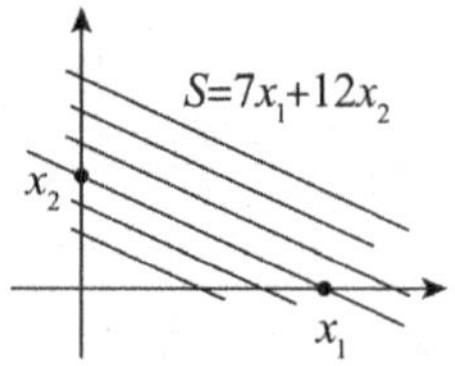

图 2—4

对于直线族中的每一条直线的位置，都由唯一数值 S 所确定。例如，图 2—3 中的直线 L_0 是该直线族中之一条，它通过点（6，0）和点（0，4），将其中任何一点的坐标代入目标函数 $S=20x_1+30x_2$ 即可求得确定 L_0 的 S 值：$S_0=20\times6+30\times0=20\times0+30\times14=120$，将 L_0 上的任何一点代入，都求得同样的值，因此称 L_0 为等值线。

线性规划问题的第二种（完全的）图解法是这样一种方法：首先将问题的约束条件图解［按第一种方法步骤（1）、（2）在坐标平面上确定了凸多边形］后，再将目标函数所确定的直线族（等值线族）图解，若要求目标函数的最大（小）值，则将等值线从坐标原点开始平移至与凸多边形相交的最远（近）处，所得的交点（若问题存在最优解，则必有交点）坐标（x_1^0、x_2^0）即为最优解。最优值 $S_0=c_1x_1^0+c_2x_2^0$。

例 3　用第二种图解法求解本节例 1、例 2 的线性规划问题。

解：将本节图 2—1 和图 2—3 合并，得图 2—5，将图 2—2 和图 2—4 合并得图 2—6。

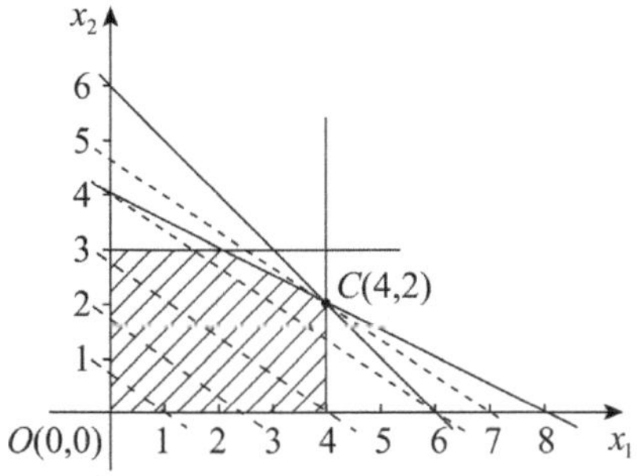

图 2—5

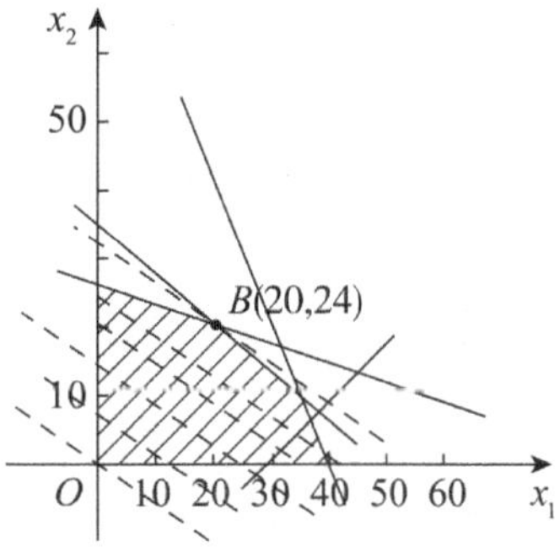

图 2—6

从图 2—5 看出，等值线从原点开始平移至与凸多边形 $ABCBO$ 相交的最远处，得交点 $C(4,\ 2)$。于是，例 1 得到了与第一种图解法相同的最优解：$x_1=4$，$x_2=2$。

最优值：$S_0=20\times4+30\times2=140$。

同样，例 2 有与第一种解法相同的最优解：$x_1=20$，$x_2=24$。

最优值 $S_0=7\times20+12\times24=428$

例 4　求解线性规划问题：$\max\ S=x_1+2x_2$

$$\text{满足}\begin{cases}x_1\leq4\\x_2\geq3\\x_1+2x_2\leq8\\x_1\geq0,\ x_2\geq0\end{cases}$$

解：该问题图解如图 2—7。

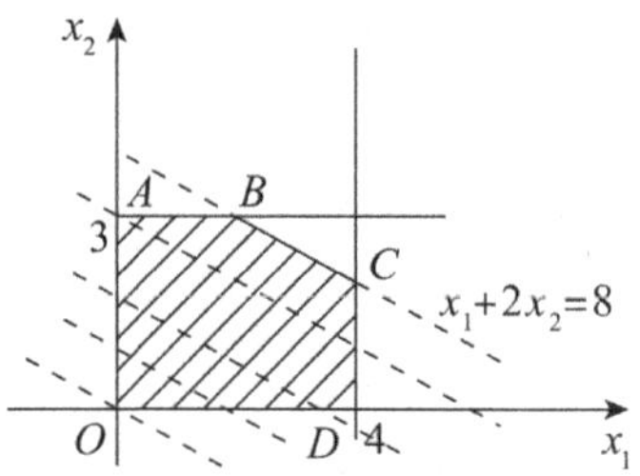

图 2—7

可以看出，等值线从坐标原点平移至与凸多边形 $ABCDO$ 相交的最远处，交

于线段 BC。因此，线段 BC 上任何一点的坐标，都是问题的最优解，即该线性规划问题有无穷多解。

例 5 求解线性规划问题：$\max S = 2x_1 + 2x_2$

$$满足\begin{cases} x_1 - x_2 \geq 1 \\ -x_1 + 2x_2 \leq 0 \\ x_1,\ x_2 \geq 0 \end{cases}$$

解：该问题图解如图 2—8。

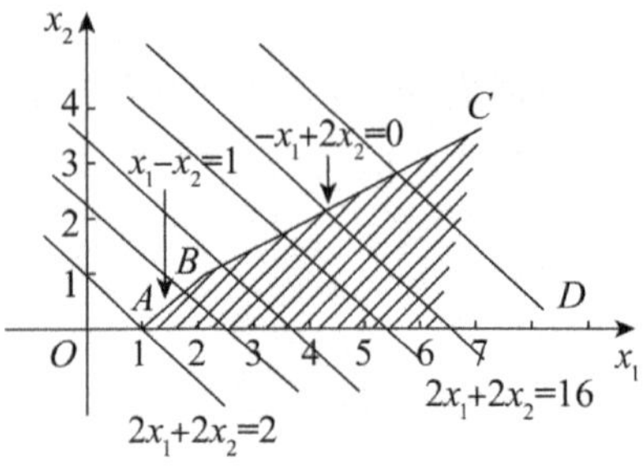

图 2—8

从图 2—8 看出，满足约束条件的点，即凸域 $ABCD$ 是无上界的，因此该问题无最优解。

若将该问题的目标函数改为求最小值，即求解线性规划问题：$\min S = 2x_1 + 2x_2$

$$满足\begin{cases} -x_1 + x_2 \geq 1 \\ x_1 + 2x_2 \leq -2 \\ x_1,\ x_2 \geq 0 \end{cases}$$

因为满足约束条件的点，即凸域 $DABC$ 有下界，将等值线从坐标原点平移到与凸域相交的最近处，得交点 $A(1,\ 0)$，于是求得该问题的最优解 $x_1 = 1$，$x_2 = 0$。

即当 $x_1 = 1$，$x_2 = 0$ 时，目标函数 $S = 2x_1 + 2x_2$ 取得极小值 $S_0 = 2 \times 1 + 2 \times 0 = 2$。

例 6 求解线性规划问题 $\min S = 2x_1 + 2x_2$

$$满足\begin{cases} -x_1 + x_2 \geq 1 \\ x_1 + 2x_2 \leq -2 \\ x_1,\ x_2 \geq 0 \end{cases}$$

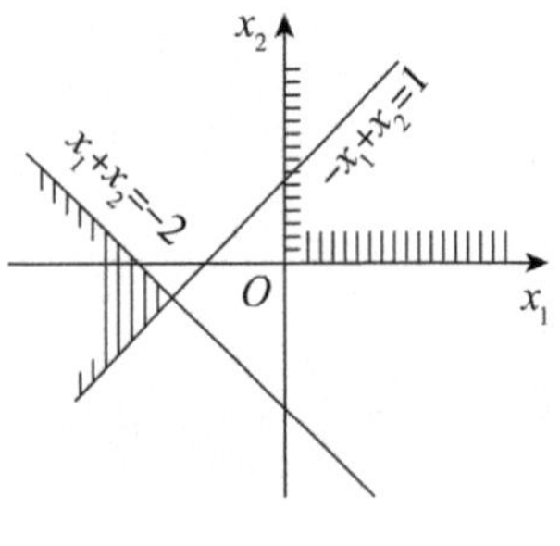

图 2—9

解：从图 2—9 可以看出，同时满足四个不等式的点不存在，所以该问题没有可行解，当然没有最优解。

前面的例子表明，线性规划问题的解有如下几种情况：唯一解，无穷多解或无解。

图解法为线性规划问题的基本理论提供了更直观的几何说明，但缺乏求解的精确性。

§3　图上作业法

图上作业法重要解决运输问题的线性规划。它由长期从事运输调度人员和深入实际的数学工作者总结归纳而成。

在一定的交通线上，使用同种交通工具运输某种物质时，因为单位运价与运输距离成正比，欲使总运费最少，就是使吨公里最少。求解这类平衡运输问题，可用直观、简便的图上作业法。

图 2—11 给出了一个货物调运问题。它撇去了道路的弯曲，抽象地用一条线段表示没有分支（岔道）没有圈的交通线（公路、铁路），图中的“○”表示发货地点（简称发点），“□”表示收货地点（简称收点），符号“○”“□”上所标的数字表示发货量或收货量（简称发量、收量）。两地间的距离由数字标出。

例 1　求解由图 2—10 给出的运输问题。

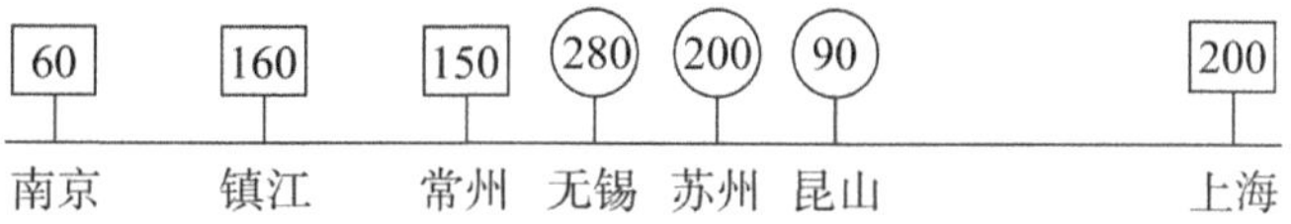

图 2—10

解：该问题的解法是极其简单的，其答案如图 2—11 所示。显然这是最优答案（吨公里最少）。

图 2—11 称为解答线性规划问题的流向图。编制流向图有以下几点约定：

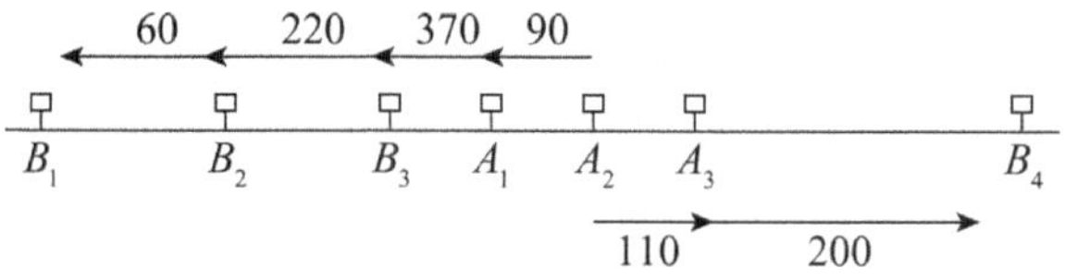

图 2—11

（1）发点分别用 A_1，A_2，…，A_n 表示；收点分别用 B_1，B_2，…，B_m 表示。

（2）从发点到收点（有时从收点到发点）的运输方向（简称流向）用箭头

"→"表示，并将"→"画在前进方向的右边。

(3) 从发点到收点（有时从收点到收点或从收点到发点）的运输量（简称流量）标在"→"的右方。

按以上约定，在运输问题的图上编制流向图，寻找解答的方法，称为图上作业法。

作为最优方案的流向图必须满足：

(1) 在供销平衡（发量之和等于收量之和）的已知条件下，做到"发点发尽，收点收足"。

(2) 图上没有对流和迂回。

对流的含义是：同一物质在同一线路上的往返运输。即同一线路上两个方向都有流向的运输。如图 2—12，将物质 10(吨)从 A_1 运到 B_2，而又有同样物质 10 (吨)同时从 A_2 运到 B_1，于是 A_1A_2 间就形成对流。这显然不是最优方案的流向图。

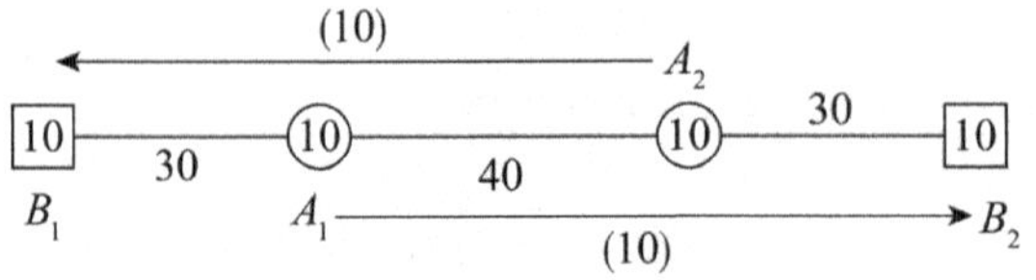

图 2—12

因为这时的吨公里数等于 $10\times(30+40)+10\times(40+30)=1400$。若消除对流（如图 2—13）造成的吨公里数损失浪费 $2\times10\times40=800$，实际等于 600。

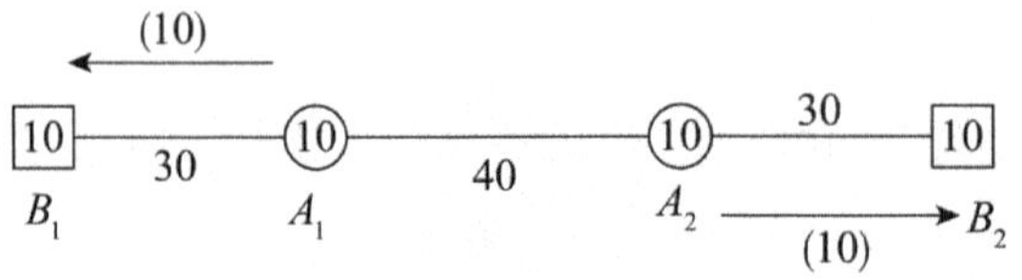

图 2—13

迂回的含义是：在交通图成圈的时候，按上面的约定，流向"→"应标在前进方向的右侧。因此有些流向标在圈内，有些流向标在圈外。若内圈流向的总长（简称内圈长）或外圈流向的总长（简称外圈长）超过整个圈长的一半就称为迂回运输。例如图 2—14 中有迂回运输，图 2—15 中无迂回运输。

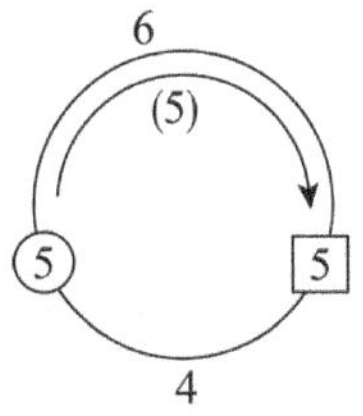

图 2—14

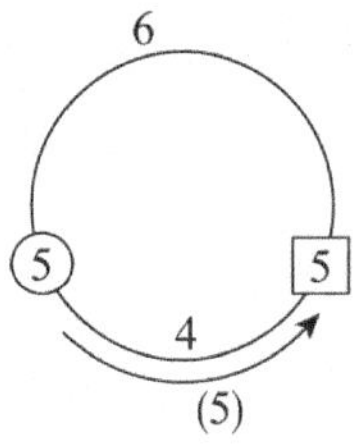

图 2—15

例 2　求解由图 2—16 给出的运输问题。

解：首先应检查图 2—16 给出供销量是否平衡。由于由 A_1、A_2、A_3、A_4 的发量和等于 7 + 5 + 2 + 3 = 17（单位：万吨）；由 B_1、B_2、B_3、B_4 的收量等于 8 + 1 + 3 + 5 = 17（单位：万吨）。因此供销平衡。

一个没有对流的流向图的具体作法是：

由各端点开始，由外向里，逐步进行各收发点之间的供销平衡。

首先从右端发点 A_4 调 5 给 B_4，使 B_4 满足，A_4 剩余的 2 只能给就近的收点 B_3。B_3 需要 3，收到 A_4 的 2 后尚缺 1，待解决（因为与 B_3 临近的是收点 B_1）。由下端发点 A_3 调 1 给 B_2，使 B_2 满足，A_3 剩余的 2 给收点 B_1，但 B_1 需要 8，尚缺 6，再加上 B_3 缺 1 必须经它供给。因此 B_1 收到 6 + 1 = 7，才能使图的右端和下端供销平衡。图的上端是两个发点 A_1、A_2，总发量等于 5 + 2 = 7，正好满足收点 B_1，这样就得到一个没有对流的流向图（图 2—17）。该图给出的运输方案是最优方案。

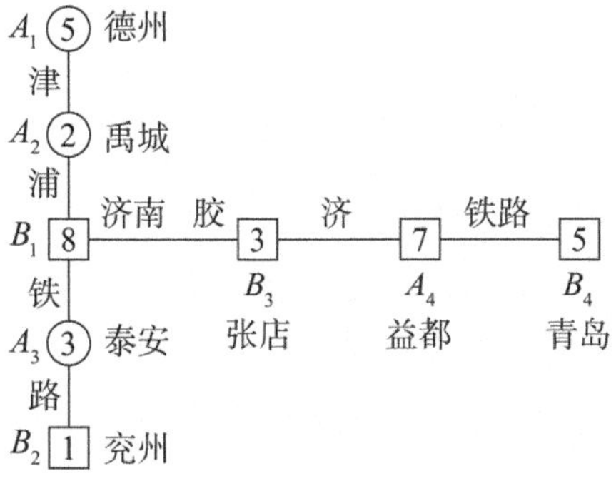

图 2—16

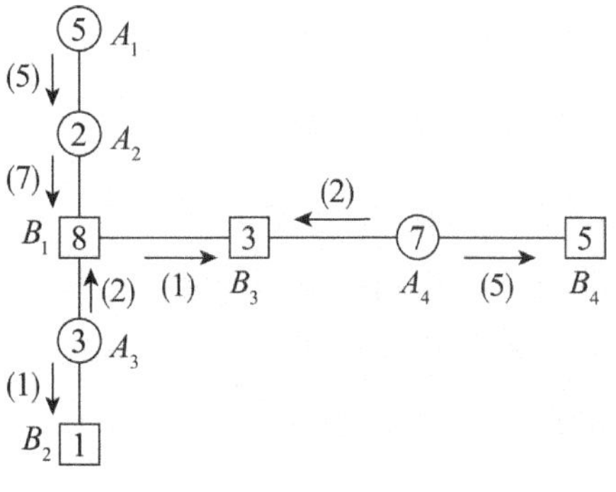

图 2—17

例 3 求解由图 2—18 给出的运输问题（物资单位：吨，距离单位：千米）。

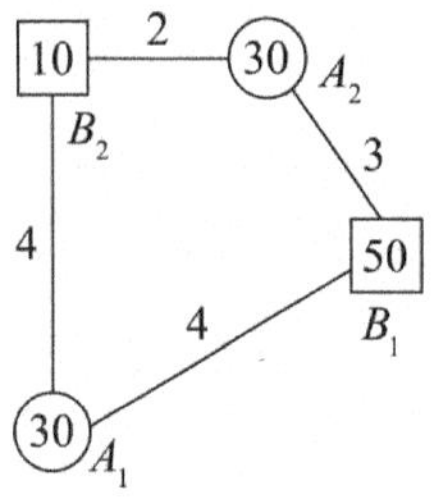

图 2—18

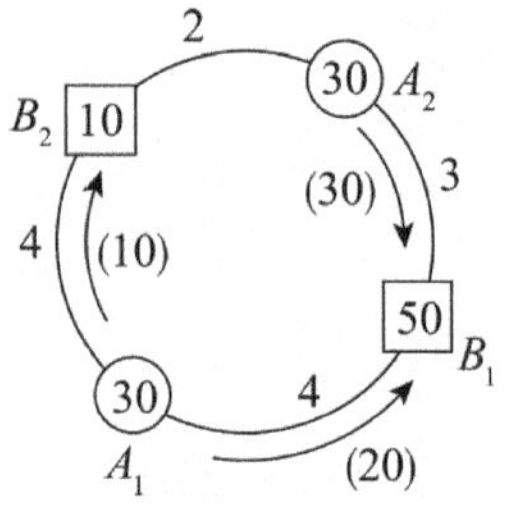

图 2—19

解：图 2—18 给出的交通图是成圈的情况。道路画成弧线也无妨（图 2—19），只要两地间的距离像图 2—18 一样用相应长的弧段示意即可。

为了节省篇幅，就在图 2—19 上编制流向图，且不注运量和距离的计量单位。

前面已介绍过，在没有圈的交通图上编制流向图先从端边（上、下、左、右）入手考虑，那么，对带圈的交通图该怎样呢？

先从收点 B_1 考虑起，很自然地想到：B_1 需要 50，先从与它就近且距离较小的发点 A_2 调入 30，尚缺的 20 从发点 A_1 调入。A_1 剩下 10（上述两个流向“→”分别画在圈内和圈外，这样才能体现流向画在前进方向的右侧）。将 A_1 剩下的 10 正好调给收点 B_2，得到供销平衡的流向图 2—19。

检查流向图 2—19 中有无迂回现象，即图中是否存在内（外）圈流向总长大于整个圈长的一半的现象。

图 2—19 中，内圈流向总长 $=4+3=7>$ 整个圈长的一半 $=\frac{1}{2}(4+2+3+4)=6.5$，因此该流向图中存在着迂回现象，它不是该问题的最优方案，需要调整。请读者注意，不论初始编制的流向图是否合理，都是经过一番思考得到的。当检查其存在着对流或迂回现象时，只需在原图上进行必要的调整，无须废弃重新编制新图。只有找出原图中造成不合理现象的症结所在，方可经过调整（一般来说，编制原图时考虑得比实际充分，只需稍加调整）即可消除对流迂回得到合理的新图。譬如，在流程图 2—19 中的不合理现象是由收点 B_2 的供给舍掉与其距离相差一半的发点 A_2，而由 A_1 调出所造成的。将其调整过来，得到新的

流向图 2—20。

图 2—20 的内圈流向总长 $=3<6.5$，外圈流向总长 $=2+4=6<6.5$。因此，该图是没有对流和迂回的流程图。其吨公里数 $=2\times10+3\times20+4\times30=190$ 为该运输问题的最优方案。请读者计算一下由流程图 2—19 给出的运输方案的吨公里数并与之比较。

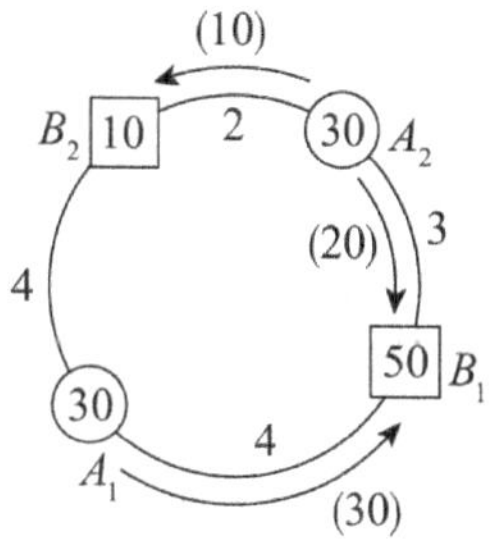

图 2—20

通过以上几个例子，对线性规划问题的图上作业法有了初步理解，一方面是方法本身，另一方面是最优方案（吨公里最少）必须满足的条件，对于前者，还需通过后面的例题使读者熟练地掌握各种交通图的图上作业法；对于后者，存在着这样一个问题需要解释：为何说没有对流和迂回的流程图是最优流程图？

前面已经提到，对流会造成损失，浪费吨公里数，这对于具有一般常识的人是不言而喻的，那么，迂回是运输问题中的不合理现象该如何解释呢？

设图 2—21 中 A_1、A_2、A_3 是发点，它们的发量分别是 3 吨、4 吨、6 吨；B_1、$B_2\cdots B_{13}$是收点，它们的收量都是一吨。为解释问题方便起见。假定每个相邻点（不论是收点或发点）间的距离都是一千米。也就是说圈长 16 千米，共有 16 个收、发点，它们刚好把圈分成 16 等份，试作出吨公里数最小（即最优）的流程图。

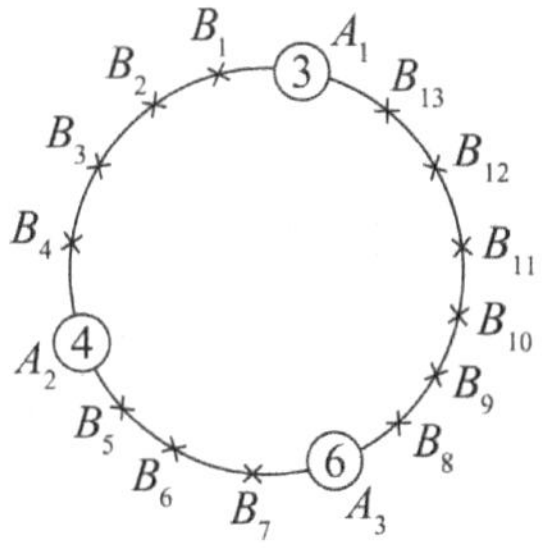

图 2—21

如果在 A_1 和 B_{13}之间把圈剪开，展成线状，那么 A_1 和 B_{13}成为道路的端点，如图 2—22 的交通图。根据这个交通图，不难得出不发生对流的流程图，如图 2—23（用从端点入手的方法编制）。把这个流程图由线状还原成圈状，就得到图 2—24。

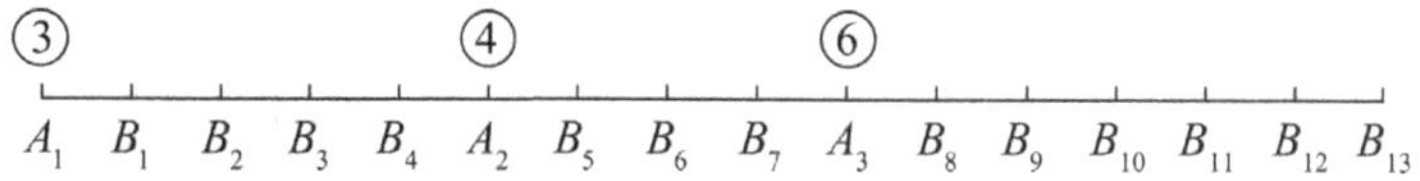

图 2—22

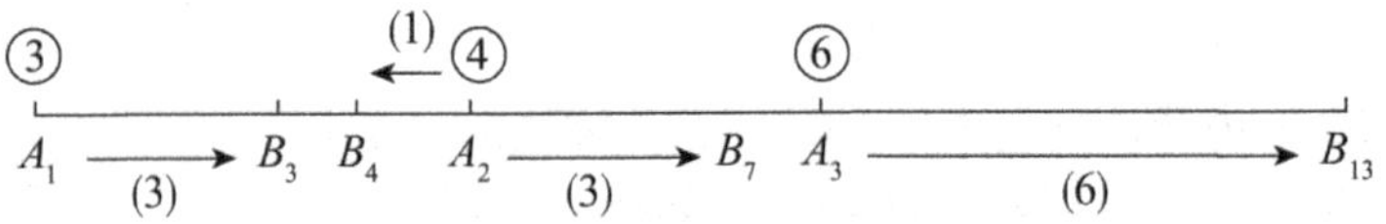

图 2—23

在图 2—24 中，奇怪地发现有迂回现象，事实上，该流程图的外圈长 = 3 + 3 + 6 = 12千米，远远超过了整个圈长 16 千米的一半，这是由从 A_1 和 B_{13}之间剪开，至少失去了由发点A_1 就近调给收点B_{13}、B_{12}的机会所致的。另外还有其他舍近求远的不合理现象。例如：A_2 可就近调给 B_4，A_3 调给 B_7。该图确定的运输方案的吨公里数：

$$S = (3 + 2 + 1) \times 1 + 1 \times 1 + (3 + 2 + 1) \times 1 + (6 + 5 + 4 + 3 + 2 + 1) \times 1 = 34$$

总之，流程图中的迂回现象是由于物质调动中存在着舍近求远的不合理现象造成的。消除迂回现象可采用缩外圈法（对一切外圈流向大于圈长一半的流程图都用该法进行调整；相反的情况，有相应的缩内圈法），并灵活运用就近调运的原则，逐步缩短外圈流向，最终调整为没有迂回的流程图。如图 2—24 可调整为没有迂回的图 2—25。事实上，图 2—25 的外圈长 = 1 + 1 + 4 = 6 千米，内圈长 = 2 + 3 + 2 = 7千米，都小于圈长的一半。这时，它的吨公里数降低为$S = [2(1 \times 1) + (4 + 3 + 2 + 1) \times 1] + [2(2 + 1) \times 1 + (2 + 2 + 1) \times 1] = 24$。

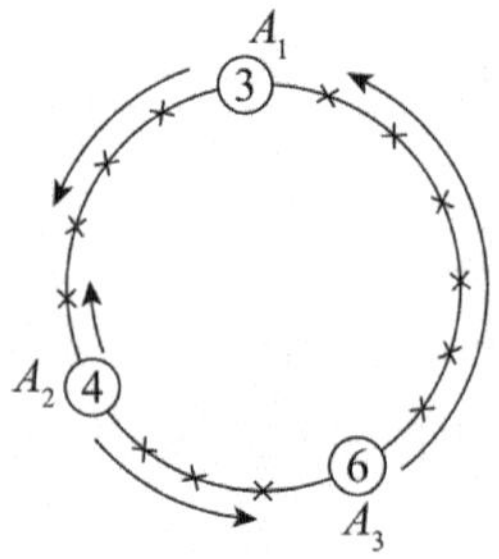

图 2—24

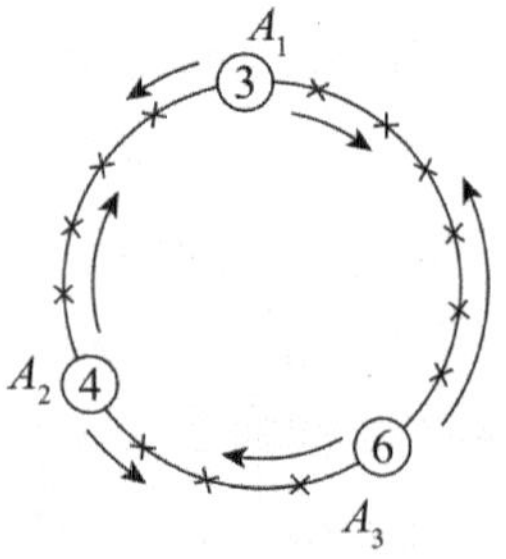

图 2—25

因为流程图 2—25 中无对流、无迂回，所以该图为最优流程图。由它给出的交通图图 2—21 的物质调运方案是最优方案（24 吨公里）。

最优流程图图 2—25 的编制基于下述思路：灵活地、最大可能地运用就近调运的原则。图 2—21 中，因有三个发点，所以编制的流程图上必会出现三段没有流向的道路（如$\widehat{B_1B_2}$，$\widehat{B_5B_6}$，$\widehat{B_{11}B_{13}}$），使得总流程由 16 千米减少到 13 千米。这样再来考虑内、外圈流程总长都不超过圈长一半（8 千米）就极为容易了（我们得到的内、外圈流程长分别为 7 千米、6 千米）。并且这样编制的流程图，必然不会产生迂回现象，而成为最优流程图。

通过以上举例，从感性上理解了没有对流和迂回现象的流程图是最优流程图，最优流程图给出的物质调运方案是最优调运方案（吨公里最少），我们不再给予这个结论的理论证明，只多举些例子来熟悉图上作业法。

例 4　求解由图 2—26 给出的最优调运方案（收发量单位：万吨，路程单位：千米）。

解：（1）作一个没有对流的流程图。采用“丢边破圈”的方法，即丢一边，破一圈，直到无圈，把有圈的交通图，化为不成圈的交通图。

比如，先丢掉 A_1B_4 边，破左边的一个圈。再丢掉 A_3B_3 边，又破右边的一个圈。这样，图 2—26 便成了不成圈的交通图图 2—27，并在其上编制没有对流的流程图。

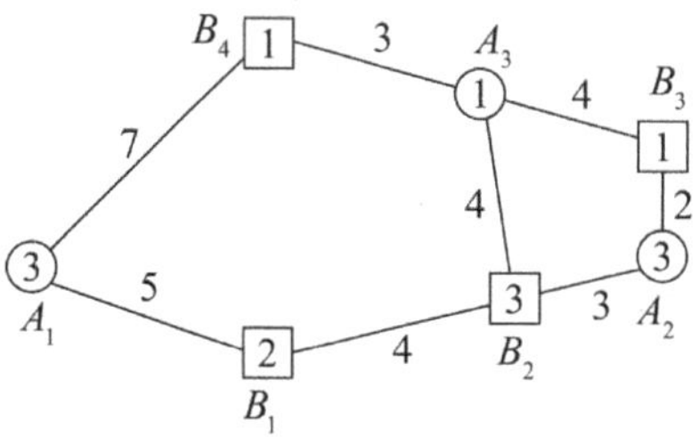

图 2—26

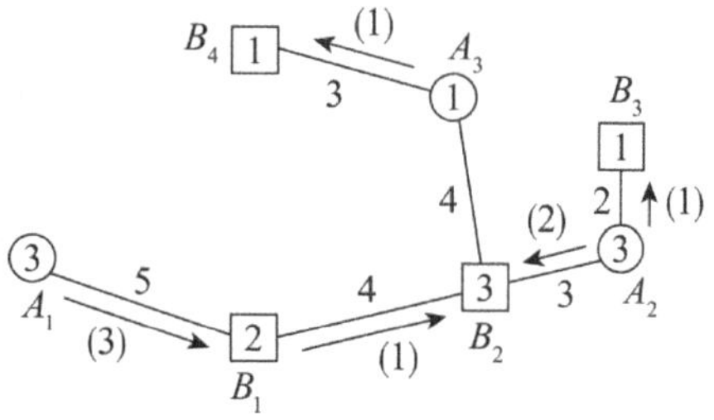

图 2—27

（2）检查有无迂回。

将图 2—27 恢复成图 2—28，会发现右边的图的外圈长 $=5+4+3=12>$ 全圈长 $=7+5+4+4+3=23$ 的一半；右边的圈的内（外）圈长与左边的圈有联系，因右边的圈需要调整，故暂不计算左边图的内（外）圈长。

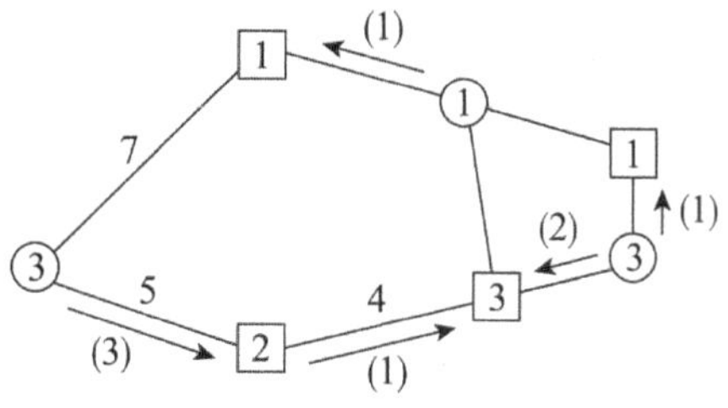

图 2—28

（3）对方案进行调整，调整的方法是：重新拆掉一条边，如 B_4A_3；右圈仍拆掉原来的边 A_3B_3，得图 2—29，并在其上编制没有对流的流程图。

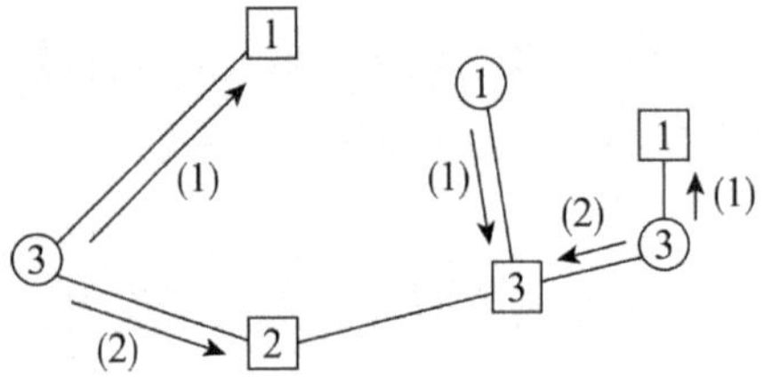

图 2—29

将图 2—29 填上边 B_4A_5，得图 2—30，会看到，左、右两个圈中均无迂回现象。事实上，对左边的圈：

$$\text{外圈长} = 5 + 4 < \frac{1}{2} \times 23 = 11.5$$

$$\text{内圈长} = 7 + 4 = 11 < 11.5$$

对右边的圈：

$$\text{外圈长} = 4 + 2 = 6 < \frac{1}{2}\text{全圈长} = \frac{1}{2}(4 + 4 + 3 + 2) = 6.5$$

$$\text{内圈长} = 3 < 6.5$$

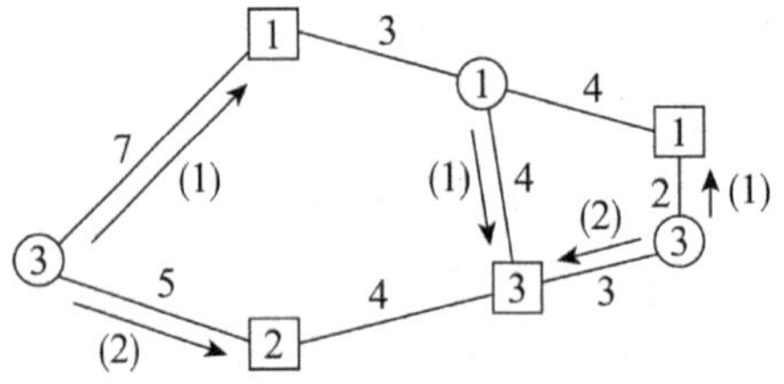

图 2—30

因此，图 2—30 是最优流向图，根据它确定的调运方案总运输量

$$S = 2 \times 5 + 2 \times 3 + 1 \times 2 + 1 \times 4 + 1 \times 7 = 29 \text{（万吨公里）}$$

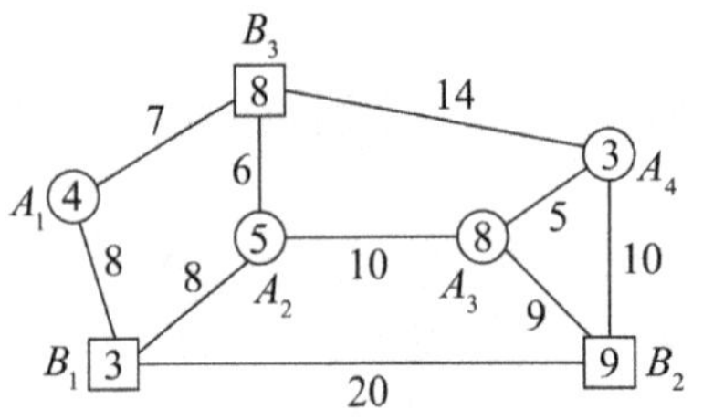

图 2—31

例 5 某城市的交通干道如图 2—31，A_1、A_2、A_3、A_4 是物质的发点；B_1、B_2、B_3 是物质的收点。某一次物质调运的平衡表如表2—5，试求出吨公里数最小的调运方案。

表 2—5 （单位：吨）

收点 / 发点	B_1	B_2	B_3	发量
A_1				4
A_2				5
A_3				8
A_4				3
收量	3	9	8	20

解：（1）用“拆边破圈”法作一个没有对流的流程图（为节省画图，将拆掉的边用虚线标出）。

将边 A_1B_1、B_1B_2、B_2A_4、A_4B_3 拆掉，使其不成圈，并在其上编制没有对流的流向图，如图 2—32。

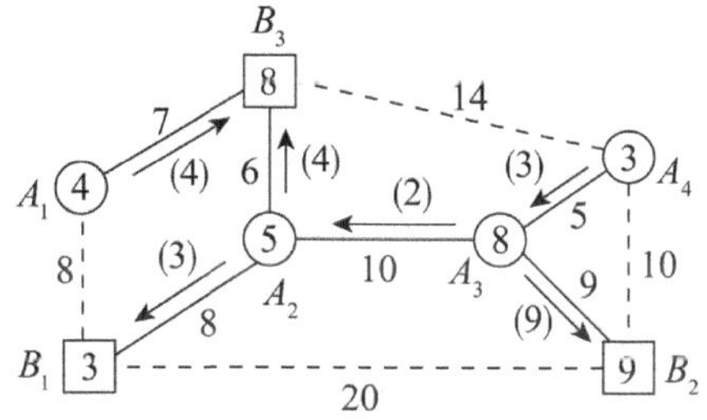

图 2—32

（2）检查有无迂回。

因为图中的圈很多，先着眼于流向较多的圈。不难看出，圈 $A_2\ A_3\ A_4\ B_3$ 的内圈流向长超过了圈长的一半，于是需做缩内圈调整。

（3）调整。

欲将圈 $A_2A_3A_4B_3$ 内圈流向缩短，必须把 A_4B_3 边添上，并拆掉 A_2A_3（保持“拆边破圈”），得图 2—33，并在其上重新编制没有对流的流向图。

可以看出，在图 2—33 的圈 $A_1B_1A_2B_3$ 中，内圈长超过了圈长的一半。因此，又调整为图 2—34。

这时，图 2—34 中无迂回，为最优流向图。由它确定的物质调运方案吨公里数最少，为 $S=3\times8+1\times7+5\times6+2\times14+8\times9+1\times10=171$（千米）。

最优方案的调度表如表 2—6。

表 2—6　（单位：吨）

收点 / 发点	B_1	B_2	B_3	发量
A_1	3		1	4
A_2			5	5
A_3		8		8
A_4		1	2	3
收量	3	9	8	20

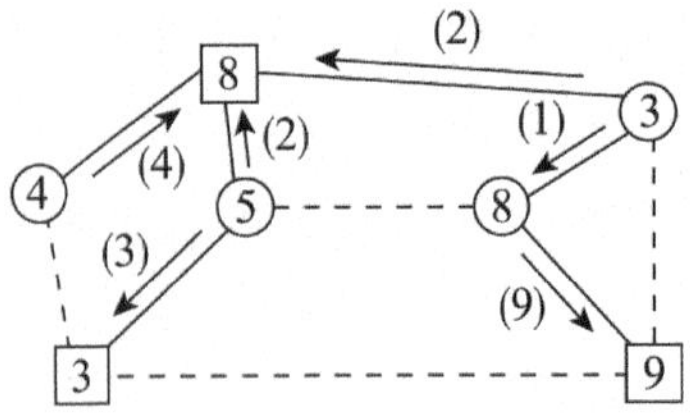

图 2—33

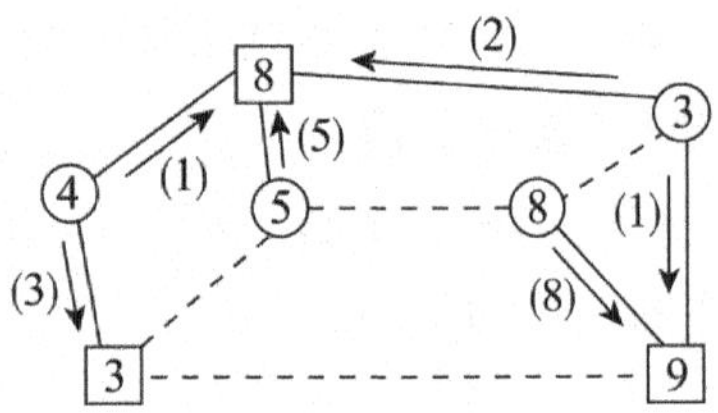

图 2—34

§4 表上作业法

表上作业法同图上作业法一样，也用来主要解决线性规划中的运输问题。

运输问题的模型是：某物质要从 m 个发点 A_1，A_2，…，A_m，调往 n 个收点 B_1，B_2，…，B_n。每个发点的发量 a_m 和每个收点的收量 b_n 由平衡表（表 2—7）给出；发点 A_i $(i=1, 2, \cdots, m)$ 到收点 B_j $(j=1, 2, \cdots, n)$ 的里程单位运价 C_{ij} 由运价表（表 2—7）给出。假设 A_i 点调往 B_j 点的运量为 x_{ij}，试求总运价 $s=\sum_{i=1}^{m}\sum_{j=1}^{n}c_{ij}x_{ij}$ 的最小值。

表 2—7

平衡表　　　　运价表

收点 / 发点	B_1	B_2	…	B_n	发量	B_1	B_2	…	B_n
A_1	X_{11}	X_{12}	…	X_{1n}	a_1	c_{11}	c_{12}	…	c_{1n}
A_2	X_{21}	X_{22}	…	X_{2n}	a_2	c_{21}	c_{22}	…	c_{2n}
…	…	…	…	…	…	…	…	…	…
A_m	X_{m1}	X_{m2}	…	X_{mn}	a_m	a_{m1}	c_{m2}	…	c_{mn}
收量	b_1	b_2	…	b_n	$\sum_{i=1}^{m}a_i=\sum_{j=1}^{n}b_j$				

1. 基本方法

通过以下例子介绍表上作业法的基本方法。

例1　试编制由表2—8给出的平衡表和运价表的物质调动方案，使总运费最少。

表2—8

平衡表　　（单位：吨）　　**运价表**　　（单位：元/吨）

收点 发点	B_1	B_2	B_3	B_4	发量	B_1	B_2	B_3	B_4
A_1					7	3	11	3	12
A_2					4	1	9	2	8
A_m					9	7	4	10	5
收量	3	6	5	6	20				

解：（1）用最小元法编制初始调运方案。

对任何一个运输问题，首先编制一个初始调运方案，然后在初始方案的基础上逐步进行调整（若初始方案是最优方案，则不必进行调整），最终得到最优方案（若最优方案存在）。

编制初始调运方案用最小元法，即运费最小的优先供应原则。

a. 从运价表中可以看出，最小运价是 $c_{21}=1$，因而使发点 A_2 最先满足收点 B_1 的需要。同时，从平衡表中看到 A_2 有4吨物质，而 B_1 只需3吨，于是在平衡表上与 c_{21} 对应的位置上填上3，并把 B_1 的收量3划去，表示供应得到满足。同时把 A_2 的发量4划去，改为1表示还剩1吨。并把运价表中 B_1 所在的那一列也划去，因为 B_1 已供应完毕，这一列运价下次不再考虑。且在用作划去的虚线下方注明①，表示第一次划去的列（行）。以下类同，不再声明。

b. 在未划去的运价表中运价最小的是 $c_{23}=2$，因此，应考虑 A_2 和 B_3 的供求。显然，A_2 只能供应 B_3 1吨，B_3 尚缺4吨。将 A_2 的发量1划去（无须改为0）表示发量用完。再把 B_3 的收量5改为4，表示尚缺4吨。同时，将运价表中 A_2

所在的行划去，并注②。

继续上述方法，直到发量用尽，收量满足，运价全部划去为止。这样就得到初始调运方案，如表 2—9 所示。

表 2—9

平衡表　　（单位：元）　　**运价表**　　（单位：元）

收点 发点	B_1	B_2	B_3	B_4	发量	B_1	B_2	B_3	B_4	
A_1			4	3	~~7~~ ~~3~~	3	11	3	12	…⑥
A_2	3		1		~~4~~ ~~1~~	1	9	2	8	…②
A_3		6		3	~~9~~ ~~3~~	7	4	10	5	…⑤
收量	~~3~~	~~6~~	~~5~~ ~~4~~	~~6~~ ~~3~~	20	⋮ ①	⋮ ④	⋮ ③	⋮ ⑥	

该初始方案给出了该线性规划问题的一个可行解：

$$
\begin{cases}
x_{11}=x_{12}=x_{22}=x_{24}=x_{31}=x_{33}=0 \\
x_{13}=4 \\
x_{14}=3 \\
x_{21}=3 \\
x_{23}=1 \\
x_{32}=6 \\
x_{34}=3
\end{cases}
$$

可以验证，该可行解为基础可行解。该方案的总运费为

$$S=4\times3+3\times12+3\times1+1\times2+6\times4+3\times5=92\text{（元）}$$

（2）最优方案的判别。

目标是要判别上面得到的初始方案是否为最优方案，或者说要判别上面得到的可行解是否为最优解。

a. 闭回路。

表 2—9 的平衡表中给出了刚刚编制的初始方案。对于方案中的每一个空格，可以按照下面的方法，编制它的一条所谓**闭回路**：

在调运方案表中从一个空格出发，沿水平或垂直方向前进，遇到一个适当的有数字的格子时，则按与前进方向垂直的方向转向前进，这样必定会再遇到一个适当的有数字的格子，同样地，再转向前进。这样不断地前进和转向，经若干次后，必然回到原来出发的空格，如此形成一条由水平线段和垂直线段组成的封闭折线，称为该空格的闭回路。

可以证明：（1）对正确调运方案中的每一个空格存在唯一的一条闭回路。（2）对每一正确的调运方案填数字的格子数等于 $m+n-1$，空格数等于 $m\times n-(m+n-1)$（注：有的调运方案中填数字的格子不是 $m+n-1$ 个，这时要用“0”补足。）

例如，表 2—10 中给出两个空格闭回路的画法。

表 2—10

收点 / 发点	B_1	B_2	B_3	B_4	发量
A_1	□		4	3	7
A_2	3	□	1		4
A_3		6		3	9
收量	3	6	5	6	20

可以从表 2—10 中看出，填数字的格子 $=3+4-1=6$；空格数 $=3\times4-(3+4-1)=6$。

b. 检验数。

对调运方案中的每一个空格，可通过它的闭回路和运价表，求得检验该调运方案是否最优的一个数，该数称为检验数。

下面通过求表 2—10 中已给出闭回路的两个空格的检验数，来介绍检验数的一般方法。

表2—11中，两条闭回路顶点所标的数字是运价表中与平衡表相对应的运价。

表2—11

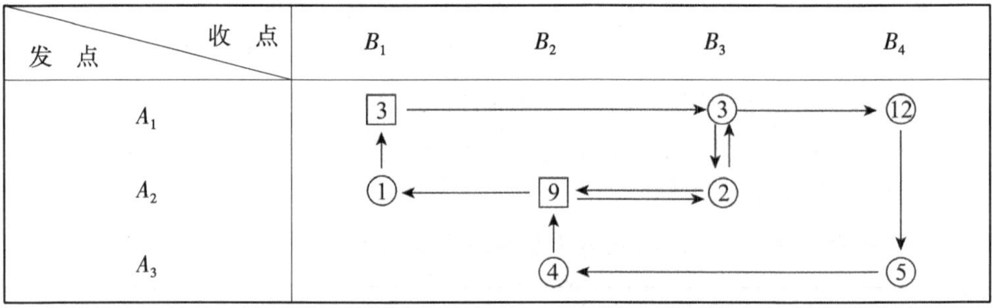

从空格出发，在闭回路上的第1，3，5，…个拐角点称为奇数点，余下的称为偶数点。奇数点运价之和减去偶数点运价之和（空格的运价包括其内）所得的数字，叫作该空格的检验数，记作 λ_{ij}（$i=1, 2, \cdots, m$；$j=1, 2, \cdots, n$）。

例如，$\lambda_{11}=(3+1)-(2+3)=-1$

$$\lambda_{22}=(2+12+4)-(3+5+9)=1$$

请读者练习一下求其余空格的检验数，看其是否与下面的结果相同。

$\lambda_{12}=0$　　$\lambda_{24}=3$

$\lambda_{31}=-12$　$\lambda_{33}=-14$

最优方案的判别法则：调运方案的每一空格的检验数皆非正，则此调运方案为最优方案。

由于本例中 $\lambda_{22}=1>0$，因此表2—9给出的初始调运方案不是最优方案。

（3）方案的调整。

若某调运方案中有正的检验数，则该方案需要进行调整，调整时从发现第一个空格闭回路上的正检验数着手。调整的方法是：

a. 确定调整数。该空格的闭回路上奇次拐角点中最小的那个数，即为调整数。

本例中第一个发现的正检验数为 $\lambda_{22}=1$，调整方案要从 λ_{22}所在的空格做起。不难看出，该空格的闭回路奇次拐角点上的数1，3，6中最小的是1，因此确定第一个调整数为1。

b. 把闭回路奇次拐角点中各数减去调整数，偶次拐角点各数加以调整数。这样，就得到第二个调运方案如表 2—12。

表 2—12

发点＼收点	B_1	B_2	B_3	B_4	B_1	B_2	B_3	B_4	发量
A_1			4^{+1}	3^{-1}			5	2	7
A_2	3	$+1$	1^{-1}		3	1			4
A_3		6^{-1}		3^{+1}		5		4	9
收量	3	6	5	6	3	6	5	6	20

根据该方案，总运费

$$S = 5 \times 3 + 2 \times 12 + 3 \times 1 + 1 \times 9 + 5 \times 4 + 4 \times 5 = 91\ （元）$$

对于第二个调运方案，重复上述步骤（二）、（三）得到第三个调运方案如表 2—13。

表 2—13

发点＼收点	B_1	B_2	B_3	B_4	B_1	B_2	B_3	B_4	发量
A_1			5	2			5	2	7
A_2	3	1^{-1}		$+1$	3			1	4
A_3		5^{+1}		4^{-1}		6		3	9
收量	3	6	5	6	3	6	5	6	20

$$\lambda_{11} = (12 + 1) - (8 + 3) = 2 > 0$$

根据该方案总运费

$$S = 5 \times 3 + 2 \times 12 + 3 \times 1 + 1 \times 8 + 6 \times 4 + 3 \times 5 = 89\ （元）$$

对于第三个方案再重复上述步骤（二）、（三）得第四个方案如表 2—14。

表 2—14

收点 发点	B_1	B_2	B_3	B_4	B_1	B_2	B_3	B_4	发量
A_1	$^{+2}$		5	2^{-2}	2		5		7
A_2	3^{-2}			1^{+2}	1			3	4
A_3			6	3		6		3	9
收量	3	6	5	6	3	6	5	6	20

根据这个方案，总运费

$$S=2\times3+5\times3+1\times1+3\times8+6\times4+3\times5=85\text{（元）}$$

对于第四个方案，只重复上述步骤（二），会发现它的所有空格的检验数皆非正，因此该方案为最优调运方案，最小运费为 85 元。即最优解为：

$$\begin{cases} x_{11}=2\text{（吨）} \\ x_{13}=5\text{（吨）} \\ x_{21}=1\text{（吨）} \\ x_{24}=3\text{（吨）} \\ x_{32}=6\text{（吨）} \\ x_{34}=3\text{（吨）} \\ x_{12}=x_{14}=x_{22}=x_{23}=x_{31}=x_{33}=0\text{（吨）} \end{cases}$$

以上介绍了求解线性规划问题的表上作业法。为使读者熟练掌握表上作业法的求解过程和各步骤中应着重理解的关键问题，现总结归纳如下：

（1）编制初始方案用最小元法。“最小元”指的是运价表中最小的运价，最小元法是按通常习惯考虑收发点间运费最小的优先供应，逐步实施，以至达到供需平衡。

方案表中所填数字为 $m+n-1$ 个（包括“0”），填“0”的格子不能算作空格。

（2）判别一个方案是否最优，要计算方案中每个空格的检验数。若所有空格的检验数皆非正，则此方案为最优方案。计算空格的检验数要按从方案的左上角到右下角的顺序，当发现第一个正检验数时就停止计算。转入方案调整。

计算某空格的检验数要用到该空格唯一存在的闭回路，而闭回路的拐角点上的数字是由运价表中的相应元素给出的。

（3）方案的调整从发现第一个正检验数的空格上着手，并在该空格的闭回路上进行。方案每经调整一次，总运费就减少一次（例如例 1 的四个方案的总运费依次为 92 元、91 元、89 元、85 元），直到最优方案出现为止。

读者欲熟练掌握线性规划问题的表上作业法，必须自己动笔，亲自演算。在例 1 的第二、三、四个方案中，对每一空格由闭回路的画法及其检验数的计算没有逐一写尽，留给读者完成这些工作。

例 2 用表上作业法求解 §3 例 5，并比较两种方法的结果。

解：假定 §3 例 5 中每条道路上的运费单价相同（1 元/千米），则总运费与路程成正比。因此，求运输的吨公里最少和求运费最省是一回事，完全可以将两地间距离（单位：千米）看作两地间运费的单价（单位：元）。经计算图 2—31 两地间的距离，得表 2—15 中的单价表。

表 2—15

收点 / 发点	B_1	B_2	B_3	发量	B_1	B_2	B_3
A_1				4	8	28	7
A_2				5	8	19	6
A_3				8	18	9	16
A_4				3	23	10	14
收量	3	9	8	20			

求解由表 2—15 给出的运输问题。用最小元法得初始方案如表 2—16。

表 2—16

收点 / 发点	B_1	B_2	B_3	发量	B_1	B_2	B_3	
A_1	1		3	~~4~~ ~~1~~	-8-	28	7	…③
A_2			5	~~5~~	-8-	19	6	…①
A_3	→	8		~~8~~	-18-	9	16	…④
A_4	2	1		~~3~~	-23-	10	14	…⑥
收量	~~3~~	~~9~~ ~~1~~	~~8~~ ~~3~~	20		⑤	②	

因为 $\lambda_{21}=(6+8)-(7+8)=-1$

$\lambda_{12}=(10+8)-(28+23)=-33$

$\lambda_{31}=(9+23)-(10+18)=4$

所以初始方案需要调整，经调整为表 2—17（λ_{31}所在的空格之闭回路上奇拐角点中最小数字为 2。奇拐角点上数字减去 2；偶拐角上数字加上 2。）

表 2—17

收点 / 发点	B_1	B_2	B_3	发量	B_1	B_2	B_3
A_1	1		3	4	8	28	7
A_2			5	5	8	19	6
A_3	2	6		8	18	9	16
A_4		3		3	23	10	14
收量	3	9	8	20			

又因为 $\lambda_{33}=(18+7)-(16+8)=1$，所以第二个方案需要调整。经调整为表 2—18。

又因为 $\lambda_{43}=(10+16)-(9+14)=3$，所以第三个方案需要调整。经调整为表 2—19。

表 2—18

收点 发点	B_1	B_2	B_3	发量	B_1	B_2	B_3
A_1	3		1	4	8	28	7
A_2			5	5	8	19	6
A_3		6	2	8	18	9	16
A_4		3		3	23	10	14
收　量	3	9	8	20			

表 2—19

收点 发点	B_1	B_2	B_3	发量	B_1	B_2	B_3
A_1	3		1	4	8	28	7
A_2			5	5	8	19	6
A_3		8		8	18	9	16
A_4		1	2	3	23	10	14
收量	3	9	8	20			

经计算，第四个方案的所有空格的检验皆非正，故此方案为最优方案。

与§3 例 5 的答案对照，该运输问题用表上作业法和图上作业法解得相同结果。

例 3　用表上作业法求解§1 例 3。

解：初始调运方案如表 2—20 所示。

表 2—20

平衡表　　（单位：吨）　　**运价表**　　（单位：元）

收点 发点	A	B	C	存量	B_1	B_2	B_3	
甲			15	15	8	6	7	…④
乙	20		5	25	2	7	5	…③
丙		45	5	50	3	4	8	…⑤
需量	20	45	25 20 5	90	①	②		

因 $\lambda_{31}=(2+8)-(3+5)=2$，故调整为表2—21。这时，方案中所有空格的检验数皆为正，故此方案为最优调运方案。总运费：

表 2—21

工厂 / 仓库	A	B	C	存量	A	B	C
甲			15	15	8	6	7
乙	15		10	25	2	7	5
丙	5	45		50	3	4	8
需量	20	45	25	90			

$$S=15\times7+15\times2+10\times5+5\times3+45\times4=380\text{（元）}$$

$$\text{最优解为}\begin{cases}x_{13}=15\text{（吨）}\\x_{21}=15\text{（吨）}\\x_{23}=10\text{（吨）}\\x_{31}=5\text{（吨）}\\x_{32}=45\text{（吨）}\\x_{11}=x_{12}=x_{22}=x_{33}=0\end{cases}$$

也就是，§1 例 5 所给出的运输问题，由仓库甲、乙、丙调往工厂 A、B、C 的物质按最优解给出的方案调运，使得总运价最省。总运价为 380 元。

（1）编制初始方案时，关于补“0”的问题。

a. 补“0”的缘由：

用最小元法编制初始方案时，一般情况下，在运价表中选择一个最小运价，在方案表中填一个适当的数字（非零）进行一次供（发）需（收）量的分配，使得发量发尽或收量收足。同时，划掉运价表中一行或一列。可是，在特殊情况下，在这个表选择一个最小运价（如表 2—22 中的 c_{31}）中进行供需量分配时，会出现发量发尽和收量收足同时发生的可能（要同时划掉运价表中 c_{31} 所在的行和列），这时应在方案表中填两个数字，才能保证方案表中所填数字为 $m+n-1$ 个。其中一个数字为供（需）量，填在方案表中与最小运价（c_{31}）相对应的格子上；另一个数字应补“0”（区别于空格）。试问这个“0”应补在第一个数字所在行和列的哪个格子上为宜？

b. 补“0”的原则：

先观察实例，然后总结出补“0”的原则。

在平衡表（用作方案表）中出现了 A_3 发尽 B_1 收足同时发生的情况（表 2—22）。在方案表中 λ_{31} 处填数字 3 后，须将运价表中的第 1 列和第 3 行同时划掉。这样就在方案中少填了一个数字，只好用补“0”的办法补救，才能保证方案表中所填数字为 $m+n-1$ 个。补“0”有四种情况，如方案表 2—23 所示。试问以哪种补“0”的方法为宜呢？

表 2—22

平衡表 收点／发点	B_1	B_2	B_3	发量	运价表 B_1	B_2	B_3	
A_1				4	8	5	7	
A_2				5	9	4	6	…③
A_3	3			~~3~~	①	3	2	…①
收量	~~3~~	2	6	11	①	②	④	

表 2—23

方案表（甲）

收量／发点	B_1	B_2	B_3	发量
A_1	0		4	4
A_2		2	2	4
A_3	3			3
收量	3	2	6	11

$\lambda_{ij} \leqslant 0$（i，$j=1$，2，3）

方案表（乙）

收量／发点	B_1	B_2	B_3	发量
A_1			4	4
A_2		2	2	4
A_3	3		0	3
收量	3	2	6	11

$\lambda_{ij} \leqslant 0$（i，$j=1$，2，3）

方案表（丙）

收量 发点	B_1	B_2	B_3	发量
A_1			4	4
A_2	0	2	2	4
A_3	3			3
收量	3	2	6	11

$\lambda_{11}=(7+9)-(6+8)=2>0$

方案表（丁）

收量 发点	B_1	B_2	B_3	发量
A_1			4	4
A_2		2	2	4
A_3	3	0		3
收量	3	2	6	11

$\lambda_{33}=(3+6)-(4+2)=3>0$

经计算四种方案中每个空格的检验数知道，应采用方案甲或方案乙为宜［$\lambda_{ij}\leqslant 0$（i，$j=1$，2，3）］。若采用方案丙，因 $\lambda_{11}=2>0$，须经调整后得方案甲［λ_{11}的闭回路如方案表丙所示，若拐角点的最小数字为0］，这样就会多一个步骤。若采用方案丁也有类似的解释。不难从运价表中看出方案甲、丙的差异在于：方案甲将“0”补在了第1列对应的运价除1之外较小的 $c_{11}=8$ 的位置上；方案乙将“0”补在第3行对应的运价除1之外较小的运价 $c_{33}=2$ 的位置上，仍坚持了“最小元”的原则。

由实例看到，补“0”的原则是：若 c_{rk}为运价表中的最小元，并且平衡表中的发量 A_r 等于收量 $B_k=a$，则在方案表中 x_{rk}处填数字 a 后，再在第 r 行（或第 k 列）与运价表相对应的 r 行（或 k 列）中较小运价对应的格子上填0，并把填0的格子与其他有数字的格子一样看待。

（2）关于用表上作业法求解线性规划问题解的唯一性问题。

从表2—23方案表（甲）和（乙）看到，它们都是该问题的最优方案。用表上作业法求解线性规划问题的最优方案不止一个，但最少总运费只有一个。再例如，表2—24所示问题的最优方案如表2—25和表2—26。总运费

$$
\begin{aligned}
S &=2\times 2+2\times 1+1\times 2+\times 3\times 2+4\times 1+5\times 3+1\times 2\\
&=2\times 1+3\times 2+2\times 1+4\times 2+1\times 1+5\times 3+1\times 1\\
&=35\ （元）
\end{aligned}
$$

表 2—24

收点 发点	B_1	B_2	B_3	B_4	B_5	发量	B_1	B_2	B_3	B_4	B_5
A_1						5	2	1	4	3	2
A_2						7	1	3	5	2	1
A_3						6	1	4	3	2	1
收量	2	2	5	4	5	18					

表 2—25

收点 发点	B_1	B_2	B_3	B_4	B_5
A_1	2	2			1
A_2				3	4
A_3			5	1	
收量	2	2	5	4	5

表 2—26

B_1	B_2	B_3	B_4	B_5	发量
	2			3	5
2			4	1	7
		5		1	6
2	2	5	4	5	18

作为习作，请读者用表上作业法求解由表 2—24 给出的线性规划问题。

2. 基本方法的推广

可以把表上作业法的基本方法，推广到解决产销不平衡的运输问题和求目标函数最大值的作物布局问题，劳力安排问题。

（1）产销不平衡的运输问题。

例 4 有三个化肥厂供应四个地区的农用化肥。假定等量的化肥在这些地区使用都有相同的效果。各化肥厂年产量和各地区年需求量及化肥厂到各地区的单位运价的如表 2—27 所示。试求运费最省的化肥调拨方案。

解：从表 2—27 中可以看出，产量（160 吨）大于销量（150 吨）。显然，产量多余的部分只好作为库存。于是，在表中的销地一栏加“库存”10（吨）。

表 2—27

（单位：吨）　　　　**运价表**　　　　（单位：元/吨）

产地＼销地	B_1	B_2	B_3	B_4	发量	B_1	B_2	B_3	B_4
A_1					50	16	13	22	17
A_2					60	14	13	19	15
A_3					50	19	20	23	18
销量	30	70	20	30	160＼150				

使得产销平衡，并用最小元法解得调拨方案。如表 2—28。

表 2—28　　　　（单位：吨）

产地＼销地	B_1	B_2	B_3	B_4	库存	产量
A_1		50				50
A_2	30	20	10			60
A_3			10	30	10	50
销量	30	70	20	30	10	160

可以验证，该方案表中的每一空格的检验数皆非正（留给读者），故该方案为最优调拨方案，运费最少。

$$S=50\times13+30\times14+20\times13+10\times19+10\times23+30\times18+10\times0=2290\text{（元）}$$

$$\text{最优解}\begin{cases}x_{12}=50\text{（吨）}\\x_{21}=30\text{（吨）}\\x_{22}=20\text{（吨）}\\x_{23}=10\text{（吨）}\\x_{33}=10\text{（吨）}\\x_{34}=30\text{（吨）}\\x_{11}=x_{13}=x_{14}=x_{31}=x_{32}=0\end{cases}$$

库存 10 吨。

（2）作物布局问题（最大元法）。

例 5　某农场计划共用 900 亩[1]土地种植三种作物。因为土质和水源条件不同，这 900 亩地分为三类：甲类 300 亩，乙类 200 亩，丙类 400 亩。计划第一类作物种 100 亩，第二类作物种 400 亩，第三类作物种 400 亩。根据过去的种植经验，各类土地种植各种作物的亩产量如表 2—29 所示。问应如何安排作物布局，才能使作物总产量最高？

表 2—29

平衡表　　**产量表**　　（单位：斤[2]）

土地 / 作物	B_1	B_2	B_3	计划种植亩数	B_1	B_2	B_3
A_1	x_{11}	x_{12}	x_{13}	100	35	250	240
A_2	x_{21}	x_{12}	x_{13}	400	425	350	300
A_3	x_{31}	x_{32}	x_{33}	400	200	150	250
土地亩数	300	200	400	900			

解：由已知得线性规划问题：

$$\text{约束条件：}\begin{cases} x_{11}+x_{12}+x_{13}\leq 100 \\ x_{21}+x_{22}+x_{23}\leq 400 \\ x_{31}+x_{32}+x_{33}\leq 400 \\ x_{11}+x_{21}+x_{31}\leq 300 \\ x_{12}+x_{22}+x_{32}\leq 200 \\ x_{13}+x_{23}+x_{33}\leq 400 \\ x_{ij}\geq 0(i,\ j=1,\ 2,\ 3) \end{cases}$$

目标函数 $\max S=35x_{11}+250x_{12}+240x_{13}+425x_{21}+350x_{22}+300x_{23}+200x_{31}+150x_{32}+250x_{33}$

① 1 亩约为 666.67 平方米。

② 1 斤 =0.5 千克。

该问题与本节开始给出的运输问题（表2—7）相比较有相同的平衡表和类似于运价表的亩产量表；所不同的是运输问题求目标函数的最小值，而作物布局问题求目标函数的最大值。这种相互对立的问题引导考虑用与最小元法相对立的最大元法编制问题解的初始方案，就是按产量最高的优先安排种植的原则。譬如，从产量表中看出，B_1 土地上种植 A_2 作物产量最高。因此 B_1 的300亩全部种植 A_2，与运输问题的最优方案判别法相对应的有作物布局问题的最优方案判别法：若方案表中所有空格的检验数若非负，则该方案为最优方案。

因此，得到作物布局问题的解法步骤：

a. 编制初始方案。

用最大元法编制该问题的初始方案如表2—30所示（这里遇到了填“0”的情况）。

表2—30

（单位：千克）

	平衡表				亩产表			
土地 作物	B_1	B_2	B_3	计划种植亩数	B_1	B_2	B_3	
A_1		100	0	100	350	250	240	
A_2	300	100	~~400~~ ~~100~~	400	405	350	300	…③
								…①
A_3			400	400	200	250	250	
土地亩数	~~300~~	~~200~~	400	400	①	③	④	

b. 最优方案的判别。

利用每个空格的闭回路计算其检验数。计算的顺序是从方案表的左下角到右下角，直到发现第一个负检验数为止。

由于 $\lambda_{11} = (250 + 425) - (350 + 350) = -25 < 0$，停止检验数的计算，并做出结论：初始方案不是最优方案需要调整。

c. 方案的调整。

调整方法与前面相同，如表 2—31。

表 2—31

土地 作物	B_1	B_2	B_3		B_1	B_2	B_3	计划种植亩数
A_1	$+100$ →	100 -100 ↓	0		100		0	100
A_2	↑ 300 -100	← 100 $+100$			200	200		400
A_3			400				400	400
土地亩数	300	200	400		300	200	400	900

经算得表 2—31 中所有空格的检验数均非负，故该方案为最优方案。

最大产量

$S = 100 \times 350 + 200 \times 425 + 200 \times 350 + 400 \times 250 = 290000$（千克）

$$
\text{最优解}\begin{cases} x_{11} = 100\text{（亩）} \\ x_{21} = x_{22} = 200\text{（亩）} \\ x_{33} = 400\text{（亩）} \\ x_{12} = x_{13} = x_{31} = x_{32} + x_{23} = 0\text{（亩）} \end{cases}
$$

也就是该问题作物应这样布局：在甲类土地上种植 100 亩第一种作物和 200 亩第二种作物，在乙类土地上种植 200 亩第二种作物，在丙类土地上种植 400 亩第三种作物。这样种植可获得最高产量 290000 千克。

（3）劳力安排问题。

假定有 n 种工作 B_1，B_2，…，B_n，各需要劳力 b_1，b_2，…，b_n，现有 m 组劳力 A_1，A_2，…，A_m 参加这 n 种工作，每组劳力的人数分别为 a_1，a_2，…，a_m。又知每组劳力做每种工作的效率 c_{ij}（每个劳力在单位时间内完成工作的数量）如表 2—32 所示。

表 2—32

工作效率 / 劳力	B_1	B_2	…	B_n	人数
A_1	c_{11}	c_{12}	…	c_{1n}	a_1
A_2	c_{21}	c_{22}	…	c_{2n}	a_2
…	…	…		…	…
A_m	c_{m1}	c_{m2}	…	c_{mn}	a_m
所需人数	b_1	b_2	…	b_n	*

$$* \quad \sum_{i=1}^{m} a_i = \sum_{j=1}^{n} b_j$$

试求出这 m 组劳力的安排方案，使之完成的总工作任务最多。

这样的劳力安排问题称为定工出人问题。

假定用 x_{ij}表示第 i 组劳力分配去做第 j 种工作的人数，那么根据条件，可以得到定工出人问题的数学模型：

$$\text{求 } \max s = \sum_{i=1}^{m}\sum_{j=1}^{n} c_{ij}x_{ij}$$

$$\text{满足 } D: \begin{cases} \sum_{j=1}^{n} x_{ij} = a_i (i = 1,2,\cdots,m) \\ \sum_{i=1}^{m} x_{ij} = b_j (j = 1,2,\cdots,n) \\ x_{ij} \geq 0 \end{cases}$$

显然，这是一个典型的线性规划问题。这类问题与运输问题一样有相同的平衡表和类似于单价表的工效表，只是求目标函数的最大值。求解这类问题同作物布局问题一样，可用最大元法。

例 6　某车间在一天内有 B_1、B_2、B_3 三种零件需要加工，由于人员紧张，车间只能抽调男工 9 人、女工 7 人、青工 15 人，共 31 人来加工这三种零件，而可用以加工这三种零件的专用机床分别有 12 台、10 台和 9 台，每台机床只需一个人操作。因各类工人的技术熟练程度不同，其工效也不同，如表 2—33 所示。

表 2—33

工种 劳力	平衡表 B_1	平衡表 B_2	平衡表 B_3	人数	工效表 B_1	工效表 B_2	工效表 B_3
男工				9	9	10	8
女工				7	7	7	9
青工				15	3	2	7
所需人数	12	10	9	31			

试求合理的劳力安排方案，使三种零件的加工数最多。

解：用最大元法，求解初始方案如表 2—34。

表 2—34

工种 劳力	B_1	B_2	B_3
男工		9	
女工	$^{+7}$ ↑	→	7^{-7} ↓
青工	12^{-7}	← 1	4^{+7}
需要人数	12	10	9

因 $\lambda_{21} = -2 < 0$，故需调整为表 2—35。又因表 2—35 中，$\lambda_{22} = -1 < 0$，又需调整为表 2—36。经算得，该表中所有空格的检验数皆非负，因此该表给出了劳力最优安排方案。也就是，男工 9 人全部去加工 B_2 种零件；女工 7 人中 6 人去加工 B_1 种零件，1 人加工 B_2 种零件；青工 6 人加工 B_1 种零件，9 人加工 B_3 种零件。这样可以得到最多的加工零件数：

$$S = 7 \times 6 + 3 \times 6 + 10 \times 9 + 7 \times 1 + 7 \times 9 = 220 \text{（件）}$$

表 2—35

B_1	B_2	B_3	人数
	9		9
7^{-1} →	$^{+1}$		7
5^{+1}	← 1^{-1}	9	15
12	10	9	31

表 2—36

工种 劳力	B_1	B_2	B_3	人数
男工		9		9
女工	6	1		7
青工	6		9	15
需要人数	12	10	9	31

在本节的最后，讲讲数学模型的意义。

生产实践中制造一个模型，可生产出许多同类产品的雏形，聪明的经营者会在这些雏形上加工、装饰、包装成五颜六色的成品推向市场，以取得最好的经济效益。数学模型的价值，在于读者的灵活应用。前面讲的线性规划问题就是一种数学模型，在深刻理解这种数学模型的内涵和外延的基础上，才能灵活地应用它解决更多的问题。

例如，运输问题的数学模型由平衡表和运价表两个部分组成，我们将运价表换成亩产表、工效表连同相应的平衡表一起，用表上作业法解决了作物布局问题和劳力安排问题。数学的抽象之魅力正在于此，数学模型即为数学之抽象。

§5 单纯形法

前面介绍了线性规划问题的三种特殊解法（图解法、图上作业法、表上作业法），本节介绍线性规划问题的一般解法——单纯形法。

§1 中给出的线性规划问题标准形（2—5）可详细地写作：

求　$\min S = c_1x_1 + c_2x_2 + \cdots + c_nx_n$

$$满足 D:\begin{cases} a_{11}x_1 + a_{12}x_2 + \cdots + a_{1n}x_n = b_1 \\ a_{21}x_1 + a_{22}x_2 + \cdots + a_{2n}x_n = b_2 \\ \cdots\cdots \\ a_{m1}x_1 + a_{m2}x_2 + \cdots + a_{mn}x_n = b_m \\ x_1, x_2, \cdots, x_n \geq 0 \ (m < n) \end{cases} \qquad (2—6)$$

其中 $x_j(j=1, 2, \cdots, n)$ 为未知量，a_{ij}，b_i，$c_j(i=1, 2, \cdots, m; j=1, 2, \cdots, n)$ 为已知量。

若记目标函数 S 的未知量系数：$(c_1, c_2, \cdots, c_n) = c$

约束条件 D 中的系数矩阵为 $\begin{bmatrix} a_{11}, & a_{12}, & \cdots, & a_{1n} \\ a_{21}, & a_{22}, & \cdots, & a_{2n} \\ a_{m1}, & a_{m2}, & \cdots, & a_{mn} \end{bmatrix}$

常数项和未知量

$$\begin{pmatrix} b_1 \\ b_2 \\ \cdots \\ b_m \end{pmatrix} = b \qquad \begin{pmatrix} x_1 \\ x_2 \\ \cdots \\ x_n \end{pmatrix} = X$$

可将（2—6）写为矩阵形式：求 $\min S = CX$

$$满足 D:\begin{cases} AX = b \\ X \geq 0 \end{cases} \qquad (2—7)$$

线性规划问题的一般解法就是从（2—7）着手，利用矩阵的理论和运算法则，经过一系列推导得到结果。这里要求读者具有线性代数的初步知识（见第一章§3）。为了使读者对一般解法先有一个感性认识，从读者熟悉的方法引入。

1. 消元法和消去系统

例 1　求解线性规划问题：§1 例 2。

解：问题是求 $\max s = 20x_1 + 30x_2$

满足 D：$\begin{cases} 2x_1+2x_2\le 12 \\ x_1+2x_2\le 8 \\ 4x_1\le 16 \\ x_1,\ x_2\ge 0 \end{cases}$

该问题等价于求 $\min S'=-s=-20x_1-30x_2$

满足 D：$\begin{cases} x_1+x_2\le 6 \\ x_1+2x_2\le 8 \\ x_1\le 4 \\ x_1,\ x_2\ge 0 \end{cases}$

把该问题变成线性规划标准型（2—5），为此引进变量 x_3，x_4，x_5（称为松弛变量），使得 D 变为方程组，即求

$$\min S'=-20x_1-30x_2+0x_3+0x_4+0x_5$$

满足 D：$\begin{cases} x_1+x_2+x_3=6 \\ x_1+2x_2+x_4=8 \\ x_1+x_5=4 \\ x_1,\ x_2,\ x_3,\ x_4,\ x_5\ge 0 \end{cases}$

其实，求解这个线性规划问题就是找出具有无穷多解的方程组：

$$\begin{cases} x_1+x_2+x_3=6 & ① \\ x_1+2x_2+x_4=8 & ② \\ x_1+x_5=4 & ③ \end{cases}$$

的那个非负解，使得 $S'=-S=-20x_1-30x_2+0x_3+0x_4+0x_5$ 有最小值（即 S 有最大值）。

读者不难用代入消元法求解这个方程组。

为此，将方程组变为 $\begin{cases} x_3=6-x_1-x_2 & ① \\ x_4=8-x_1-2x_2 & ② \\ x_5=4-x_1 & ③ \end{cases}$

这种把一组变量用其余变量表示的方程组称为该方程组的一个消去系统。这个消去系统左边的变量 x_3，x_4，x_5 称为消去变量，右边的变量 x_1，x_2 称为留

下变量。

显然，可以将该方程组中的任何两个变量作为留下变量，其余三个作为消去变量，这样，就会有多个消去系统。根据所要达到的目的，要选择这样的一个消去系统：当留下变量取0值时，得到的消去变量的值一同代入目标函数，使得S′值最小。由于目标函数中变量 x_1，x_2，x_3，x_4，x_5 的系数分别为 -20，-30，0，0，0，不难看出，x_1，x_2 必作为选择的消去系统的消去变量（不然，$x_1=x_2=0$，使 S' 取最大值0），另外一个消去变量任取 x_3，x_4，x_5 之一（因为，不论取哪一个令其为0时，都不会影响 S' 的值），这里只能取 x_3 或 x_4，因此，由③得：$x_1=4-x_5$　　④

将④代入②得：$x_2=2-\frac{1}{2}x_4+\frac{1}{2}x_5$　　⑤

将④和⑤代入①得：$x_3=\frac{1}{2}x_4+\frac{1}{2}x_5$　　⑥

于是得到所需的消去系统：

$$\begin{cases}x_3=\frac{1}{2}x_4+\frac{1}{2}x_5\\x_2=2-\frac{1}{2}x_4+\frac{1}{2}x_5\\x_1=4-x_5\end{cases}$$

令留下变量 $x_4=x_5=0$，得

$$\begin{cases}x_3=0\\x_2=2\\x_1=4\end{cases}$$

这样得到的方程组的一组解，也就是线性规划问题一个可行解：

$$\begin{cases}x_1=4\\x_2=2\\x_3=x_4=x_5=0\end{cases}$$

必是该问题的最优解，代入目标函数使

$S'=-S=-20\times4-30\times2+0\times0+0\times0+0\times0=-140$ 最小，即 $S=140$ 最大。这与§2中图解法得到的结果相同。

读者可以验证，任给一个该问题的一个可行解，使得 S 的值都不超过 140。

例如，对前面给出的第一个消去系统，任求问题的可行解：

$$\begin{cases} x_1 = 0 \\ x_2 = 0 \\ x_3 = 6 \\ x_4 = 9 \\ x_5 = 4 \end{cases} \quad \begin{cases} x_1 = 0 \\ x_2 = 1 \\ x_3 = 5 \\ x_4 = 6 \\ x_5 = 0 \end{cases} \quad \begin{cases} x_1 = 1 \\ x_2 = 0 \\ x_3 = 5 \\ x_4 = 7 \\ x_5 = 3 \end{cases} \quad \cdots$$

它们分别对应的目标函数值 $S = 0$，30，20，…

通过用消元法求解例 1，得到如下启示：

（1）求解线性规划问题需要找出方程组 D 的一个适当的消去系统：

$$\begin{cases} x_{j1} = b_{10} - \sum\limits_{j \neq j_1, j_2, \cdots, j_m} b_{1j} x_j \\ x_{j2} = b_{20} - \sum\limits_{j \neq j_1, j_2, \cdots, j_m} b_{2j} x_j \\ \cdots\cdots \\ x_{jm} = b_{m0} - \sum\limits_{j \neq j_1, j_2, \cdots, j_m} b_{mj} x_j \end{cases} \tag{2—8}$$

其中 x_{j1}，x_{j2}，…，x_{jm}（表示 n 个变量 x_1，x_2，…，x_m，x_{m+1}…，x_n 中任意 m 个）是消去变量；x_j（$j \neq j_1$，j_2，…，j_m）是留下变量；b_{10}，b_{20}，…b_{m0}是最为关注的常数。

例如，对例 1 的消去系统：

$$\begin{cases} x_1 = 4 - x_5 \\ x_2 = 2 - \dfrac{1}{2} x_4 + \dfrac{1}{2} x_5 \\ x_3 = 0 + \dfrac{1}{2} x_4 + \dfrac{1}{2} x_5 \end{cases} \tag{2—9}$$

其中 $b_{10} = 4$，$b_{20} = 2$，$b_{30} = 0$，当留下变量 $x_4 = x_5 = 0$ 时，消去变量 $x_1 = b_{10} = 4$，$x_2 = b_{20} = 2$，$x_3 = b_{30} = 0$，则（4，2，0，0，0）是该问题的一个可行解。

对消去系统（2—8），任给留下变量一组数值，可求得消去变量一组数值，从而得到线性规划问题的一个可行解。求解线性规划问题，就是在这些可行解中找出最优解。

（2）确定问题的最优解，须考查目标函数 $S=cx=c_1x_1+c_2x_2+\cdots$，$c_nx_n$ 的变量系数。

不失一般性，假定消去系统（2—8）中的消去变量

$x_{j1}=x_1$，$x_{j2}=x_2$，…，$x_{jm}=x_m$，留下变量为 x_{m+1}，x_{m+2}，…，x_n，[如（2—9）]。它们在目标函数

$S=CX=c_1x_1+c_2x_2+c_mx_m+\cdots+c_{m+1}x_{m+1}+c_nx_n$ 中对应的系数分成两部分，记 C_B 表示消去变量部分，即 $C_B=(c_1, c_2, \cdots, c_m)$

记 C_N 表示留下变量部分，即 $C_N=(c_{m+1}, c_{m+2}, \cdots, c_n)$

同时记：$X=\begin{pmatrix} x_1 \\ x_2 \\ \cdots \\ x_m \\ x_{m+1} \\ \cdots \\ x_n \end{pmatrix}=\begin{pmatrix} X_B \\ X_N \end{pmatrix}$　其中 $X_B=\begin{pmatrix} x_1 \\ x_2 \\ \cdots \\ x_m \end{pmatrix}$，$X_N=\begin{pmatrix} x_{m+1} \\ \cdots \\ x_n \end{pmatrix}$

则 $S=CX=(C_B, C_N)\begin{pmatrix} X_B \\ X_N \end{pmatrix}=C_BX_B+C_NX_N$。仔细研究 C 的两个部分 C_B，C_N 是找出线性规划问题最优解的关键。

如在例 1 中，研究了 $C_B=(-20, -30, 0)$，$C_N=(0, 0)$ 的情况后，得出可行解（4，2，0，0，0）是该问题最优解的结论。

2. 单纯形法的相关概念和解题步骤

给出线性规划问题 $\min S=CX$　　①

$$\begin{cases} AX=b & ② \\ X\geqslant 0 & ③ \end{cases}$$

设矩阵 A 的秩为 m，即对于矩阵 $A_{m\times n}$ 中的所有 m 阶子阵至少存在一个子阵 B，满足 $|B|\neq 0$。不失一般性，设 $A=(B, N)$。称 m 阶方阵 B 为线性规划问题

的一个基，由 B 出发，将 X 也写成分块矩阵的形式 $X=\begin{pmatrix}x_1\\x_2\\\cdots\\x_m\\x_{m+1}\\\cdots\\x_n\end{pmatrix}=\begin{pmatrix}X_B\\X_N\end{pmatrix}$

其中 $X_B=\begin{pmatrix}x_1\\x_2\\\cdots\\x_m\end{pmatrix}$ 表示 B 所在 A 中的前 m 列对应的 m 个变量，称为基变量；$X_N=\begin{pmatrix}x_{m+1}\\\cdots\\x_m\end{pmatrix}$ 表示 B 不在 A 中的后 $n-m$ 列对应的变量，称非基变量。

这样，方程组 $AX=b$ 可以写成 $(B,\ N)\begin{pmatrix}X_B\\X_N\end{pmatrix}=b$，即

$$BX_B+NX_N=b \qquad ④$$

用 B^{-1}（$B^{-1}=\frac{1}{|B|}B^*$ 是 B 的逆矩阵。其中，B^* 是 B 的伴随矩阵）。

左乘④式两边得（$B^{-1}B=I$，$B^{-1}BX=IX=X$，I 是 m 阶单位矩阵），

$$X_B+B^{-1}NX_N=B^{-1}b$$

于是 $X_B=B^{-1}b-B^{-1}NX_N \qquad ⑤$

⑤的意义是：用对应于基 B 的非基变量 x_{m+1}，…，x_n（留下变量）表示基变量 x_1，x_2，…，x_m（消去变量）的消去系统。

相应地，设 $C=(C_B,C_N)$，其 C_B 是①式中对应基变量的系数行向量，C_N 是非基变量的行向量，即 $C_B=(C_1,\ C_2,\ \cdots,\ C_m)$，$C_N=(C_{m+1},\ \cdots,\ C_n)$

于是目标函数 $S=CX$ 可以写成 $S=(C_B,\ C_N)\begin{pmatrix}X_B\\X_N\end{pmatrix}$

$$=C_BX_B+C_NX_N \qquad ⑥$$

将⑤代入⑥得 $S = C_B(B^{-1}b - B^{-1}NX_N) + C_NX_N$

$$= C_BB^{-1}b - C_BB^{-1}NX_N + C_NX_N$$

$$= C_BB^{-1}b + (C_N - C_BB^{-1}N)X_N \qquad ⑦$$

该式的意义是：用对应于基 B 的非基变量表示目标函数（利用消去系统消去了基变量）。

对于⑤式，令 $X_N=0$，得 $X_B=B^{-1}b$，若 $B^{-1}b\geqslant 0$，则 $X=\begin{pmatrix}B^{-1}b\\0\end{pmatrix}\geqslant 0$ 是线性规划问题的一个可行解。这里称它为对应于基 B 的**基础可行解**，并称基 B 为**可行基**。对于这里基础可行解 $X=\begin{pmatrix}B^{-1}b\\0\end{pmatrix}$，代入⑦式后得目标函数值

$$S=C_BB^{-1}b+(C_N-C_BB^{-1}N)\cdot 0=C_BB^{-1}b$$

下面讨论，对于线性规划问题的一个可行基 B，满足什么样的条件并使目标函数取得最小值?

对于可行基 B，相应的基础可行解 $X=\begin{pmatrix}X_B\\X_N\end{pmatrix}$满足 $X_B\geq 0$ 和 $X_N\geq 0$，从⑦的第二项可知：因为 $X_N\geq 0$，当 $C_N-C_BB^{-1}N\geq 0$ 时，$S=CX\geqslant C_BB^{-1}b$，即 S 可取得最小值 $C_BB^{-1}b$。

将 $C_N - C_BB^{-1}N\geqslant 0$ 改写成 $C_BB^{-1}N - C_N\leqslant 0$，又因为 $C_BB^{-1}A - C = C_BB^{-1}(B, N) - (C_B, C_N)$

$$= (C_BB^{-1}B, C_BB^{-1}N) - (C_B, C_N)$$

$$= (C_B, C_BB^{-1}N) - (C_B, C_N) = (0, C_BB^{-1}N - C_N)$$

因此，$C_BB^{-1}N - C_N\leqslant 0$ 与 $C_BB^{-1}A - C\leqslant 0$ 等价。于是得到如下判定定理：

对于基 B，若 $B^{-1}b\geqslant 0$，且 $C_BB^{-1}A - C\leqslant 0$，则对应于基 B 的基础可行解 $X=\begin{pmatrix}X_B\\X_N\end{pmatrix}$可使目标函数 S 取得最小值 $C_BB^{-1}b$。这时，称该基础可行解为最优解，B 称为最优基。

例 2　用判别定理验证例 1 的最优解，并求出最优基 B。

解：例 1 给出的线性规划问题

求 $\min S' = -S = -20x_1 - 30x_2$

满足：$\begin{cases} x_1 + x_2 + x_3 = 6 \\ x_1 + 2x_2 + x_4 = 8 \\ x_1 + x_5 = 4 \\ x_1, x_2, x_3, x_4, x_5 \geq 0 \end{cases}$

用消元法已求得它的最优解：$x_1 = 4$，$x_2 = 2$，$x_3 = x_4 = x_5 = 0$，最优值 $S = 140$。

这里 $A = \begin{pmatrix} 1 & 1 & 1 & 0 & 0 \\ 1 & 2 & 0 & 1 & 0 \\ 1 & 0 & 0 & 0 & 1 \end{pmatrix}$ $X = \begin{pmatrix} x_1 \\ x_2 \\ x_3 \\ x_4 \\ x_5 \end{pmatrix}$ $b = \begin{pmatrix} 6 \\ 8 \\ 4 \end{pmatrix}$

$C = (-20, -30, 0, 0, 0)$

问题可写成：求 $\min S' = -S = CX$

满足 $\begin{cases} AX = b \\ X \geq 0 \end{cases}$

选问题的一个基 B，$B = \begin{pmatrix} 1 & 1 & 1 \\ 1 & 2 & 0 \\ 1 & 0 & 0 \end{pmatrix}$

因而，确定了 x_1、x_2、x_3 是基变量，x_4、x_5 是非基变量，且 $C_B = (-20, -30, 0)$

B 的行列式

$$|B| = \begin{vmatrix} 1 & 1 & 1 \\ 1 & 2 & 0 \\ 1 & 0 & 0 \end{vmatrix} = -2$$

B 的伴随矩阵 $B^* = \begin{pmatrix} 0 & 0 & -2 \\ 0 & -1 & 1 \\ 1 & 1 & 1 \end{pmatrix}$

因此，$B^{-1}=\frac{1}{|B|}B^{*}=\frac{1}{-2}\begin{pmatrix}0 & 0 & -2\\0 & -1 & 1\\1 & 1 & 1\end{pmatrix}=\begin{pmatrix}0 & 0 & 1\\0 & 1/2 & -1/2\\1 & -\frac{1}{2} & -\frac{1}{2}\end{pmatrix}$

$$B^{-1}b=\begin{pmatrix}0 & 0 & 1\\0 & 1/2 & -1/2\\1 & -1/2 & -1/2\end{pmatrix}\begin{pmatrix}6\\8\\4\end{pmatrix}=\begin{pmatrix}4\\2\\0\end{pmatrix}\geq 0$$

$$C_BB^{-1}A-C=(-20,-30,0)\cdot\begin{pmatrix}0 & 0 & 1\\0 & 1/2 & -1/2\\1 & -1/2 & -1/2\end{pmatrix}\cdot\begin{pmatrix}6 & 1 & 1 & 0 & 0\\1 & 2 & 0 & 1 & 0\\1 & 0 & 0 & 0 & 1\end{pmatrix}-$$

$$(-20,\ -30,\ 0,\ 0,\ 0)=(0,\ 0,\ 0,\ -15,\ -5)\leqslant 0$$

$$C_BB^{-1}b=(-20,-30,0)\begin{pmatrix}0 & 0 & 1\\0 & 1/2 & -1/2\\1 & -1/2 & -1/2\end{pmatrix}\begin{pmatrix}6\\8\\4\end{pmatrix}$$

$$=(-20,\ -30,\ 0)\begin{pmatrix}4\\2\\0\end{pmatrix}=(-140)$$

假定 B 为可行基，并设对于基 B 的基础可行解 $X=\begin{pmatrix}X_B\\X_N\end{pmatrix}$，由消去系统⑤式，令非基变量 $X_N=\begin{pmatrix}x_4\\x_5\end{pmatrix}=\begin{pmatrix}0\\0\end{pmatrix}$，求得基变量 $X_B=B^{-1}b-B^{-1}NX_N=B^{-1}b=\begin{pmatrix}4\\2\\0\end{pmatrix}=\begin{pmatrix}x_1\\x_2\\x_3\end{pmatrix}\geq 0$

于是得到问题的一个基础可行解：$X=\begin{pmatrix}x_1\\x_2\\x_3\\x_4\\x_5\end{pmatrix}=\begin{pmatrix}4\\2\\0\\0\\0\end{pmatrix}$

因此 B 是可行基。

根据判别定理，因 $B^{-1}b\geqslant 0$，且 $C_BB^{-1}A-C\leqslant 0$，该基础可行解为最优解，B

是最优基，并使目标函数取得最小值：$S' = C_B B^{-1} b = -140$，$S = 140$，这与用消元法求解该线性规划问题的结果相同。

通过该例可以得到以下启示：

（1）可行基的选定是首要的，选择基 B 为 A 的前三列所构成的三阶方阵，后证明它不仅是可行基，而且是最优基。这只能说是一种巧合，或说，是由例 1 得到的启发，对任给的线性规划问题，由 A 任找一个 m 阶方阵 $B(|B| \neq 0)$，若它不是可行基，则需经过一步或几步迭代找出可行基和最优基。

（2）假若已确定了问题的可行基 B。由 B 出发，利用消去系统⑤式给出非基变量 X_N 一组数值，求出基变量对应的数值 X_B，从而确定了对应于基 B 的一个基础可行解 X_0。本例是给出 $X_N = \begin{pmatrix} x_4 \\ x_5 \end{pmatrix} = \begin{pmatrix} 0 \\ 0 \end{pmatrix}$，一下子求出的解不但是可行解，而且是最优解。显然，给出非基变量 X_N 不同的数值（$X_N \geqslant 0$）就会得到问题的不同可行解。那么，有无方法给出 X_N 何样的数值，使得到的可行解是最优解或更接近于最优解？

解决以上两个问题的方法就是要介绍的单纯形法。

对给定的线性规划问题中的 A、b、C 分别是 $m \times n$、$m \times 1$、$1 \times n$ 的矩阵（有时称 $m \times 1$、$1 \times n$ 的矩阵为 m 维列向量、n 维行向量），一个基 $B(m \times n$ 的$)$，

$B^{-1}b$ 是 $m \times 1$ 的矩阵（m 维列向量），设 $B^{-1}b = \begin{pmatrix} b_{10} \\ b_{20} \\ \vdots \\ b_{m0} \end{pmatrix}$　　⑧

$C_B B^{-1} A - C$ 是 $1 \times n$ 的矩阵（n 维行向量），设

$$C_B B^{-1} A - C = (b_{01}, b_{02}, \cdots, b_{0m}) \qquad ⑨$$

$C_B B^{-1} b$ 是 1×1 的矩阵，设

$$C_B B^{-1} b = (b_{00}) \qquad ⑩$$

$B^{-1}A$ 是 $m \times n$ 的矩阵，设 $B^{-1}A = \begin{pmatrix} b_{11} & b_{12} & \cdots & b_{1n} \\ b_{21} & b_{22} & \cdots & b_{2n} \\ b_{m1} & b_{m2} & \cdots & b_{mn} \end{pmatrix}$　　⑪

将⑧、⑨、⑩、⑪写在一起，构成一个（$m+1$）行（$n+1$）列的数表，并

分块表示如下：$\begin{pmatrix} C_B B^{-1} b & C_B B^{-1} A - C \\ B^{-1} b & B^{-1} A \end{pmatrix}$或表 2—37。

表 2—37

b_{00}	b_{01}	b_{02}	…	b_{0n}
b_{10}	b_{11}	b_{12}	…	b_{1n}
b_{20}	b_{21}	b_{22}	…	b_{2n}
⋮	⋮	⋮	…	⋮
b_{m0}	b_{m1}	b_{m2}	…	b_{mn}

称该表为对应于基 B 的单纯形表，记作 $T(B)$，它是由数学家但泽（George Bemard Dantzig）于 1947 年总结出来的。这些数据标识了上述求解线性规划问题的主要过程。第Ⅰ象限（犹如平面直角坐标系，有类似之称，下同。）的 n 个数 b_{01}，b_{02}，…，b_{0n}称为检验数，因为它是判别定理的主要条件之一；第Ⅲ象限的 m 个数是当非基变量$x_{m+1}=x_{m+2}=\cdots=x_n=0$时，基变量 x_1，x_2，…，x_m 对应的数值；第Ⅱ象限的数 b_{00}是当 $B^{-1}b\geqslant 0$（即基变量的值非负）和 $C_BB^{-1}A-C\leqslant 0$（即检验数非正）时，对应的目标函数的最小值；第Ⅳ象限的 $m\times n$ 个数是与其他三个象限相关的数，用⑫式表示：

$$\begin{pmatrix} 1 & C_B B^{-1} A - C \\ 0 & B^{-1} A \end{pmatrix}\begin{pmatrix} S \\ X \end{pmatrix}=\begin{pmatrix} C_B B^{-1} b \\ B^{-1} b \end{pmatrix} \quad ⑫$$

例 3 试求例 2 中选定的基 B 的单纯形表。

解：对选定的基 $B=\begin{pmatrix} 1 & 1 & 1 \\ 1 & 2 & 0 \\ 1 & 0 & 0 \end{pmatrix}$

已求得：$B^{-1}b=\begin{pmatrix} b_{10} \\ b_{20} \\ b_{30} \end{pmatrix}=\begin{pmatrix} 4 \\ 2 \\ 0 \end{pmatrix}$

$C_BB^{-1}A-C=(b_{01},\ b_{02},\ b_{03},\ b_{04},\ b_{05})=(0,\ 0,\ 0,\ -15,\ -5)$

$C_BB^{-1}b=(-140)$

$$B^{-1}A=\begin{pmatrix}0 & 0 & 1\\ 0 & \frac{1}{2} & -\frac{1}{2}\\ 1 & -\frac{1}{2} & -\frac{1}{2}\end{pmatrix}\begin{pmatrix}1 & 1 & 1 & 0 & 0\\ 1 & 2 & 0 & 1 & 0\\ 1 & 0 & 0 & 0 & 1\end{pmatrix}=\begin{pmatrix}1 & 0 & 1 & 0 & 1\\ 0 & 1 & 0 & \frac{1}{2} & -\frac{1}{2}\\ 0 & 0 & 1 & -\frac{1}{2} & -\frac{1}{2}\end{pmatrix}$$

于是对于基 B 的单纯形表 2—38。

表 2—38

	x_1	x_2	x_3	x_4	x_4
$S=-140$	0	0	0	-15	-5
$x_1=4$	1	0	0	0	1
$x_2=2$	0	1	0	1/2	-1/2
$x_3=0$	0	0	1	-1/2	-1/2

即为所求。

通过例 3，从基 B 的单纯形表中可以看出以下两个问题：

（1）在检验数中，对应于基变量的检验数均为 0。这个事实可由⑦式看到，而⑦式里将消去系统⑤代入目标函数⑥得到的。就是说，⑦式的意义是：用非基变量来表示目标函数。当然，基变量的系数为 0。即该表的第一行表示：

$$S=-140+0x_1+0x_2+0x_3-15x_4-5x_5$$

②第Ⅳ象限部分对应于基变量 x_1，x_2，x_3 的三列构成了一个单位矩阵：$\begin{pmatrix}1 & 0 & 0\\ 0 & 1 & 0\\ 0 & 0 & 1\end{pmatrix}$，这需从⑤式表示的消去系统解释。事实上，由⑤式得 $X_B+B^{-1}NX_N=B^{-1}b$

计算：$B^{-1}N=\begin{pmatrix}0 & 0 & 1\\ 0 & 1/2 & -1/2\\ 1 & -1/2 & -1/2\end{pmatrix}\begin{pmatrix}0 & 0\\ 1 & 0\\ 0 & 1\end{pmatrix}=\begin{pmatrix}0 & 1\\ 1/2 & -1/2\\ -1/2 & -1/2\end{pmatrix}$

于是⑤式可写成：

$$\begin{pmatrix} x_1 \\ x_2 \\ x_3 \end{pmatrix} + \begin{pmatrix} 0 & 1 \\ 1/2 & -1/2 \\ -1/2 & -1/2 \end{pmatrix} \begin{pmatrix} x_4 \\ x_5 \end{pmatrix} = \begin{pmatrix} 4 \\ 2 \\ 0 \end{pmatrix}$$

$$\text{即}\begin{cases} x_1 + x_5 = 4 \\ x_2 + \dfrac{1}{2}x_4 - \dfrac{1}{2}x_5 = 2 \\ x_3 - \dfrac{1}{2}x_4 - \dfrac{1}{2}x_5 = 0 \end{cases}$$

从该式看出：

a. 它是约束条件 D 的同解方程组。

b. 将它变形后，得到例 1 中的消去系统

$$\begin{cases} x_1 = 4 - x_5 \\ x_2 = 2 - \dfrac{1}{2}x_4 + \dfrac{1}{2}x_5 \\ x_3 = 0 + \dfrac{1}{2}x_4 + \dfrac{1}{2}x_5 \end{cases}$$

c. 将它中的变量和等号去掉，得数表

$$\begin{bmatrix} 4 & 1 & 0 & 0 & 0 & 1 \\ 2 & 0 & 1 & 0 & 1/2 & -1/2 \\ 0 & 0 & 0 & 1 & -1/2 & -1/2 \end{bmatrix}$$

这正是单纯形表中的第Ⅲ、Ⅵ象限。

通过上面两个问题的解释，更进一步剖析了单纯形表的构成特点。前面已指出，第Ⅰ、Ⅲ象限是判别定理的已知条件 $B^{-1}b$ 和 $C_BB^{-1}A-C$ 的数值，第Ⅰ象限是目标函数值 $S=C_BB^{-1}b$；现又知道，表的第一行（Ⅰ、Ⅱ象限）是当目标函数用非基变量表示时，常数项为 b_{00}。变量的系数是检验数 b_{0j}，$(j=1, 2, \cdots, n)$ 且基变量的系数是零。第一行下面的部分（Ⅲ、Ⅵ）象限则表示了基变量作为消去变量，非基变量作为留下变量的消去系统的数字特征。

对给定的线性规划问题找出它的一个可行基是不难的。假设 B 是可行基满足($B^{-1}b\geqslant 0$)，随之可求得对于 B 的单纯形表。若 $T(B)$ 的检验数 $b_{0j}(j=1,2,\cdots,n)\leqslant 0$，则 B 是最优基，问题得解。否则，用换基迭代的方法最终找到问题的最优基。这个方法就称为单纯形法。下面通过例子介绍单纯形法的解题步骤。

例 4 求解线性规划问题：$\min S=-2x_1-5x_2$

$$\begin{cases} x_1+x_3=4 \\ x_2+x_4=3 \\ x_1+2x_2+x_5=8 \\ x_1,\ x_2,\ \cdots,\ x_5\geq 0 \end{cases}$$

解：由已知 $C=(-2,\ -5,\ 0,\ 0,\ 0)$

$$A=\begin{pmatrix} 1 & 0 & 1 & 0 & 0 \\ 0 & 1 & 0 & 1 & 0 \\ 1 & 2 & 0 & 0 & 1 \end{pmatrix}$$

记 $P_1=\begin{pmatrix}1\\0\\1\end{pmatrix}$ $P_2=\begin{pmatrix}0\\1\\2\end{pmatrix}$ $P_3=\begin{pmatrix}1\\0\\0\end{pmatrix}$ $P_4=\begin{pmatrix}0\\1\\0\end{pmatrix}$ $P_5=\begin{pmatrix}0\\0\\1\end{pmatrix}$

则 $A=(P_1,\ P_2,\ P_3,\ P_4,\ P_5)$ $\qquad b=\begin{pmatrix}4\\3\\8\end{pmatrix}$

（一）选取初始可行基

显然，这里有一个现成的基

$$B_1=(P_3,\ P_4,\ P_5)=\begin{pmatrix} 1 & 0 & 0 \\ 0 & 1 & 0 \\ 0 & 0 & 1 \end{pmatrix}$$

（B_1 是单位矩阵，必满足 $|B_1|=1\neq 0$，且 $B^{-1}=B_1$）这时，x_3，x_4，x_5 是基变量；x_1，x_2 是非基变量。基 B_1 的单纯形表如表 2—39：

表 2—39

		x_1	x_2	x_3	x_4	x_5
S	0	2	5	0	0	0
x_3	4	$\boxed{1}$	0	1	0	1
x_4	3	0	1	0	1	0
x_5	8	1	2	0	0	1

（二）判别

因 $T(B_1)$ 中 b_{0j}（$j=1$，2）>0，所以 B_1 不是最优基。

（三）换基迭代

（1）求轴心项：在所有 $b_{0j}>0$ 的检验数中，选取左边的一个 b_{0s}，由 b_{0s} 确定了 B_1 的非基变量 x_S 和 A 中的列 P_S。用 P_S 的数字（0 除外）对应地去除 b_{i0} 的数字，然后找出其中最小的商数所在的行 r，那么 b_{rS} 即为轴心项，并用 $\boxed{b_{rS}}$ 在单纯形表中标出。

在这里 $b_{0j}(j=1,\ 2)\ >0$ 最左边的一个是 $b_{01}=2$（即 $S=1$），于是确定了非基变量 x_1 和 A 中的列 $P_1=\begin{pmatrix}1\\0\\1\end{pmatrix}$。用 P_1 中的数字（0 除外）对应地去除 $\begin{pmatrix}b_{10}\\b_{20}\\b_{30}\end{pmatrix}$ 中的数字，找出其中最小的商数，即 $\min\left\{\frac{4}{1},\ \frac{8}{1}\right\}=4$ 所在的行 $r=1$，那么 $b_{11}=1$ 是轴心项。在 $T(B_1)$ 中用 $\boxed{1}$ 标出。

（2）换基：用 B_1 的非基变量 x_S 替代基变量 x_r，同时用 P_S 替代 B_1 的 P_r 得到新基 B_2。对于 B_2，x_S 是基变量，x_r 是非基变量。

在这里，新基 $B_2=\begin{pmatrix}1&0&0\\0&1&0\\1&0&1\end{pmatrix}$，$x_1$、$x_4$、$x_5$ 是基变量，x_2、x_3 是非基变量。

（3）作对应于新基的单纯形表（迭代过程）：

在原表中用方框中的数 b_{rS}（轴心项）去除该 r 行各数，即得新表第 r 行的数。这里 $b_{rS}=b_{11}=1$，即在原表中第一行各数除以 1 后，得新表中第一行的数。

在原表中其他第 i 行（$i\neq r$）各数减去第 r 行相应数的 $\frac{b_{is}}{b_{rs}}$ 倍（$i\neq r$），即得新表第 i（$i\neq r$）行的数。

这里，原表中第 0 行各数减去第一行相应数的 $\frac{b_{01}}{b_{11}}=\frac{2}{1}=2$ 倍，即得新表第 0 行的数。原表中第三行各数减去第一行相应数的 $\frac{b_{31}}{b_{11}}=1$ 倍，即得新表第三行的数。$T(B_2)$ 见表 2—40。

表 2—40

		x_1	x_2	x_3	x_4	x_5
S	-8	0	5	-2	0	0
x_1	4	1	0	1	0	0
x_4	3	0	1	0	1	0
x_5	4	0	$\boxed{2}$	-1	0	1

因 $T(B_2)$ 中检验数 $b_{02}=5>0$，重复上述换基迭代步骤可得对应于新基 $B_3=(P_1, P_4, P_2)$ 的单纯形表如表 2—41。

表 2—41

		x_1	x_2	x_3	x_4	x_5
S	-18	0	0	$\frac{1}{2}$	0	$-\frac{5}{2}$
x_1	4	1	0	1	0	0
x_4	1	0	0	$\boxed{\frac{1}{2}}$	1	$-\frac{1}{2}$
x_2	2	0	1	$-\frac{1}{2}$	0	$\frac{1}{2}$

因 $T(B_3)$ 中检验数 $b_{03}=\frac{1}{2}>0$，再进行换基迭代得对应于新基 $B_4=(P_1,P_3,P_2)$ 的单纯形表如表 2—42。

表 2—42

		x_1	x_2	x_3	x_4	x_5
S	-19	0	0	0	-1	-2
x_1	2	1	0	0	-2	1
x_3	2	0	0	1	2	-1
x_2	3	0	1	0	1	0

$T(B_4)$ 中检验数已没有正数，所以 B_4 是最优基，对应的基础最优解为：

$$x_1=2\quad x_2=3\quad x_3=2\quad x_4=x_5=0$$

问题的目标函数最小值为 $S=-19$。

例 5　求解线性规划问题：$\max S=2x_1-x_2+x_3-2x_4+x_5$

$$\text{满足}\begin{cases}2x_1+x_3+x_5=20\\x_1+x_2+2x_5=10\\3x_1+x_4+3x_5=30\\x_1,\ x_2,\ \cdots,\ x_5\geq 0\end{cases}$$

解：先将问题化为标准型。为此令 $S'=-S$，于是求 $\max S$ 等价于求 $\min S'=-2x_1+x_2-x_3+2x_4-x_5$。

这里，$C=(-2,\ 1,\ -1,\ 2,\ -1)$

$$A=\begin{pmatrix}2&0&1&0&1\\1&1&0&0&2\\3&0&0&1&3\end{pmatrix}\qquad b=\begin{pmatrix}20\\10\\30\end{pmatrix}$$

$$P_1,\quad P_2,\quad P_3,\quad P_4,\quad P_5$$

选初始基　$B_1=(P_3,\ P_2,\ P_4)=\begin{pmatrix}1&0&0\\0&1&0\\0&0&1\end{pmatrix}$

由此决定了 x_3、x_2、x_4 是基变量，x_1，x_5 是非基变量。与 B_1 相应的 $C_{B_1}=(-1,1,2)$，同时 $B_1^{-1}=B$

（1）求得对应 B_1 的单纯形表 2—43。

表 2—43

		x_1	x_2	x_3	x_4	x_5
S′	50	7	0	0	0	8
x_3	20	2	0	1	0	1
x_2	10	$\boxed{1}$	1	0	0	2
x_4	30	3	0	0	1	3

$$C_{B_1}=(C_3,\ C_2,\ C_4)=(-1,\ 1,\ 2)$$
$$\neq(C_2,\ C_3,\ C_4)=(1,\ -1,\ 2)$$

（2）因 $b_{01}=7>0$，B_1 不是最优基，需换基迭代。

（3）因 $\min\left\{\frac{b_{10}}{b_{11}},\frac{b_{20}}{b_{21}},\frac{b_{30}}{b_{31}}\right\}=\min\left\{\frac{20}{2},\frac{10}{1},\frac{30}{3}\right\}=\frac{b_{20}}{b_{21}}=\frac{10}{1}=10$，所以 $b_{20}=1$ 是轴心项。用 B_1 中的非基变量 x_1 代替基变量 x_2，得新基

$$B_2=(P_3,\ P_1,\ P_4)$$

用轴心项 $b_{21}=1$ 去除第二行各数得相对于新基单纯形表中的第二行各数，新基单纯形表其他各行的数等于原表中各行的数减去第二行各数的 $\frac{b_{i1}}{b_{21}}=b_{i1}(i\neq2)$ 倍，基 B_2 的单纯表如表 2—44。

在表 2—44 中，因所有的检验数非正，故 B_2 是最优基，对应的基础可行解 $x_1=10$，$x_2=x_3=x_4=x_5=0$ 是最优解。此时 $\min S'=-20$，即 $\max S=20$。

表 2—44

		x_1	x_2	x_3	x_4	x_5
S	−20	0	−7	0	0	−6
x_3	0	0	−2	1	0	−3
x_1	10	1	1	0	0	2
x_4	0	0	−3	0	1	−3

3. 单纯形法的基本定理

在§2 中，根据图解法总结了线性规划问题解的情况（唯一解，无穷多解或无解）。单纯形法的基本定理主要也用来描述线性规划问题解的情况。这里仅举例说明定理的正确性，而对定理不予严格地证明。

定理1：在单纯形表 $T(B)$ 中，若检验数 b_{0j} $(j=1, 2, \cdots, n)$ 非负，则对应基 B 的基础可行解为最优解。当非基变量的检验数非零时，最优解是唯一的。

该定理的前半部分就是前面的介绍的判定定理，这里不再赘述，后半部分的内容会在定理5 中知晓。

定理2：在单纯形表中，如果某个变量的检验数是正数，而其所在列上全为非正数，则此线性规划问题无解。

例6　求解线性规划问题：$\min S = -2x_1 - 5x_2$

$$满足\begin{cases} -x_1 + x_3 = 4 \\ x_2 + x_4 = 3 \\ -x_1 + 2x_2 + x_5 = 8 \\ x_1, x_2, \cdots, x_5 \geq 0 \end{cases}$$

解：选 x_3，x_4，x_5 为基变量，则得单纯形表2—45

表2—45

		x_1	x_2	x_3	x_4	x_5
S	0	2	5	0	0	0
x_3	4	-1	0	1	0	0
x_4	3	0	1	0	1	0
x_5	8	-1	2	0	0	1

表2—45 中，非基变量 x_1 的检验数 $b_{01}=2>0$，而 x_1 所在列上的系数 -1，0，-1 全非正数，所以该问题无解。

事实上，如果令 $x_1=k>0$，$x_2=0$，则得可行解：

$$\begin{cases} x_1 = k \\ x_2 = 0 \\ x_3 = 4 + k \\ x_4 = 3 \\ x_5 = 8 + k \end{cases}$$

代入目标函数后，得

$$S = -2k$$

所以，当 $k \to \infty$ 时，$S \to -\infty$，即 S 没有最小值，故线性规划问题无解。

定理 3：在单纯形表中，如果非基变量 x_S 的检验数是正数，并且所对应的列 P_S 上的系数又都是正数，则取轴心项 b_{rs} 进行换基迭代后，所得到的仍是基础可行解。

这个结果可由例 5 看到。

定理 4：用单纯形法求解线性问题，一般来说每次换基迭代后目标函数值均有所减少。但只有当某非基变量的检验数为 0 时，换基迭代后目标函数值才不变。

例 7 求解线性规划问题：$\min S = -x_1 - 2x_2$

$$满足\begin{cases} x_1 + x_3 = 4 \\ x_2 + x_4 = 3 \\ x_1 + 2x_2 + x_5 = 8 \\ x_1,\ x_2,\ \cdots,\ x_5 \geq 0 \end{cases}$$

解：选 x_3，x_4，x_5 为基变量，得初始基的单纯形表如表 2—46。

表 2—46

		x_1	x_2	x_3	x_4	x_5
S	0	1	2	0	0	0
x_3	4	1	0	1	0	0
x_4	3	0	1	0	1	0
x_5	8	1	2	0	0	1

表中检验数 $b_{01}=1>0$，$b_{02}=2>0$，经两次取轴心项并换基迭代后，得表2—47。

表 2—47

		x_1	x_2	x_3	x_4	x_5
S	-8	0	0	0	0	-1
x_1	4	1	0	1	0	0
x_4	1	0	0	[1/2]	1	-1/2
x_2	2	0	1	-1/2	0	1/2

表2—47 中，检验数皆非正，因此得解：$x_1=4$，$x_2=2$，$x_3=0$，$x_4=1$，$x_5=0$，最优值 $S=-8$。

在表 2—47 中非基变量 x_3 的检验数 $b_{03}=0$，若进一步以$b_{23}=\frac{1}{2}$为轴心项进行换基迭代得表 2—48。于是得到另一个最优解：$x_1=2$，$x_2=3$，$x_3=2$，$x_4=x_5=0$，最优值 S 仍为 -8，这里出现了非基变量的检验数为 0，经换基迭代后目标函数值不变的情况。同时，还会得到如下的事实，即若已获得最优解的一个单纯形表上出现某非基变量的检验数为零的情况，经换基迭代（选该非基变量所在列某数为轴心项）后可得另一最优解，且与这两个最优解相应的最优值相等。不仅如此，还会进一步得到：若某问题有两个最优解，则必有无穷多最优解，且最优值均等。这个事实可从 §2 例 4 看到，这两个最优解代表可行区域（在二维空间中特称凸多边形，在高维空间中称可行区域为凸域或凸集）的两个顶点。这两个顶点间的线段上任何一点的坐标均为问题的最优解。如求出线段的中点坐标：

$$x_1=\frac{2+4}{2}=3,\ x_2=\frac{3+2}{2}=\frac{5}{2},\ x_3=\frac{0+2}{2}=1,\ x_4=\frac{1+0}{2}=\frac{1}{2},\ x_5=\frac{0+0}{2}=0$$

列出单纯形表 2—48：

表 2—48

		x_1	x_2	x_3	x_4	x_5
S	-8	0	0	0	0	-1
x_1	2	1	0	1	-2	1
x_3	2	0	0	0	2	-1
x_2	3	0	1	0	1	0

则对应的目标函数值

$$S = -x_1 - 2x_2 = -1 \times 3 - 2 \times \frac{5}{2} = -8$$

所以 $x_1 = 3$、$x_2 = \frac{5}{2}$、$x_3 = 1$、$x_4 = \frac{1}{2}$，$x_5 = 0$ 是最优解。

定理 5：在有最优解的单纯形表中，如果某个非基变量的检验数为零，而在它所在列上有正系数，则该线性规划问题有无数组最优解，对应的目标函数值都相等。

单纯形法是求解线性规划问题的一般解法，利用它求解的步骤是：

（1）将问题化为标准型。

对目标函数求 $\max S$，可化为求 $\min -S$；对约束条件中有不等式组的情况，可用松弛变量化为方程组。

（2）选择适当的初始基，并求出初始单纯形表。

若矩阵 $A_{m \times n}$ 中存在着单位子阵 I_m，则选 I_m 为初始基，否则取 A 的前 m 列组成初始基。

（3）判别初始基是否为最优基。

利用判别定理判别初始基是否为最优基？若是，则问题得解；不然，转入下一步。

（4）换基迭代。

从单纯形表中的第一个正检验数（从左至右）开始着手，确定转入变量，继而确定轴心项，从而求出新基的单纯形表转入（3）（4）直至得到最优基为止。

求解问题的过程中要灵活运用上面提到的五个定理。同时提醒读者，在应用单纯形法解决实际问题时，会遇到多个，甚至几十个、上百个变量的线性规划问题。这时可用电算操作或应用软件。

§6 对偶原理及其经济意义

对立统一原理是宇宙中最普遍的规律。矛盾的两个方面相互依存，既对立又统一而推动着事物的发展。许多著名的数学家利用这个普遍规律，解决了不少数学难题，推动了多门数学分支理论向更深刻、更完整的方向发展。在线性规划问题中，求目标函数的极大值和极小值，表面上看来似乎是两类不同类型的规划问题，实际上，同一问题的极小化求值，常相应地存在一个极大化求值问题。同样，一个极大化求值问题，也常常相应地存在一个极小化求值问题。

这显然是一个问题的两个方面，在实际经济问题中，这个问题就更明显。它反映了从不同的角度、不同的侧面对事物的观察。比如，经营管理中的经济效益问题，就可以从两方面进行考察：一要看在有限的资源条件下，能否合理地利用资源、搭配产品，以求得利润最大化；二要看能否在保证一定利润的条件下，科学地调配与合理利用资源，以使总成本费用最小。同时实现利润最大和总成本最小，即通常人们所说的经济效益最好，这是经营管理者最理想的目标。线性规划在数学上巧妙地解决了这个特殊的对称问题，并导出了影子价格。这在经济理论上具有十分重要的意义。

1. 对偶线性规划问题

设线性规划问题：

（Ⅰ）$\min S = CX$

$$\begin{cases} AX \geq b \\ X \geq 0 \end{cases} \qquad (2\text{—}10)$$

和线性规划问题：

（Ⅱ） $\max Z = Yb$

$$\begin{cases} YA \leq C \\ Y \geq 0 \end{cases}$$

其中 $C = (C_1, C_2, \cdots, C_n)$

$$A = \begin{bmatrix} a_{11} & a_{12} & \cdots & a_{1n} \\ a_{21} & a_{22} & \cdots & a_{2n} \\ \cdots & & & \\ a_{m1} & a_{m2} & \cdots & a_{mn} \end{bmatrix} \quad X = \begin{pmatrix} x_1 \\ x_2 \\ \vdots \\ x_n \end{pmatrix} \quad b = \begin{pmatrix} b_1 \\ b_2 \\ \vdots \\ b_m \end{pmatrix} \tag{2—11}$$

$Y = (y_1, y_2, \cdots, y_m)$是变量。

详细地写作：设线性规划问题

求 $\min S = C_1x_1 + C_2x_2 + \cdots + C_nx_n$

$$\text{（Ⅰ）满足} \begin{cases} a_{11}x_1 + a_{12}x_2 + \cdots + a_{1n}x_n \geq b_1 \\ a_{21}x_1 + a_{22}x_2 + \cdots + a_{2n}x_n \geq b_2 \\ \cdots \\ a_{m1}x_1 + a_{m2}x_2 + \cdots + a_{mn}x_n \geq b_m \end{cases} \tag{2—12}$$

$x_1, x_2, \cdots, x_n \geq 0$

和线性规划问题：

求 $\max Z = b_1y_1 + b_2y_2 + \cdots + b_my_m$

$$\text{（Ⅱ）满足} \begin{cases} a_{11}y_1 + a_{21}y_2 + \cdots + a_{m1}y_m \leqslant c_1 \\ a_{12}y_1 + a_{22}y_2 + \cdots + a_{m2}y_m \leqslant c_2 \\ \cdots \\ a_{1n}y_1 + a_{2n}y_2 + \cdots + a_{mn}y_m \leqslant c_n \end{cases} \tag{2—13}$$

$y_1, y_2, \cdots, y_m \geq 0$

将线性规划中这样对称的两个问题称为相互对偶问题。其中一个称为原始问题，另一个称为它的对偶问题。

例1 给出原始问题（Ⅰ）：求 $\max S = 3x_1 + 2x_2 + 5x_3$

满足$\begin{cases} x_1+x_2+3x_3\le 20 \\ 2x_1+4x_2+3x_3\le 42 \\ x_1,\ x_2,\ x_3\ge 0 \end{cases}$

试写出它的对偶问题（Ⅱ）。

解：它的对偶问题（Ⅱ）为求 $\min Z=20y_1+42y_2$

满足$\begin{cases} y_1+2y_2\ge 3 \\ y_1+4y_2\ge 2 \\ 3y_1+3y_2\ge 5 \\ y_1,\ y_2\ge 0 \end{cases}$

例 2　给出原始问题（Ⅰ）：求 $\min Z=4x_1+3x_2+7x_3$

满足$\begin{cases} x_1+x_3\ge 2 \\ x_2+2x_3\ge 5 \\ x_1,\ x_2,\ x_3\ge 0 \end{cases}$

试写出它的对偶问题（Ⅱ）。

解：它的对偶问题（Ⅱ）为求 $\max S=2y_1+5y_2$

满足$\begin{cases} y_1\le 4 \\ y_2\le 3 \\ y_1+2y_2\le 7 \end{cases}$　　$y_1,\ y_2\ge 0$

从以上看出，原始问题与对偶问题的转换法则为：

（1）原始问题为求极大值，对偶问题则改为求极小值，反之亦然。

（2）原始问题中目标函数系数的行向量 C 转置后，变为对偶问题中约束条件常数项的列向量；原始问题中的约束条件常数项的列向量 b 转置后，变为对偶问题目标函数系数的行向量。

（3）原始问题的系数矩阵 A，转置后即是对偶问题约束条件的系数矩阵。

（4）原始问题约束条件关系式的数目即对偶问题变量的数目；原始问题变量的数目即对偶问题约束条件关系式的数目。

（5）在求极大值的问题中，约束条件不等式的符号除非负限制条件外，均为“≤”；在求极小值的问题中，约束条件不等式的符号均为“≥”。

这种互为对偶的问题，其对称性可用表 2—49 来表示，该表称为对偶表。并称具有这种对称性的对偶问题为对称型对偶问题。例 1、例 2 都是对称型对偶问题。

表 2—49

	x_1	x_2	…	x_n		
	a_1	a_2	…	C_n		min / max
			≤			
y_1	a_{11}	a_{12}	…	a_{1n}		b_1
y_2	a_{21}	a_{22}	…	a_{2n}	≥	b_2
⋮	⋮	⋮	…	⋮		⋮
y_m	a_{m1}	a_{m2}	…	a_{mn}		b_m

为叙述简单起见，以下用（Ⅰ）表示原始问题（2—10）（或称原问题），用（Ⅱ）表示其对偶问题（2—11）。

特殊情况下，在（Ⅰ）的约束条件中会出现下述两种情形：（1）含有一个或 n 个“≤”号的不等式。（2）含有一个或 n 个等式。这时，该如何根据（Ⅰ）写出（Ⅱ）呢？

处理（1）种情形是很容易的，只要在不等式两边同乘以 -1，即可变为含有“≥”的不等式。这样做不会给将要介绍的对偶单纯法带来任何麻烦。这种对偶问题称为混合型对偶问题。

处理（2）种情形的原则是：如果（Ⅰ）中的第 k 个约束条件是等式，那么在（Ⅱ）中的第 k 个变量 y_k 无非负限制。反之亦然（该原则的理由解释从略）。这种情形的对偶问题称为非对称型对偶问题。

例 3　求 $\min S = CX$

满足 $\begin{cases} AX = b \\ X \geq 0 \end{cases}$ 的对偶问题。

解：因已知问题的约束条件皆为等式，根据上述原则它的对偶问题中的所有变量无非负限制，即 $Y \geqslant 0$。于是原问题的对偶问题为求：$\max Z = Yb$。

满足 $\begin{cases} YA \leq c \\ Y \text{ 无非负限制} \end{cases}$

请读者注意：对偶问题中的约束条件除 Y 无非负限制外，仍为含有“≤”号的不等式组。

例 4　求 $\min S = 3x_1 - 2x_2 + x_3$

$$\text{满足} \begin{cases} x_1 + 2x_2 = 1 \\ 2x_2 - x_3 \leq -2 \\ 2x_1 + x_3 \geq 3 \\ x_1 - 2x_2 + 3x_3 \geq 4 \\ x_1,\ x_2 \geq 0,\ x_3 \text{ 无非负限制} \end{cases} \quad \text{的对偶问题。}$$

解：先把第二个约束条件两边同乘以 -1，改为 $-2x_2 + x_3 \geqslant 2$。

写出对偶表如表 2—50：

表 2—50

	x_1	x_2	x_3		
	3	−2	1	min	max
	≥	≥	=*		
y_1	1	2		=	1
y_2		−2	1	≥	2
y_3	2		1	≥	3
y_4	1	−2	3	≥	4

* 是由于原问题约束条件中 x_3 无非负限制。

根据上述原则，它的对偶问题为求　$\max Z = y_1 - 2y_2 + 3y_3 + 4y_4$

$$\text{满足} \begin{cases} y_1 + 2y_3 + y_4 \leq 3 \\ 2y_1 - 2y_2 - 2y_4 \leq -2 \\ y_2 + y_3 + 3y_4 = 1^* \\ y_1 \text{ 无非负限制},\ y_2,\ y_3,\ y_4 \geq 0 \end{cases}$$

2. 对偶问题解的性质

由于线性规划问题（Ⅰ）（2—10）与其对偶问题（Ⅱ）（2—11）之间的对称关系，它们的解之间有着相互依赖的关系，表现为：

（1）若 X、Y 分别表示对偶问题（Ⅰ）和（Ⅱ）的可行解，那么它们的目标函数之间的关系是：

$$S \geqslant Z$$

事实上，根据（2—10）和（2—11）有

$$S = CX \geqslant (YA)X = Y(AX) \geqslant Yb = Z \text{ 即 } S \geqslant Z。$$

（2）若 X_0、Y_0 分别为对偶问题（Ⅰ）和（Ⅱ）的可行解，且 $CX_0 = Y_0 b$，那么 X_0、Y_0 分别为（Ⅰ）和（Ⅱ）的最优解。

证：设 X 是（Ⅰ）的任何可行解。由已知 Y_0 是（Ⅱ）的可行解，根据性质（1）得

$$S = CX \geqslant Y_0 b = Z$$

又由已知，X_0 是（Ⅰ）的可行解（$X_0 \subset \mathrm{X}$），且满足 $CX_0 = Y_0 b$，代入上式得：$S = CX \geqslant CX_0$。

这说明，（Ⅰ）的可行解 X_0 对应的目标函数较（Ⅰ）的任何可行解对应的目标函数值都小，即 X_0 是（Ⅰ）的最优解。

（3）对偶问题（Ⅰ）和（Ⅱ）其一有一个最优解，那么另一个也有一个最优解，而且相应的目标函数数值相等。

证：借助于单纯形表来证明。

设问题（Ⅰ）有对应于基 B 的最优基础可行解。$X_0 = (X_B, X_N) = (X_B, 0)$

根据 B 可确定问题（Ⅱ）的解。

因 A 可以表示为 $A = (B, N)$，C 可表示为 $C = (C_B, C_N)$，由于基础可行解 $X_B = B^{-1}b$ 为最优，根据判别定理，有 $C_B B^{-1} A - C \leq 0$。

从而 $C_B B^{-1} C_B - C_N \leq 0$　　（已证与上式等价）

即　$C_B B^{-1} C_B \leq C_N$

令　$Y_0 = C_B B^{-1}$，即有

$$Y_0A=Y_0(B,N)=(Y_0B,Y_0N)=(C_BB^{-1}B,C_BB^{-1}N)$$
$$=(C_B,C_BB^{-1}N)\leq(C_B,C_N)=C$$

就是说，$Y_0A\leqslant C$，所以 Y_0 是（Ⅱ）的可行解。

由于　　$Y_0b=C_BB^{-1}b=C_BX_B$

故有：

$$Y_0b=CX_0$$

根据上述性质（2），Y_0 是（Ⅱ）的最优解。显然：

$$Z=\max Y_0b=\min CX=S$$

同样可以证明，当（Ⅱ）有最优解时，（Ⅰ）也必有最优解，且目标函数值相等。

（4）对偶问题（Ⅰ）和（Ⅱ）若其一无最优解，那么另一个也无最优解。

不难用反证法证实这一论断（证明从略）。

从性质（3）的证明过程得到了一个重要启示：即（Ⅰ）若有一个对应于基 B 的最优解 $X_0=B^{-1}b$，则（Ⅱ）就有相应的最优解 $Y_0=C_BB^{-1}$。这种巧妙的关系，使人们能够非常容易地从（Ⅰ）的最优单纯形表中直接获得（Ⅱ）的解。

例 5　用单纯形法求出以下问题的最优解以及与该问题对应的对偶问题的最优解。

求　$\min S=5x_1+6x_2$

（Ⅰ）满足 $\begin{cases}2x_1+x_2\geq 4\\x_1+3x_2\geq 9\\x_1,\ x_2\geq 0\end{cases}$

解：先将问题化为标准型，为此需引进松弛变量 x_3、x_4，得：

求　$\min S=5x_1+6x_2+0x_3+0x_4$

满足 $\begin{cases}2x_1+x_2-x_3=4\\x_1+3x_2-x_4=9\\x_1,\ x_2,\ x_3,\ x_4\geq 0\end{cases}$，$A=\begin{pmatrix}2&1&-1&0\\1&3&0&-1\end{pmatrix}$，

$C=(5,6,0,0)$，$b=\begin{pmatrix}4\\9\end{pmatrix}$

选初始基 $B=\begin{pmatrix}2 & 1\\1 & 3\end{pmatrix}$

于是可算得：$B^{-1}=\begin{pmatrix}\frac{3}{5} & -\frac{1}{5}\\-\frac{1}{5} & \frac{2}{5}\end{pmatrix}$

对应有　　$C_B=(5,\ 6)$

经计算得：

$$B^{-1}b=\begin{pmatrix}\frac{3}{5} & -\frac{1}{5}\\-\frac{1}{5} & \frac{2}{5}\end{pmatrix}\begin{pmatrix}4\\9\end{pmatrix}=\begin{pmatrix}\frac{3}{5}\\\frac{14}{5}\end{pmatrix}$$

$$B^{-1}A=\begin{pmatrix}\frac{3}{5} & -\frac{1}{5}\\-\frac{1}{5} & \frac{2}{5}\end{pmatrix}\begin{pmatrix}2 & 1 & -1 & 0\\1 & 3 & 0 & -1\end{pmatrix}=\begin{pmatrix}1 & 0 & -\frac{3}{5} & \frac{1}{5}\\0 & 1 & \frac{1}{5} & -\frac{2}{5}\end{pmatrix}$$

$$C_BB^{-1}A-C=(5,\ 6)\begin{pmatrix}1 & 0 & -\frac{3}{5} & \frac{1}{5}\\0 & 1 & \frac{1}{5} & -\frac{2}{5}\end{pmatrix}-(5,\ 6,\ 0,\ 0)$$

$$=(0,\ 0,\ -\frac{9}{5},\ -\frac{7}{5})$$

于是得到 $T(B)$ 如表 2—51。

表 2—51

		x_1	x_2	x_3	x_4
S	99/5	0	0	−9/5	−7/5
x_1	3/5	1	0	−3/5	1/5
x_2	14/5	0	1	1/5	−2/5

因 $T(B)$ 中的数非正，因此得到原问题（Ⅰ）的最优解：$x_1=\frac{3}{5}$，$x_2=\frac{14}{5}$，和目标函数的最小值 $S=99/5$。

根据对偶问题的转换原则，问题（Ⅰ）的对偶问题为：求 $\max Z=4y_1+9y_2$

$$(\text{Ⅱ})\text{ 满足}\begin{cases}2y_1+y_2\leq 5\\ y_1+3y_2\leq 6\\ y_1,\ y_2\geq 0\end{cases}$$

由上述的性质（3）得到的启示：（Ⅱ）的最优解　$Y_0=C_BB^{-1}$，经计算：

$$C_BB^{-1}=(5,\ 6)\begin{pmatrix}3/5 & -1/5\\ -1/5 & 2/5\end{pmatrix}=(\frac{9}{5},\ \frac{7}{5})$$

即问题（Ⅱ）的最优解　$y_1=\frac{9}{5}$，$y_2=\frac{7}{5}$。并且同样根据性质（3），问题（Ⅱ）与（Ⅰ）有相等的最优值　$Z=S=\frac{99}{5}$，

即问题（Ⅱ）的目标函数有最大值　$Z=\frac{99}{5}$。

为了使读者信服，笔者不厌其烦地用单纯形法求得了问题（Ⅱ）的单纯形表 2—52：

表 2—52

		y_1	y_2	y_3	y_4
Z	99/5	0	0	-3/5	-14/5
y_1	9/5	1	0	3/5	-1/5
y_2	7/5	0	1	-1/5	2/5

其中，y_3、y_4 是求解时引进的松弛变量。表 2—52 是选取（Ⅱ）的约束条件系数矩阵的前两列作初始基对应的单纯形表。

不难看出，表 2—52 表述了与前面利用性质（3）得到的问题（Ⅱ）的相同最优解和最优值。

其实，眼光敏锐的读者早就从表 2—51 中看出，（Ⅱ）最优解 $y_1=\frac{9}{5}$，$y_2=\frac{7}{5}$恰好是（Ⅰ）的最优基 B 对应的单纯形表中松弛变量所对应的检验数的相反数，即 $y_1=-b_{03}=-(-\frac{9}{5})=\frac{9}{5}$，$y_2=-b_{04}=-(-\frac{7}{5})=\frac{7}{5}$。同样，从表 2—52 中看出

（I）的最优解 $x_1=-b_{03}=-(-\frac{3}{5})=\frac{3}{5}, x_2=-b_{04}=-(-\frac{14}{5})=\frac{14}{5}$。这说明以下结论成立：求解相互对偶的两个线性规划问题时，只要求得问题之一对应于最优基 B 的单纯形表 $T(B)$，即可得到两个问题的最优解和最优值。一个问题的最优解是表2—51中 $T(B)$ 的第Ⅲ象限表述的 $B^{-1}b$；另一个问题的最优解则是 $T(B)$ 的第Ⅰ象限相应表述的松弛变量检验数的相反数 C_BB^{-1}。而它们的最优值是 $T(B)$ 的第Ⅱ象限数值 $S=Z=C_BB^{-1}b$。这个结论具有一般性，这里不予严格的理论证明。

例6 求解例1对偶问题。

解：将例1的原问题化成标准型

求 $\min S'=-S=-3x_1-2x_2-5x_3$

（Ⅱ）满足 $\begin{cases} x_1+x_2+3x_3+x_4=20 \\ 2x_1+4x_2+3x_3+x_5=42 \\ x_1, x_2, \cdots, x_5 \geq 0 \end{cases}$

其中，x_4、x_5 为松弛变量。其单纯形表如表2—53：

表2—53

		x_1	x_2	x_3	x_4	x_5
S'	0	3	2	5	0	0
x_4	20	1	1	3	1	0
x_5	42	2	4	3	0	1

经一次迭代得到最优解，其单纯形表如表2—54：

表2—54

		x_1	x_2	x_3	x_4	x_5
S'	-60	0	-1	-4	-3	0
x_1	20	1	1	3	1	0
x_5	2	0	2	-3	-2	1

原问题的最优解是：

$$x_1=20 \quad x_2=x_3=0$$

相应的对偶问题的最优解，应为表 2—54 中松弛变量检验数的相反数。即：

$$y_1=3 \quad y_2=0$$

它们的最优值：$\max S=\min Z=60$

请读者求解例 2。

3. 影子价格

通过讲解实例，引入影子价格的意义。

例 7　某工厂生产甲、乙两种产品，需用两种不同的生产，使用三种数量有限的资源。不同的生产技术，使用资源的数量不同。其数量及两种产品单价收益值及可利用的资源数如表 2—55 所示。问该工厂应如何合理使用资源，才能使收益值最大？

表 2—55

产品 / * / 资源	产品甲	产品乙	可利用的资源数量（千克）
A	1	3	90
B	2	1	80
C	1	1	45
单件收益值（元）	5	4	

* 单件产品所需资源数量（千克）

解：根据题意得线性规划问题：求　$\max S=5x_1+4x_2$

$$\text{满足}\begin{cases} x_1+3x_2\leq 90 \\ 2x_1+x_2\leq 80 \\ x_1+x_2\leq 45 \\ x_1,\ x_2\geq 0 \end{cases}$$

其中变量 x_1，x_2 是计划生产产品甲、乙的数量。

将问题化成标准型，为此引进松弛变量 x_3，x_4，x_5，得，

求 $\min -S = -5x_1 - 4x_2$

$$\text{满足}\begin{cases} x_1 + 3x_2 + x_3 = 90 \\ 2x_1 + x_2 + x_4 = 80 \\ x_1 + x_2 + x_5 = 45 \\ x_1,\ x_2,\ \cdots,\ x_5 \geq 0 \end{cases}$$

求解过程如单纯形表 2—56 至表 2—58 所示：

表 2—56

		x_1	x_2	x_3	x_4	x_5
$-S$	0	5	4	0	0	0
x_3	90	1	3	1	0	0
x_4	80	$\boxed{2}$	1	0	1	0
x_5	45	1	1	0	0	1

表 2—57

		x_1	x_2	x_3	x_4	x_5
$-S$	−200	0	3/2	0	−5/2	0
x_3	50	0	5/2	1	−1/2	0
x_1	40	1	1/2	0	1/2	0
x_5	5	0	$\boxed{1/2}$	0	−1/2	1

表 2—58

		x_1	x_2	x_3	x_4	x_5
$-S$	−215	0	0	0	−1	−3
x_3	25	0	0	1	2	−5
x_1	35	1	0	0	1	−1
x_2	10	0	1	0	−1	2

由最优表 2—58 看出，问题的最优解为：

$$x_1=35\text{（件）}\qquad x_2=10\text{（件）}$$

即该厂应合理利用资源，生产甲种产品35件，乙种产品10件时，收益值最大为215元。

由此出发，利用对偶原理还可得到该问题的对偶线性规划问题及其最优解如下：

求　$\min Z=90y_1+80y_2+45y_3$

$$\text{满足}\begin{cases}y_1+2y_2+y_3\geq 5\\3y_1+y_2+y_3\geq 4\\y_1,\ y_2,\ y_3\geq 0\end{cases}$$

最优解：$y_1=0$（元/千克），$y_2=1$（元/千克），$y_3=3$（元/千克）

最优值：$Z=215$（元）。

对偶问题最优解的经济意义是：资源掌有者将自己的资源出售给原问题的厂家，以 A 种资源不计价，B 种资源每千克1元，C 种资源每千克3元计价，可最低获得215元。实际上，该厂家在其合理规划下所需：

A 种资源　$1\times35+3\times10=65$（千克）

B 种资源　$2\times35+1\times10=80$（千克）

C 种资源　$1\times35+1\times10=45$（千克）

使得资源持有者尚余 A 种资源 $90-65=25$（千克）。在当今市场经济的环境下，从资源持有者的利益出发考虑，是否还有另外的厂家购买自己的三种资源，使得总获利高于215元？不然，将自己的资源销售给该厂家，在保证 B、C 种资源上述最低价格的前提下能否向该厂家提出 A 种资源计价（哪怕少一点），和尚余25千克另找销路。

还是回到对原问题的讨论，以引出影子价格的意义。

根据互为对偶的两个线性规划问题的最优值相等，在（2—10）中有

$$S^*=CX^*=Y^*b=(y_1^*,\ y_2^*,\ \cdots,\ y_m^*)\begin{pmatrix}b_1\\b_2\\\vdots\\b_m\end{pmatrix}$$

$$=y_1^*b_1+y_2^*b_2+\cdots+y_m^*b_m$$

其中 X^* 和 Y^* 分别是问题（Ⅰ）（Ⅱ）的最优解，S^* 表示它们共同的最优值。

对原问题（Ⅰ），若给它的第一个约束方程右边的常数项 b_1 增加数量 1，则有

$$(y_1^*,\ y_2^*,\ \cdots,\ y_m^*)\begin{pmatrix} b_1+1 \\ b_2 \\ \cdots \\ b_m \end{pmatrix} = (y_1^*,\ y_2^*,\ \cdots,\ y_m^*)\begin{pmatrix} b_1 \\ b_2 \\ \cdots \\ b_m \end{pmatrix} + y_1^*$$

$$= Y^* b + y_1^* = S^* + y_1^*$$

类似地，若给它的第 r 个约束方程左边的常数 $b_r(1 \leq r \leq m)$ 增加数量 1，则有

$$(y_1^*,\ y_2^*,\ \cdots,\ y_m^*)\begin{pmatrix} b_1 \\ b_2 \\ \vdots \\ b_r+1 \\ b_m \end{pmatrix} = S^* + y_r^* \qquad (2\text{—}14)$$

（2—14）的经济意义是：给线性规划问题（Ⅰ）的某一约束条件右边的常数项 b_r（$1 \leqslant r \leqslant m$）增加一个单位时，该问题目标函数的最优值增加 y_r^*。其中 y_r^* 是问题（Ⅰ）的对偶问题（Ⅱ）最优解 y^* 的第 r 个分量。

称 y_r^* 为原问题（Ⅰ）第 r 个约束条件的影子价格。也就是，对偶问题的最优解为原问题约束条件的影子价格。

例 8 求例 7 给定问题约束条件的影子价格。

解：求 $\max S = 5x_1 + 4x_2$

$$满足\begin{cases} x_1 + 3x_2 \leq 90 \\ 2x_1 + x_2 \leq 80 \\ x_1 + x_2 \leq 45 \\ x_1,\ x_2 \geq 0 \end{cases}$$

在例7中已求得其最优解：$x_1=35$（件），$x_2=10$（件）和最优值$S^*=215$（元），以及该问题的对偶问题的最优解：$y_1=0$（元/千克），$y_2=1$（元/千克），$y_3=3$（元/千克）。

根据（2—14），原问题第一个约束条件的影子价格为0；第二个约束条件的影子价格为1（元/千克）；第三个条约束条件的影子价格为3（元/千克）。

具体解释为：该工厂生产甲、乙两种产品，在合理安排生产的条件下，当对资源A、B、C的需求量增加1千克时，生产成本分别增加0元，1元，3元。同时，收益值在215元的基础上，又分别增加0元，1元，3元。

经济工作者不仅关心问题的最优解，而且关心问题中的参数发生变化时，问题将随之发生怎样的变化。比如生产问题中有参数b（原料价格）、C（产品价格）、A（生产技术），利用影子价格的理论，对参数b发生变化时问题随之变化的情况做了完整的回答。关于参数C、A的变化使问题随之变化的情况，这里不做进一步的探讨。

以上看出，影子价格在资源利用、投资决策方面起了重要作用。

§7　对偶单纯形法

首先回忆一下，在介绍单纯形解法时曾定义过，什么叫对于基B的基础解、基础可行解和最优解？为简明起见，现列表2—59总结如下：

表2—59

对于基B	满足条件	符号注解
基础解	$X_N=0$，$X_B=B^{-1}b$	X_N是非基变量
基础可行解	$X_N=0$，$X_B=B^{-1}b\geqslant 0$	X_B是基变量
最优解	$X_N=0$，$X_B=B^{-1}b\geqslant 0$ 且$C_BB^{-1}A-C\leqslant 0$	$C_BB^{-1}A-C$是检验数

用单纯形法求解线性规划问题的过程，是从一个基 B 的基础可行解出发，若 $T(B)$ 的检验数皆非正时，该可行解为最优解。不然，通过换基迭代直至所有检验数非正，便得最优解。这个过程用一句话概述为：从问题解的可行性，通过迭代过渡到解的最优性。

在介绍对偶原理时，曾从表 2—49 和表 2—50 看到，用单纯形法求解互为对偶的两个问题的解，是在同一个由参数 b、C、A 决定的单纯形表上进行的；并一个问题的最优单纯形表上，非基变量检验数的相反数就是其对偶问题的最优解。显然，这样的迭代过程对原问题来说，是从可行性过渡到最优性；而对其对偶问题来说，则是从最优性过渡到可行性。因此，从这种对称的原理出发考虑，必然存在一种对原问题从解的最优性向可行性过渡的解法——对偶单纯形法。

单纯形法，在换基迭代的过程中始终保持基变量非负，逐步使全部检验数变为非正，得到最优基对应的单纯形表。而对偶单纯形法与此相反，它是在换基迭代过程中始终保持检验数非正，逐步使基变量值全部变为非负，得到最优基对应的单纯形表。这是对一个线性规划问题的两种解法，各有其用。下面通过例子说明对偶单纯形法的解法步骤。

例 1　求解线性规划问题：求　$\min S = 7x_1 + 11x_2$

$$\text{满足}\begin{cases} 2x_1 + x_2 \geq 2 \\ x_1 + 3x_2 \geq 3 \\ x_1 + x_2 \geq \dfrac{1}{2} \\ x_1,\ x_2 \geq 0 \end{cases}$$

解：将问题化成标准型：求　$\min S = 7x_1 + 11x_2$

$$\text{满足}\begin{cases} 2x_1 + x_2 - x_3 = 2 \\ x_1 + 3x_2 - x_4 = 3 \\ x_1 + x_2 - x_5 = \dfrac{1}{2} \\ x_1,\ x_2,\ \cdots,\ x_5 \geq 0 \end{cases}$$

其中 x_3，x_4，x_5 为松弛变量。这里，

$$C=(7,\ 11,\ 0,\ 0,\ 0)$$

$$A=\begin{pmatrix}2 & 1 & -1 & 0 & 0\\ 1 & 3 & 0 & -1 & 0\\ 1 & 1 & 0 & 0 & -1\end{pmatrix}\qquad b=\begin{pmatrix}2\\ 3\\ \frac{1}{2}\end{pmatrix}$$

选初始基 $B_1=\begin{pmatrix}-1 & 0 & 0\\ 0 & -1 & 0\\ 0 & 0 & -1\end{pmatrix}$

于是，x_3，x_4，x_5 为 B_1 的变基变量，x_1，x_2 是非基变量，且 $C_B=(0,\ 0,\ 0)$ 易求，$B_1^{-1}=B_1$

从而得到 B_1 的单纯形表 $T(B_1)$ 如表 2—60：

表 2—60

		x_1	x_2	x_3	x_4	x_5
S	0	−7	−11	0	0	0
x_3	−2	[−2]	−1	1	0	0
x_4	−3	−1	−3	0	1	0
x_5	−1/2	−1	−1	0	0	1

从 $T(B_1)$ 中看到，全部检验数非正，这是由于 B_1 的选取得到的，称使 $T(B)$ 中的检验数全部非正的基为对偶可行基。

对偶单纯形法求解的第一步：选择适当的初始对偶可行基 B，并求其单纯形表 $T(B)$（亦称该表为对偶单纯形表）。本例已求得对偶可行基 B_1 及 $T(B_1)$。

第二步：判别 $T(B)$ 中表示的全部基变量值是否非负？若是，则 B 是最优基；否则，换基迭代。

由 $T(B_1)$ 中看到，基变量值为负，故需换基迭代，转入下步。

第三步：换基迭代。

（1）求轴心项：以最上面的负数基变量对应的行中所有负数分别去除检验数，其中最小的商对应的除数就是轴心项（同时有几个相同的最小商数时，取其中最左边的那个除数)。

这里，　$\because \min\left\{\frac{-7}{-2}, \frac{-11}{-1}\right\}=\frac{-7}{-2}$

$\therefore b_{11}=-2$　是轴心项

(2) 换基迭代：和前面的单纯形方法一样进行换基迭代，得新基对应的单纯形表，如表2—61。

表2—61

		x_1	x_2	x_3	x_4	x_5
S	7	0	-15/2	-7/2	0	0
x_1	1	1	1/2	-1/2	0	0
x_4	-2	0	[-5/2]	-1/2	1	0
x_5	1/2	0	-1/2	-1/2	0	1

重复第二、三步得另一新基对应的单纯形表，如表2—62。

表2—62

		x_1	x_2	x_3	x_4	x_5
S	13	0	0	-2	-3	0
x_1	3/5	1	0	-3/5	1/5　0	0
x_2	4/5	0	1	1/5	-2/5	0
x_5	9/10	0	0	-2/5	-1/5	1

因为表中已没有负的基变量值，所以得最优解：

$$x_1=3/5,\ x_2=4/5,\ x_3=x_4=0,\ x_5=9/10$$

即原问题的最优解为：$x_1=3/5$，$x_2=4/5$，最优值 $S=13$。

通过本例，得到了用对偶单纯形方法求解线性规划问题的一般步骤是：首先将问题化为标准型，然后施行上述三步［求初始对偶可行基 B 及 $T(B)$，判别，换基迭代］后，或问题得解，或得新基对应的单纯形表。若是后者，经过有限次换基迭代，必能使问题得解（得最优解或判定问题无最优解）。

有必要再告诫读者，单纯形法和对偶单纯形法是对同一线性规划问题的两种解法。绝非对偶单纯形法是对原问题的对偶问题而言的。至于哪种方法简便，须由具体问题而定。

例 2 用对偶单纯形法求 $\min S = x_1 + 2x_2$

满足
$$\begin{cases} x_1 + x_2 \leq 6 \\ x_1 - x_2 \geq 4 \\ x_1 \geq 2 \\ x_2 \leq 6 \\ x_1,\ x_2 \geq 0 \end{cases}$$

解：首先将问题化为标准型。

将问题化成怎样的标准型，使得解法简便？这里，目标函数已符合标准型的要求。对约束条件可化为下面两种形式的标准型：

$$(1)\ \begin{cases} x_1 + x_2 + x_3 = 6 & ① \\ x_1 - x_2 - x_4 = -4 & ② \\ x_1 - x_5 = 2 & ③ \\ x_2 + x_6 = 6 & ④ \\ x_1,\ x_2,\ \cdots,\ x_6 \geq 0 \end{cases}$$

$$(2)\ \begin{cases} x_1 + x_2 + x_3 = 6 & ①' \\ -x_1 + x_2 + x_4 = 4 & ②' \\ -x_1 + x_5 = -2 & ③' \\ x_2 + x_6 = 6 & ④' \\ x_1,\ x_2,\ \cdots,\ x_6 \geq 0 \end{cases}$$

其中 x_3，x_4，x_5，x_6 是加入的松弛变量。

显然，形式（2）为宜。因为（2）中存在一个由 x_3，x_4，x_5，x_6 的系数组成的单位矩阵。选取单位矩阵作为初始基，将为求得初始单纯形表带来极大的方便。这也是将问题化为标准型的原则，这个原则对两种方法适用。

其实，将（1）化成（2）极为简单。只要在②③式两边同乘以 -1，即得②′③′。

问题的初始单纯形表如表 2—63。

表 2—63

		x_1	x_2	x_3	x_4	x_5	x_6
S	0	-1	-2	0	0	0	0
x_3	6	1	1	1	0	0	0
x_4	4	-1	1	0	1	0	0
x_1	-2	[-1]	0	0	0	1	0
x_6	6	0	1	0	0	0	1

经一次换基迭代得最优对偶单纯形表，如表 2—64：

表 2—64

		x_1	x_2	x_3	x_4	x_5	x_6
S	2	0	-2	0	0	-1	0
x_3	4	0	1	1	0	0	0
x_4	6	0	1	0	1	0	0
x_1	2	1	0	0	0	1	0
x_6	6	0	1	0	0	0	1

最优解　　$x_1=2$，$x_2=0$，$x_3=4$，$x_4=6$，$x_5=0$，$x_6=6$

原问题的最优解：$x_1=2$，$x_2=0$

对应的目标函数最小值 $S=2$。

由例 2 明显看出，利用对偶单纯形方法解之极为简便。请读者试用单纯形方法解之，要较此麻烦一些。

一般说来，求解某个线性规划问题时，当选择适当的初始基后，初始单纯形表上呈现：

（1）基变量值全部非负时，采用单纯形方法解之。

（2）检验数全部非正时，采用对偶单纯形方法解之。

§8　最优规划的灵敏度分析

当求得了一个线性规划问题的最优解，就称得到了一个最优规划。对于某个企业来说，最优规划是根据当时当地的市场价格（原材料的购进价格、产品的出售价格等）和原材料供应状况等因素制定的。在当今市场经济的环境下，市场价格（参数 C）、材料供应状况（参数 b）的波动是经常发生的。试问，这样的波动保持在什么范围内，使得最优规划不变？这样的问题称为最优规划的灵敏度分析，或称参数规划问题的灵敏度分析。

1. 市场价格（C）发生波动的灵敏度分析

例 1　某地区出产三种资源 A_1，A_2，A_3，年产量分别为 5000 吨、7000 吨、15000 吨。本地区有生产四种产品 B_1，B_2，B_3，B_4 的能力，这四种产品的市场价格一般分别保持在 16 元、14 元、15 元、12 元左右。生产这四种产品使用三种资源的比例如表 2—65。试制定最优生产规划，并考虑当产品市场价格发生怎样的波动时，最优规划才能保持不变。

表 2—65

产品 * 资源	B_1	B_2	B_3	B_4	可利用资源
A_1	1	2	2	3	5000
A_2	2	1	1	1	7000
A_3	3	2	1	1	15000

* 产品使用资源的比例。

解：设四种产品的年产量分别为 x_1，x_2，x_3，x_4 件，则得线性规划问题：求 $\max S = 16x_1 + 14x_2 + 15x_3 + 12x_4$。

$$满足\begin{cases} x_1 + 2x_2 + 2x_3 + 3x_4 \leq 5000 \\ 2x_1 + x_2 + x_3 + x_4 \leq 7000 \\ 3x_1 + 2x_2 + x_3 + x_4 \leq 15000 \\ x_1,\ x_2,\ x_3,\ x_4 \geq 0 \end{cases}$$

引进松弛变量 x_5，x_6，x_7 后，将问题变为标准型，并用单纯形法解得最优表如表 2—66。

表 2—66

		x_1	x_2	x_3	x_4	x_5	x_6	x_7
$-S$	-63000	0	-1	0	$-23/3$	$-14/3$	$-17/3$	0
x_3	1000	0	1	1	5/3	2/3	$-1/3$	0
x_1	3000	1	0	0	$-1/3$	$-1/3$	2/3	0
x_7	5000	0	1	0	1/3	1/3	$-5/3$	1

从表 2—66 看出最优解：

$$x_1 = 3000,\ x_3 = 1000,\ x_2 = x_4 = x_5 = x_6 = x_7 = 0$$

最优值　$S = -S' = 63000$。

该问题的最优规划为：生产 B_1 种产品 3000 件；

生产 B_3 种产品 1000 件；

不生产 B_2、B_4 种产品，年最大销售额为 63000 元。

以下讨论当产品销售的市场价格发生怎样的波动时，最优规划保持不变。

（一）产品 B_1 的市场价格 C_1 发生波动

令 $C_1 = 16 + \varepsilon$（ε 可正可负）。这样该问题的目标函数变为：

$\min -S = -(16+\varepsilon)x_1 - 14x_2 - 15x_3 - 12x_4 + 0x_5 + 0x_6 + 0x_7$，而约束条件不变。

若最优规划保持不变，即最优基 $B=(P_3,P_1,P_7)$ 保持不变的条件下，最优表 2—66 中的检验数变为：

$$C_BB^{-1}A-C=[-15,-(16+\varepsilon),0]\begin{bmatrix}0&1&1&5/3&2/3&-1/3&0\\1&0&0&-1/3&-1/3&-1/3&0\\0&1&0&1/3&1/3&-5/3&1\end{bmatrix}-$$

$$[-(16+\varepsilon),\ -14,\ -15,\ -12,\ 0,\ 0,\ 0]$$

$$=(0,\ -1,\ 0,\ -\frac{23}{3}+\frac{\varepsilon}{3},\ -\frac{14}{3}+\frac{\varepsilon}{3},\ -\frac{17}{3}+\frac{2}{3}\varepsilon,\ 0)$$

且必有这些检验数全部非正，即满足：

$$\begin{cases}-\dfrac{23}{3}+\dfrac{\varepsilon}{3}\leq 0\\ -\dfrac{14}{3}+\dfrac{\varepsilon}{3}\leq 0\\ -\dfrac{17}{3}-\dfrac{2}{3}\varepsilon\leq 0\end{cases}$$

解此不等式组得：　$-\frac{17}{2}\leq\varepsilon\leq 14$

这样，就得到了产品 B_1 的市场价格在原来 16 元/件的基础上，上涨价格不能高于 14 元/件；下降价格不能低于 8.5 元/件的范围内，保持最优不变。即 C_1 的波动范围为 $7.5\leqslant C_1\leqslant 30$

（二）产品 B_2 的市场价格 C_2 波动

因 x_2 是非基变量，所以 B_2 未被纳入生产活动，主要原因是收益低。所以，只要 B_2 的市场价格继续降低，就不会影响规划的最优性。至于 B_2 市价的波动上限与表 2—63 的检验数有关，可通过解不等式：$-1+\varepsilon\leqslant 0$。得 $\varepsilon\leqslant 1$。

因此，保持最优规则不变的 B_2 产品市场价格波动范围为：$-\infty\leq C_2\leq 1$

（三）产品 B_3 的市场价格 C_3 波动

同（一）的解释一样，相应地由 $C_B B^{-1}A - C = [-(15+\varepsilon), -16, 0]$

$$\begin{pmatrix} 0 & 1 & 1 & 5/3 & 2/3 & -1/3 & 0 \\ 1 & 0 & 0 & -1/3 & -1/3 & 2/3 & 0 \\ 0 & 1 & 0 & 1/3 & 1/3 & -5/3 & 1 \end{pmatrix} - [-16, -14, -(15+\varepsilon), -12, 0, 0, 0]$$

$$= \left(0,\ -1-\varepsilon,\ 0,\ -\frac{23}{3}-\frac{5}{3}\varepsilon,\ -\frac{14}{3}-\frac{2}{3}\varepsilon,\ -\frac{17}{3}+\frac{1}{3}\varepsilon,\ 0\right)$$

解不等式组：$\begin{cases} -1-\varepsilon \leqslant 0 \\ -\dfrac{23}{3}-\dfrac{5}{3}\varepsilon \leqslant 0 \\ -\dfrac{14}{3}-\dfrac{2}{3}\varepsilon \leqslant 0 \\ -\dfrac{17}{3}+\dfrac{1}{3}\varepsilon \leqslant 0 \end{cases}$ 得 $-7 \leqslant \varepsilon \leqslant \dfrac{17}{3} \approx 5.6$

即 C_3 的波动范围为：$8 \leqslant C_3 \leqslant 20.6$。

（四）产品 B_4 的市场价格 C_4 波动

因 x_4 是非基变量，同（二）的解释一样，解不等式：$-\dfrac{23}{3}+\varepsilon \leqslant 0$

得 $\varepsilon \leqslant \dfrac{23}{3} \approx 7.6$

即 C_4 的波动范围为：$-\infty \leqslant C_4 \leqslant 19.6$。

以上分别计算了 C_1，C_2，C_3，C_4 的波动范围，相应地可通过目标函数求得值 S^* 的波动范围，此工作留给读者。

通过例子，得到市场价格 C 发生波动时，灵敏度分析的方法与步骤如下：

(1) 求解线性规划问题，得出最优规划。从而确定了最优基 B、最优表 $T(B)$ 和最优解：$X=(X_B, X_N)$。其中，X_B 是基变量，X_N 是非基变量。

(2) 将参数 C 分为两类：C_B 为基变量对应的参数；C_N 为非基变量对应的参数。在最优规划保持不变的条件下，

a. 设 C_B 发生波动 ε，则 ε 的存在范围可通过 $T(B)$ 求得，求解方法是解不等式：

$$C_B B^{-1} A - C \leqslant 0 \tag{2—15}$$

譬如，求基变量 x_r 对应的 C_r 波动范围时，（2—15）中，

$$C = (C_1, C_2, \cdots, C_r + \varepsilon, \cdots, C_n)$$

$B^{-1}A$ 为 $T(B)$ 的第Ⅳ象限对应的矩阵。

b. 设 C_N 发生波动 ε。譬如求非基变量 x_S 对应的 C_S 波动 ε 存在范围：ε 的波动下限为 $-\infty$，ε 的波动上限为 $-b_{0S}$［b_{0S} 为 x_S 在 $T(B)$ 中的检验数］。

例 2 某专业户种植某种作物，根据当地的气候，土壤等情况，全部生产过程中至少需要 32 千克氮，磷以 24 千克为宜，钾不得超过 42 千克。现在有甲、乙、丙、丁四种肥料，它们每千克的价格及含氮磷钾的数量如表 2—67 所示。问：

（1）应如何配合使用这些肥料，既能满足作物对氮磷钾的需要，又能使施肥成本最低？

（2）肥料甲、乙、丙、丁每千克的价格在何范围内浮动，仍可保持施肥成本最低？

表 2—67

所含成分数量（千克） 肥料 / 成分	甲	乙	丙	丁
氮	0.03	0.3	0	0.15
磷	0.05	0	0.2	0.1
钾	0.14	0	0	0.07
每千克价格（元）	0.4	1.5	1	1.3

解：（1）设甲、乙、丙、丁四种肥料的施肥量分别为 x_1，x_2，x_3，x_4，根据题意得线性规划问题：求 $\min S = 0.4x_1 + 1.5x_2 + x_3 + 1.3x_4$

$$\text{满足}\begin{cases} 0.03x_1 + 0.3x_2 + 0.15x_4 \geq 32 \\ 0.05x_1 + 0.02x_3 + 0.1x_4 = 24 \\ 0.14x_1 + 0.07x_4 \leq 42 \\ x_1,\ x_2,\ x_3,\ x_4 \geq 0 \end{cases}$$

引进松弛变量，将问题化成标准形：

$$\min S=0.4x_1+1.5x_2+x_3+1.3x_4$$

$$满足\begin{cases}0.03x_1+0.3x_2+0.15x_4-x_5=32\\0.05x_1+0.02x_3+0.1x_4=24\\0.14x_1+0.07x_4+x_6=42\\x_1,\ x_2,\ \cdots,\ x_6\geq0\end{cases}$$

用单纯形法求得该问题的最优表（表2—68）。

表2—68

		x_1	x_2	x_3	x_4	x_5	x_6
$-S$	280	0	0	0	-0.05	-5	0
x_2	230/3	0	1	0	0.45	-10/3	-5/7
x_3	45	0	0	1	3/8	0	-25/14
x_1	300	1	0	0	1/2	0	50/7

对应的最优基 $B=(P_2,\ P_3,\ P_1)$，最优解：

$$x_1=300,\ x_2=230/3,\ x_3=45,\ x_4=x_5=x_6=0$$

最优值　$S=280$。

即最优规划为施甲肥300千克，乙肥230/3千克，丙肥45千克，不施丁肥，最低成本为280元。

(2) 设甲种肥料市价浮动 ε_1（ε_1 可正可负），因 x_1 是基变量，由

$$C_BB^{-1}A-C=(1.5,1,0.4+\varepsilon_1),\begin{bmatrix}0&1&0&0.45&-10/3&-5/7\\1&0&1&3/8&0&-25/14\\0&0&0&1/2&0&50/7\end{bmatrix}-$$

$$(0.4+\varepsilon_1,\ 1.5,\ 1,\ 1.3,\ 0,\ 0,\ 0)$$

$$=(0,\ 0,\ 0,\ -0.05+\frac{\varepsilon_1}{2},\ -5,\ \frac{50}{7}\varepsilon_1)\leqslant0$$

得不等式组：$\begin{cases} -0.05+\dfrac{\varepsilon_1}{2}\leq 0 \\ \dfrac{50}{7}\varepsilon_1\leq 0 \end{cases}$

解得：$\varepsilon_1\leqslant 0$

这个结果表明，甲种肥料市场价格在 0.4 元/千克的基础上，向上再不能浮动，向下可任意浮动，在保持最优规划不变的条件下，使得施肥成本更低。

因 x_2，x_3 都是基变量，用同样的方法可求得乙、丙种肥料市场价格浮动 ε_2、ε_3 的范围如下：

$$0\leqslant\varepsilon_2\leqslant 0.11$$

$$0\leqslant\varepsilon_3\leqslant 0.13$$

即在保持最优规划不变的条件下，乙、丙肥料的市场价格在原 1.5 元/千克、1 元/千克的基础上，乙肥可向上最多浮动 0.11 元/千克；丙肥可向上最多浮动 0.13 元/千克，仍可保持施肥成本最低。

因 x_4 是非基变量，由它的检验数可知：

$$-\infty\leq\varepsilon_4\leq 0.05$$

即丁肥市场价格可任意减少，在上涨幅度不超过 0.05 元/千克的情况下，可保持最优规划不变。

2. 原材料供应状况（b）发生波动的灵敏度分析

下面讨论的是线性规划问题中，约束条件的常数项 b（经常作为应用问题中的原材料供应量）在什么样的范围内发生波动，使得问题的最优基保持不变。

由线性规划问题最优判别准则知道，b 的改变与检验数 $C_BB^{-1}A-C\leqslant 0$ 无关，只影响最优基 B 对应的单纯形表中基变量 $X_B=B^{-1}b$ 是否非负。若 $B^{-1}b\geqslant 0$，则 B 仍是最优基，因此当 b 发生波动，如要原来的所得的基仍为最优基，应该有 $B^{-1}b\geqslant 0$。

例 3　讨论本节例 1 中资源 A_1 供应状况在何范围内发生波动，使得最优基保持不变？

解：本节例 1 约束条件中，设第一个约束方程的常数项 $b_1=5000$ 发生波动 ε，这时，第一个约束方程的常数项为 $5000+\varepsilon$，而其余两个约束方程的常数项和目标函数均不改变。在保持原问题最优基保持不变的情况下，令 $B'b\geqslant 0$，可求得 ε 的取值范围。

求出原问题最优基 B 的逆矩阵：

$$B^{-1}=\begin{pmatrix} \frac{2}{3} & -\frac{1}{3} & 0 \\ -\frac{1}{3} & \frac{2}{3} & 0 \\ \frac{1}{3} & -\frac{5}{3} & 1 \end{pmatrix}$$

$$令\ B^{-1}b=\begin{pmatrix} \frac{2}{3} & -\frac{1}{3} & 0 \\ -\frac{1}{3} & \frac{2}{3} & 0 \\ \frac{1}{3} & -\frac{5}{3} & 1 \end{pmatrix}\begin{pmatrix} 5000+\varepsilon \\ 7000 \\ 15000 \end{pmatrix}=\begin{pmatrix} 1000+\frac{2}{3}\varepsilon \\ 3000-\frac{1}{3}\varepsilon \\ 5000+\frac{1}{3}\varepsilon \end{pmatrix}\geq 0$$

解得：$-1500\leqslant\varepsilon\leqslant 9000$

因此，当原问题中的资源 A_1 在可利用量 5000 吨的基础上，向上波动不超过 9000 吨和向下波动不超过 1500 吨的范围内，均可使原问题最优基不变。

其实在实际应用中，生产厂家只关心原材料供应不足时影响生产的情形。上述答案告诉厂家，若资源 A_1 按原可利用量最多减少 1500 吨仍能保证最优规划的顺利实施。不过，当 b_1 发生波动 ε 时，最优基虽保持不变，但最优解和目标函数最优值 S^* 均是 ε 的函数，即

$$x_1=3000-\frac{1}{3}\varepsilon$$

$$x_3=1000+\frac{2}{3}\varepsilon$$

$$x_2=x_4=0$$

$$S^*=16x_1+14x_2+15x_3+12x_4=63000+\frac{14}{3}\varepsilon$$

比如，资源 A_1 在原可利用量 5000 吨的基础上减少 1500 吨（即 $\varepsilon=-1500$）

时，最优解：

$$x_1=3000-\frac{1}{3}(-1500)=3500(\text{件})$$

$$x_3=1000+\frac{2}{3}(-1500)=0(\text{件})$$

$$x_2=x_4=0$$

最优值　$S^*=16x_1+14x_2+15x_3+12x_4=63000+\frac{14}{3}\times(-1500)=56000(\text{元})$

又如，资源 A_1 在原可利用量 5000 吨的基础上增加 1500 吨（即 $\varepsilon=1500$）时，最优解：

$$x_1=3000-\frac{1}{3}\times1500=2500(\text{件})$$

$$x_3=1000+\frac{2}{3}\times1500=2000(\text{件})$$

$$x_2=x_4=0$$

最优值：$S^*=63000+\frac{14}{3}\times1500=70000(\text{元})$

总之，资源 A_1 发生波动 ε 时，可由目标函数最优值：$S^*=63000+\frac{14}{3}\varepsilon$ 看出，在 ε 的取值范围内若 ε 增加，则 S^* 增大；若 ε 减少，则 S^* 减少。因此，该地区应尽量开发资源 A_1，并提高它的可利用量，是该地区提高经济效益的决策手段之一。

已讲清了该问题中资源 A_1 发生波动时的情况，关于资源 A_2、A_3 发动波动时的灵敏度分析，留给读者作为习作。

下面联系§6 中讲过的影子价格，再来讨论一下例 3 中对资源 A_1 发生波动时的灵敏度分析。由影子价格的意义知道：表示资源 A_1 可利用量的第一个约束条件右端常数 $b_1=5000$（吨），增加一个单位时，假设原问题的最优基不变的条件下，原问题的目标函数最优值 S^* 增加的数值等于最优表中第二个松弛变量（x_6）对应的检验数的相反数，即 $-b_{06}=-(-\frac{14}{3})=\frac{14}{3}$(元)。譬如，资源 A_1 可利用量 $b_1=5000$（吨）增加 1500 个单位（吨），资源 A_2，A_3 的可利用量不变，目标函

数最优值 $S^* = 63000$（元）增加 $\frac{14}{3} \times 1500 = 7000$（元），即新的最优值为：

$S^* = 63000 + 7000 = 70000$（元），这与用前面方法分析的结果相同。

§9 应用综述和举例

许多经济领域中的问题，可归纳为线性规划问题的一般形式。

求一组变量 $x_j(j=1, 2, \cdots, n)$的值，使其满足约束条件 D：

$$\begin{cases} \sum_{j=1}^{n} a_{ij}x_j \leq b_i(i = 1,2,\cdots,m)(\text{或 } b_i \geq 0 \text{ 或 } b_i = 0) \\ x_j \geq 0 \end{cases}$$

并使目标函数

$S = \sum_{j=1}^{n} c_j x_j$ 的值达到最小（或最大），

其中 a_{ij}，b_j，$c_j(i=1,2,\cdots,m;\ j=1,2,\cdots,n)$是已知量。

对该一般形式，均可通过引进松弛变量的手段将其变为线性规划问题的标准形式：

求一组变量 $x_j(j=1,2,\cdots,n)$的值，使其满足约束条件 D：

$$\begin{cases} \sum_{j=1}^{n} a_{ij}x_j \leq b_i(i = 1,2,\cdots,m) \\ x_j \geq 0 \end{cases}$$

并使目标函数 $S = \sum_{j=1}^{n} c_j x_j$ 的值达到最小。

前面，通过许多实际例子介绍了线性规划问题的解法和理论。最后，将线性规划的实际应用综述一下，使读者在具体从事经济工作时，能灵活运用线性规划方法解决实际问题。

1. 运输问题

某地区有某种产品的产地与销地若干个，把这种产品从各个产地调运到各个销地，调运方案很多，应如何组织调运，才能使总的运费或总的运行吨公里数最少，这是最典型的线性规划问题，这类问题的一般形式是：

设某种物质有 m 个产地 A_1，A_2，…，A_m，供应 n 个销地 B_1，B_2，…，B_n。已知各地的产量（a_1，a_2，…，a_m）和销量（b_1，b_2，…，b_n）和产地至各销地的单位运价 c_{ij} 如表 2—69 所示（该表称为平衡表和运价表）。

表 2—69

运价（元/吨）　销地 产地	B_1	B_2	…	B_n	产量（吨）
A_1	c_{11}	c_{12}	…	c_{1n}	a_1
A_2	c_{21}	c_{22}	…	c_{2n}	a_2
⋮	⋮	⋮	⋮	⋮	⋮
A_m	c_{m1}	c_{m2}	…	c_{mn}	a_m
销量（吨）	b_1	b_2	…	b_n	$\sum_{i=1}^{m} a_i = \sum_{j=1}^{n} b_j$

假定产地 A_i 运往销地 B_j 的物质量为 $x_{ij}(i=1,2,\cdots,m;\ j=1,2,\cdots,n)$，则运输问题的数学模型为：

求 $m\times n$ 个变量 x_{ij} 的值，使其满足约束条件 D：

$$\begin{cases} x_{11}+x_{12}+\cdots+x_{1n}=a_1 \\ x_{21}+x_{22}+\cdots+x_{2n}=a_2 \\ \cdots \\ x_{m1}+x_{m2}+\cdots+x_{mn}=a_m \\ x_{11}+x_{21}+\cdots+x_{n1}=b_1 \\ x_{12}+x_{22}+\cdots+x_{n2}=b_2 \\ \cdots \\ x_{1n}+x_{2n}+\cdots+x_{mn}=b_n \\ x_{ij}\geq 0(i=1,2,\cdots,m;\ j=1,2,\cdots,n) \end{cases}$$

并使目标函数
$$S=\sum_{j=1}^{n}C_{1j}x_{1j}+\sum_{j=1}^{n}C_{2j}x_{2j}+\cdots+\sum_{j=1}^{n}C_{mj}x_{mj}$$
$$=\sum_{i=1}^{m}\sum_{j=1}^{n}C_{ij}x_{ij}$$

的值达到最小。

可以看出，运输问题的数学模型与线性规划标准型有着相同的数学表示形式。

在§3、§4中列举了多个运输问题的例子，来介绍图上作业法和表上作业法。

例1 用单纯形法求解§4例4。

解：假设 $x_{ij}\geq 0(i=1,2,3;\ j=1,2,3,4,5)$ 表示产地 $A_i(i=1,2,3)$ 运往销地 $B_j(j=1,2,3,4,5;\ B_5$ 表示库存）的数量（单位：吨），依题意有：

求 $\min Z=16x_{11}+13x_{12}+22x_{13}+17x_{14}+14x_{21}+13x_{22}+19x_{23}+15x_{24}+19x_{31}+20x_{32}+20x_{33}+18x_{34}$

$$\text{满足}\begin{cases}x_{11}+x_{12}+x_{13}+x_{14}+x_{15}=50\\x_{21}+x_{22}+x_{23}+x_{24}+x_{25}=60\\x_{31}+x_{32}+x_{33}+x_{34}+x_{35}=50\\x_{11}+x_{21}+x_{31}=30\\x_{12}+x_{22}+x_{32}=70\\x_{13}+x_{23}+x_{33}=20\\x_{14}+x_{24}+x_{34}=30\\x_{15}+x_{25}+x_{35}=10\end{cases}$$

$x_{ij}\geq 0\ (i=1,2,3;\ j=1,2,3,4,5)$

可想而知，利用单纯形法若用笔算来求解该线性规划问题是异常困难的。这里有15个变量 $x_{ij}(i=1,2,3;\ j=1,2,3,4,5)$，仅计算一个可行基 B 的逆至少要花费半天的时间。人们自然想到利用计算机，数学工作者早就将单纯形法用算法语言编成程序，并制作了计算机软件，使用计算机只需几分钟即可得到该问题的计算结果。

2. 连续投资问题

例2　某公司在今后五年内考虑给下列项目投资，已知：

项目Ⅰ，从第一年到第四年每年年初需要投资，并于次年末回收本利115%。

项目Ⅱ，第三年初需要投资，到第五年末能回收本利125%，但最大投资额不超过4万元。

项目Ⅲ，第二年初需要投资，到第五年末能回收本利140%，但最大投资额不超过3万元。

项目Ⅳ，五年内每年初可购买公债，于当年末可回收本利106%。

该公司现有资金10万元，问它应如何确定给这些项目每年的投资额，使到第五年末期拥有的资金的本利总额为最大?

解：假设 x_{ij} 表示该公司第 i 年（$i=1, 2, \cdots, 5$）给第 j 个项目（$j=1, 2, 3, 4$）的投资额，由已知则有

第一年：该公司初拥有资金100000元，只能在第Ⅰ、Ⅳ项目上投资，所以有

$$x_{11}+x_{14}=100000 \qquad ①$$

第二年：因第一年给项目Ⅰ的投资要到第二年末才能回收，所以该公司在第二年初拥有资金额仅为项目Ⅱ在第一年回收的本息 $x_{14}(106\%)$，第二年只能给项目Ⅰ、Ⅲ、Ⅳ投资，所以有

$$x_{21}+x_{23}+x_{24}=1.06x_{14} \qquad ②$$

第三年：第三年初的资金额是从项目Ⅰ第一年投资额及项目Ⅳ第二年投资中回收的本利总和：$x_{11}(1+15\%)$ 及 $x_{24}(1+6\%)$。于是第三年的资金分配为

$$x_{31}+x_{32}+x_{34}=1.15x_{11}+1.06x_{24} \qquad ③$$

第四年：同上分析，可得

$$x_{41}+x_{44}=1.15x_{21}+1.06x_{34} \qquad ④$$

第五年：

$$x_{54}=1.15x_{31}+1.06x_{44} \quad ⑤$$

此外，由于对项目Ⅱ、Ⅲ的投资额的规定，即

$$x_{32}\leq 40000 \quad ⑥$$

$$x_{23}\leq 30000 \quad ⑦$$

以上①—⑦是公司每年给每个项目的投资额 $x_{ij}(i=1,2,\cdots,5;j=1,2,3,4)$ 所需满足的条件。在该条件下，问题要求在第五年末该公司手中拥有的资金额 $S=1.15x_{41}+1.40x_{23}+1.25x_{32}+1.06x_{54}$ 最大。

将①—⑦式整理并作为约束条件，将 S 作为目标函数，于是得到下列线性规划问题：

求 $\max S=1.15x_{41}+1.40x_{23}+1.25x_{32}+1.06x_{54}$

$$\text{满足}\begin{cases}x_{11}+x_{14}=100000\\-1.06x_{14}+x_{21}+x_{23}+x_{24}=0\\-1.15x_{11}-1.06x_{24}+x_{31}+x_{32}+x_{34}=0\\-1.15x_{21}-1.06x_{34}+x_{41}+x_{44}=0\\-1.15x_{31}-1.06x_{44}+x_{54}=0\\x_{24}\leq 30000\\x_{32}\leq 40000\\x_{ij}\geq 0\ (i=1,2,\cdots,5;j=1,2,3,4)\end{cases}$$

用 LINDO 求解，得到：

第一年：$x_{11}=34783$ 元（对项目Ⅰ的投资额）

$x_{14}=65217$ 元（对项目Ⅱ的投资额）

第二年：$x_{21}=39130$ 元（以下类同，注略）

$x_{23}=30000$ 元　　$x_{24}=0$

第三年：$x_{31}=0$　　$x_{32}=40000$ 元　　$x_{34}=0$

第四年：$x_{41}=45000$ 元　　$x_{44}=0$

第五年：$x_{45}=0$

到第五年末该公司拥有资金总额为 143750 元，即按此方案投资可达到最大盈利 43.75%。

3. 生产组织与计划问题

在工业生产中，生产的组织与计划是一个很复杂的问题。各行各业生产不同产品，使用性能不同的设备，在生产规模、生产条件、生产周期以及生产人员的数目、素质、技术等方面的差异，使得生产组织与计划千变万化。如何从理论上解决这个问题，需要专门从事经济管理工作者去研讨。本书仅介绍下列几种情况，说明线性规划理论在生产组织与计划方面的应用。

（1）某工厂在计划期内需要生产 m 种产品 A_i，（$i=1, 2, \cdots, m$）这些产品需要在 n 种设备 B_j（$j=1, 2, \cdots, n$）上加工、按工艺要求产品 A_i 在设备 B_j 上所需要的加工台时数为 λ_{ij}（一台设备工作一小时称为一台时），并且已知设备 B_j 在计划期最大使用台时数为 b_j，若该工厂每生产一件产品 A_i 可得利润为 c_i 元，问应如何制定生产计划才能得到最大利润？

假设 x_i 表示在计划期内生产产品 A_i（$i=1, 2, \cdots, m$）的产量，于是根据已知条件，生产这些产品使用设备 B_j（$j=1, 2, \cdots, n$）的台时数为 $\lambda_{1j}x_1+\lambda_{2j}x_2+\cdots+\lambda_{mj}x_m=\sum_{i=1}^{m}\lambda_{ij}x_i$ 并小于或等于设备 B_j 在计划期内最大使用台时数 b_j，即满足条件：$\sum_{i=1}^{m}\lambda_{ij}x_i \le b_j(j=1,2,\cdots,n)$ 下，求该工厂在计划期内总利润 $S=c_1x_1+c_2x_2+\cdots+c_mx_m=\sum_{i=1}^{m}c_ix_i$ 的最大值，即这是一个典型的线性规划问题：

求：$\max S=\sum_{i=1}^{m}c_ix_i$

满足：$\sum_{i=1}^{m}\lambda_{ij}x_i\le b_j$（$j=1, 2, \cdots, n$）

例 3　求解 §1 例 2。

该例已在 §2 例 1 中用图解法得到解答。

上面的例子说明利用科学的生产组织与计划，可以合理地使用设备。

（2）设某车间用机床 A_1、A_2，$\cdots$，A_m 生产 B_1，B_2，$\cdots$，B_n 这 n 个不同零件构成的机器。如果每架机器需要各种零件的数目成比例 $\lambda_1:\lambda_2:\cdots:\lambda_n$；机床 A_i 生产零件 B_j 的效率（每日生产零件数）为 C_{ij}。问应如何分配机床负荷，才使生产的机器最多？

由于各种机床生产各种零件的效率不同，可通过合理地分配每台机床的负荷（工作时间），扬长避短力求生产出最多的配套机器。为此假设 x_{ij} 为机床 A_i 生产零件 B_j 的时间（单位：日）

（$i=1, 2, \cdots, m; j=1, 2, \cdots, n$）这一问题的数学模型为：

求一组变量 $x_{ij}(i=1, 2, \cdots, m; j=1, 2, \cdots, n)$ 的值，使它满足约束条件 D：

$$\begin{cases} \sum\limits_{j=1}^{n} x_{ij} = 1 \quad (i=1, 2, \cdots, m) \\ \text{（机床 } A_i \text{ 生产各种零件时间总和应等于 1）} \\ \sum\limits_{i=1}^{m} c_{i1}x_{i1} : \sum\limits_{i=1}^{m} c_{i2}x_{i2} : \cdots : \sum\limits_{i=1}^{m} c_{in}x_{in} = \lambda_1 : \lambda_2 : \cdots : \lambda_n \\ \text{即 } \dfrac{\sum\limits_{i=1}^{m} c_{i1}x_{i1}}{\lambda_1} = \dfrac{\sum\limits_{i=1}^{m} c_{i2}x_{i2}}{\lambda_2} = \cdots = \dfrac{\sum\limits_{i=1}^{m} c_{in}x_{in}}{\lambda_n} = S \\ \text{（各机床一天生产各种零件总数，应成一定比例）} \\ x_{ij} \geq 0 \ (i=1, 2, \cdots, m; j=1, 2, \cdots, n) \end{cases}$$

并且使目标函数 $S=\dfrac{\sum\limits_{i=1}^{m} c_{i1}x_{i1}}{\lambda_1}$ 的值最大。

特别地，当 $\lambda_1 : \lambda_2 : \cdots : \lambda_n = 1 : 1 : \cdots : 1$（即每架机器需要各种零件数目相同）时，它的数学模型为：

求一组变量 $x_{ij}(i=1, 2, \cdots, m; j=1, 2, \cdots, n)$ 的值，使它满足：

$$\begin{cases} \sum\limits_{j=1}^{m} x_{ij} = 1 (i=1, 2, \cdots, m) \\ \sum\limits_{i=1}^{m} c_{i1}x_{i1} = \sum\limits_{i=1}^{m} c_{i2}x_{i2} = \cdots = \sum\limits_{i=1}^{m} c_{in}x_{in} \\ x_{ij} \geq 0 (i=1, 2, \cdots, m; j=1, 2, \cdots, n) \end{cases}$$

并且使目标函数 $S=\sum\limits_{i=1}^{m} c_{i1}x_{i1}$ 的值最大。

例 4　现有三种机床，生产某种产品的两种零件。产品需要这两种零件的数目相同。各机床生产两种零件的日产量如表 2—70 所示。问应如何组织生产，使总产量最大。

表 2—70

机床日产量 零件 / 机床	B_1	B_2
A_1	30	20
A_2	15	40
A_3	18	50

解：假设机床 A_i（$i=1$，2，3）加工零件 B_j（$j=1$，2）时间为 x_{ij}（$i=1$，2，3；$j=1$，2）。依题意求 x_{ij}的值，使其满足：

$$\begin{cases} x_{11}+x_{12}=1 \\ x_{21}+x_{22}=1 \\ x_{31}+x_{32}=1 \\ 30x_{11}+15x_{21}+18x_{31}=20x_{12}+40x_{22}+50x_{32} \\ x_{ij}\geq 0\ (i=1,\ 2,\ 3;\ j=1,\ 2) \end{cases}$$

并使零件日总产量 $S=30x_{11}+15x_{21}+18x_{31}$的值最大。

以下是利用 LINDO 计算出的结果：

$x_{11}=1$　　$x_{12}=0$　　$x_{21}=1$　　$x_{22}=0$

$x_{31}=0.073529$　　$x_{32}=0.926471$

$\max S=46.323528$

计算结果表明：机床 A_1 和 A_2 只生产零件 B_1，不生产零件 B_2；机床 A_3 在一天内用 92.6471% 的时间生产零件 B_2，其余的 7.3529% 时间生产零件 B_1。这样组织生产可得到数目相同的两种零件，该种产品的最大日产量为 46 件。

（3）某工厂用机床 A_1，A_2，…，A_m 加工 B_1，B_2，…，B_n 种零件。在一个生产周期，各机床工作的机时、工厂必须完成各零件加工数、各机床加工每个零件的时间（单位：台时/个）和加工每个零件的成本（单位：元/个）如表 2—71

和表 2—72 所示，问按照这个生产周期，怎样安排各机床的生产任务，才能既完成加工任务，又使总的加工成本最低。

表 2—71

加工每个零件的时间 零件 / 机床	B_1	B_2	…	B_n	在一周期能工作机时
A_1	x_{11}	x_{12}	…	x_{1n}	a_1
A_2	x_{21}	x_{22}	…	x_{2n}	a_2
⋮	⋮	⋮	…	⋮	⋮
A_m	x_{m1}	x_{m2}	…	x_{mn}	a_m
必须加工零件数	b_1	b_2	…	b_n	

表 2—72

加工每个零件的成本 零件 / 机床	B_1	B_2	…	B_n
A_1	c_{11}	c_{12}	…	c_{1n}
A_2	c_{21}	c_{22}	…	c_{2n}
⋮	⋮	⋮	…	⋮
A_m	c_{m1}	c_{m2}	…	c_{mn}

设 x_{ij} 为机床 A_i 在下一生产周期加工零件 B_j 的个数（$i=1, 2, \cdots, m$; $j=1, 2, \cdots, n$），这一问题的数学模型为：

求一组变量 x_{ij}（$i=1, 2, \cdots, m$; $j=1, 2, \cdots, n$）的值，使它满足约束条件：

$$\begin{cases}\sum_{j=1}^{n} c_{ij}x_{ij} \le a_i\ (i=1,\ 2,\ \cdots,\ m) \\ \text{（机床 } A_i \text{ 生产各种零件总台时不能超过 } A_i \text{ 的工作机时）} \\ \sum_{i=1}^{m} x_{ij} \ge b_j\ (j=1,\ 2,\ \cdots,\ n) \\ \text{（各机床加工零件 } B_j \text{ 的总数不能少于 } B_j \text{ 的需要数）} \\ x_{ij} \ge 0 \text{ 整数 } (j=1,\ 2,\ \cdots,\ n;\ i=1,\ 2,\ \cdots,\ m) \\ \text{（加工零件数不能为负数、分数）}\end{cases}$$

并且使目标函数 $S=\sum_{j=1}^{n}\sum_{i=1}^{m} c_{ij}x_{ij}$（加工总成本）的值最小。

例 5　某工厂用机床 A_1，A_2，A_3 加工零件 B_1，B_2，在一个生产周期，各机床只能工作的台时、必须完成各零件的加工数、加工每个零件所需台时数和加工每个零件的成本如表 2—73 和表 2—74 所示。问按照这个生产周期，怎样安排各机床的生产任务，才能既完成加工任务，又使总的加工成本最低？

表 2—73

零件 / 加工每个零件所需台时 / 机床	B_1	B_2	计划期内能使用的台时数
A_1	1	2	48
A_2	1.5	1	42
A_3	2	0.5	56
必须加工零件数（个）	50	70	

表 2—74

零件 / 每个零件加工费（元/个） / 机床	B_1	B_2
A_1	4	3
A_2	3	5
A_3	2	2

解：设该工厂生产周期在由机床 A_i（$i=1, 2, 3$），生产零件 B_j（$j=1, 2$）的个数为 x_{ij}。依题意得如下线性规划问题：

求 $\min S=4x_{11}+3x_{12}+3x_{21}+5x_{22}+2x_{31}+2x_{32}$

$$\text{满足}\begin{cases}x_{11}+x_{12}\leq 48\\ 1.5x_{21}+x_{22}\leq 42\\ 2x_{31}+0.5x_{32}\leq 56\\ x_{11}+x_{21}+x_{31}\geq 50\\ x_{12}+x_{22}+x_{32}\geq 70\\ x_{ij}\geq 0\ (i=1, 2, 3;\ j=1, 2)\end{cases}$$

利用 LINDO 求解，结果如下：

$x_{11}=11.5$（个）　$x_{12}=0$（个）

$x_{21}=28$（个）　$x_{22}=0$（个）

$x_{31}=10.5$（个）　$x_{32}=70$（个）

这样组织生产，使加工费最省，为 291 元。

以上是理论计算结果，实际上机床 A_1 加工零件 B_1 应为 12 个，比 11.5 个增加加工费 2 元；机床 A_3 加工零件 10 个，比 10.5 个减少加工费 1 元。机床 A_2 加工零件 B_1 和机床 A_3 加工零件 B_2 分别仍为 28 个，70 个。这样加工费为 292 元。

读者可能提出问题，为了避免机床 A_1、A_2 加工半个零件 B_1，为何不让 A_2 加工 11 个 B_1，A_1 也加工 11 个 B_1，使得总加工费为 290 元呢？该问题的提出是由于读者忽视了约束条件，因而该问题是错误的。事实上，当 $x_{31}=11$，$x_{32}=70$ 时，$2x_{31}+0.5x_{32}=2\times 11+5\times 7=57>56$，这样不满足第三个约束条件。

4. 合理利用资源问题

例 6　参看 §6 例 7。

这类问题一般由表 2—71 给出，其数学模型为：

求一组变量 x_j（$j=1, 2, \cdots, n$）的值，使其满足

$$\sum_{j=1}^{n} c_{ij}x_j \le a_i(i = 1,2,\cdots,m)$$

（生产各种产品所需原料数 A_i 的总数不能超过 A_i 的现有数 a_i）

$$x_j \geqslant 0\ (j=1,\ 2,\ \cdots,\ n)$$

并且使目标函数 $S = \sum_{j=1}^{n} b_jx_j$ 的值最大（即总利润最多）（表 2—75）。

表 2—75

单位产品所需原料数 产品 / 原料	B_1	B_2	…	B_n	现有原料
A_1	c_{11}	c_{12}	…	c_{1n}	a_1
A_2	c_{21}	c_{22}	…	c_{2n}	a_2
⋮	⋮	⋮	…	⋮	⋮
A_m	c_{m1}	c_{m2}	…	c_{mn}	a_m
单位产品可得利润	b_1	b_2	…	b_n	

5. 合理下料问题和合理配料问题

这类问题在本章开始作为线性规划问题的引入就提出过。现解答 §1 例 1，并给出这类问题的数学模型。

例 7　求解 §1 例 1

§1 例 1 归纳为求解线性规划问题：

求 $\min S = 0.1x_2 + 0.2x_3 + 0.7x_4 + 0.8x_5$

$$满足\begin{cases} 2x_1 + x_3 + x_5 = 100 \\ 2x_2 + 2x_3 + x_4 + x_5 = 100 \\ x_1 + 2x_2 + 3x_4 + x_5 = 100 \\ x_j \geqslant 0\ (j=1,\ 2,\ \cdots,\ 5) \end{cases}$$

其中 x_j 表示用 j（$j=1,\ 2,\ \cdots,\ 5$）种方式下料所需原材料的根数。

用单纯形法笔算解之，这里

$$A=\begin{pmatrix}2&0&1&0&1\\0&2&2&1&1\\1&2&0&3&1\end{pmatrix}\qquad b=\begin{pmatrix}100\\100\\100\end{pmatrix}$$

$$C=(0,\ 0.1,\ 0.2,\ 0.7,\ 0.8)$$

选取基 $B=\begin{pmatrix}2&0&1\\0&2&2\\1&2&0\end{pmatrix}$，求得 $B^{-1}=\begin{pmatrix}\frac{2}{5}&-\frac{1}{5}&\frac{1}{5}\\-\frac{1}{5}&\frac{1}{10}&\frac{2}{5}\\\frac{1}{5}&\frac{2}{5}&-\frac{2}{5}\end{pmatrix}$

对应于 B 的单纯形表 2—76：

表 2—76

		x_1	x_2	x_3	x_4	x_5
S	7	0	0	0	-0.67	-0.73
x_1	40	1	0	0	2/5	2/5
x_2	30	0	1	0	13/10	3/10
x_3	20	0	0	1	-4/5	1/5

由对应于基 B 的 $B^{-1}b>0$，且检验数 $C_BB^{-1}A-C<0$，故 B 不仅是可行基，而且是最优基，因此该问题的最优解为：

$$\begin{cases}x_1=40\\x_2=30\\x_3=20\\x_4=x_5=0\end{cases}$$

即该问题的答案是采用第Ⅰ、Ⅱ、Ⅲ种截料方式，分别需要原材 40 根、30 根、20 根（共 90 根），可制作钢筋架子 100 套。这种截料方案使用原材最省，共用 90 根钢筋原材，废料仅为 7 米。

合理下料问题的数学模型为：

设用某原材料（条材或板材）下零件 A_1，A_2，…，A_m 的毛坯。根据过去经验在一件原材料上有 B_1，B_2，…，B_n 种不同的下料方式，每件下料方式可得各种毛坯个数 $b_{ij}(i=1，2，\cdots，m；j=1，2，\cdots，n)$ 和废料数量 $c_j(j=1，2，\cdots，n)$ 及每种零件需要量 $a_i(i=1，2，\cdots，m)$，如表 2—77 所示。问应怎样选择下料方式。使得既能满足需要，又使得用后的原材料截下的废料最少。

表 2—77

各方式下料的零件个数 \ 下料方式 零件	B_1	B_2	…	B_n	零件需要量
A_1	b_{11}	b_{12}	…	b_{1n}	a_1
A_2	b_{21}	b_{22}	…	b_{2n}	a_2
⋮	⋮	⋮	…	⋮	⋮
A_m	b_{m1}	b_{m2}	…	b_{mn}	a_m
各方式下的废料量	c_1	c_2	…	c_n	

设用 B_j 种方式下料的原材料数为 x_j，则这类问题的数学模型为：

求一组变量 $x_j(j=1，2，\cdots，m)$ 的值，使它满足约束条件 D：

$$\begin{cases}\sum\limits_{j=1}^{n} b_{ij}x_j = a_i \quad (i=1，2，\cdots，m)\\ x_j \geq 0 \quad (j=1，2，\cdots，n)\end{cases}$$

并使目标函数 $S=\sum\limits_{j=1}^{n} c_j x_j$ 的值最小。

合理下料的数学模型也适用于合理配料问题。

设用 n 种原料 B_1，B_2，…，B_n 制成具有 m 种成分 A_1，A_2，…，A_m 的产品，其所含各成分需要量分别为 a_1，a_2，…，a_m，各种原料的单价，以及各种原料所含成分的数量如表 2—78 所示。问：应如何配料才能使产品成本最低？

表 2—78

一单位原料所含成分的数量 原料 / 原料所含成分	B_1	B_2	…	B_n	产品所含成分需要量
A_1	b_{11}	b_{12}	…	b_{1n}	a_1
A_2	b_{21}	b_{22}	…	b_{2n}	a_2
⋮	⋮	⋮	…	⋮	⋮
A_m	b_{m1}	b_{m2}	…	b_{mn}	a_m
各方式下的废料量	c_1	c_2	…	c_n	

注意：该数学模型中的约束条件有时根据实际问题的需要“=”可改为“≥”或“≤”；目标函数亦可由求最小值改为求最大值。

例 9 参看 §8 例 2。

作物布局问题和劳力安排问题已在 §4 中讲述表上作业法时，作为基本方法的推广已做了介绍，这里不再赘述。

需要说明的是:(1)这两类问题也应属于生产组织与计划问题的内容。(2)这两类问题的解法除用表上作业法外，同样可用单纯形法以及变量较多时采用电算法。

请读者作为习作，采用电算法求解 §4 例 5 和例 6。

第三章　图论初步

图论是运筹学的一个重要分支，它的创始人是著名数学家欧拉（Euler），在1936年欧拉成功地解决了哥尼斯堡的七桥问题。哥尼斯堡的一条河中有两个小岛（图3—1），*A*岛到河的两岸各有两座桥，*B*岛到河的两岸各有一座桥，两个岛之间有一座桥，共七座桥。某人从某地出发去散步，每座桥恰好经过一次，再回到出发地点，问是否有这样的行走路线？

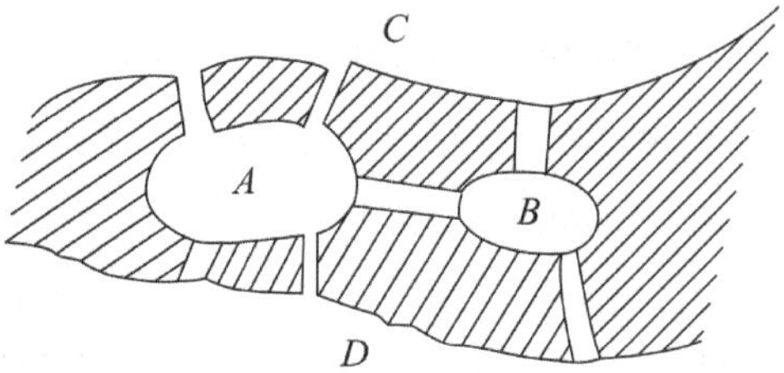

图3—1

欧拉巧妙地将河分割成的四块陆地看作四个“点”*A*、*B*（两个岛），*C*、*D*（河的两岸），这样七座桥就成为连接这四个点的七条“边”，于是由“点”“边”构成了一个“图”（图3—2），问题转记为：某人从某点出发，经过每条边一次且仅仅一次，再回到原出发点的“通路”是否存在？直观地看出，答案是否定的，不仅如此，欧拉还从理论上使人信服地解答了这个问题。

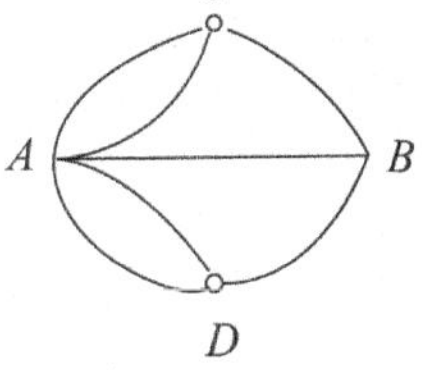

图3—2

§1　基本概念

图3—2非同平面几何学中的图形，它的“点”无固定位置；“边”无长短曲直之分。譬如，七桥问题还可用如下的“图”表示：

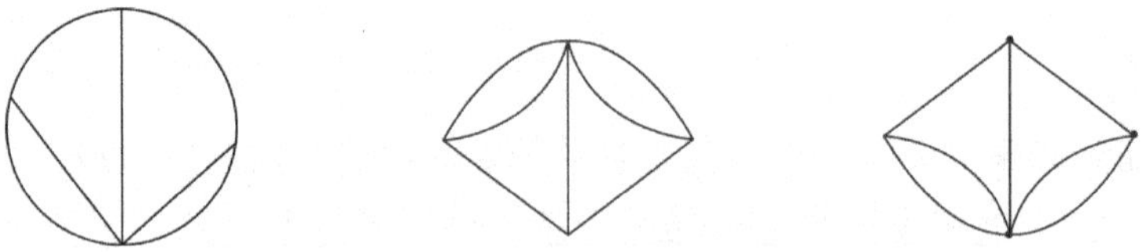

图3—3

欧拉把这样抽象的“图”，定义为由“点”集 D、“边”集 E，构成的二元集 $G(D、E)$。“点”集 D 中的元素称为图的顶点，通常用 v_1，v_2，…，v_P 表示。“边”集 E 中的元素，仍称为图的边。通常用 e_1，e_2，…，e_g 表示（图3—4）。

七桥问题抽象为图3—4，其最本质的东西在于一个图的顶点个数 P，边的条数 q，以及从一个顶点出发的边数 V，记作 $d(v)=V$，称为顶点 v 的次数，例如：$d(v_1)=3$，$d(v_2)=5$，$d(v_3)=3$，$d(v_4)=3$。在图3—5中，在 v_1 处有一个“圈”，称为图 G 的一个环，（其特征是：边 e 的两个端点相同），并特殊规定，把从一个顶点处出发的一个环，看作从该点出发的两条边，因此 $d(v_1)=4$。$d(v)=V$ 经常确定了一个图的性质，V 为偶数称 v 为偶顶点，V 为奇数称 v 为奇顶点。另外，联结 v_3，v_4 的有两条边 e_4，e_5，称这样的边为多重边。

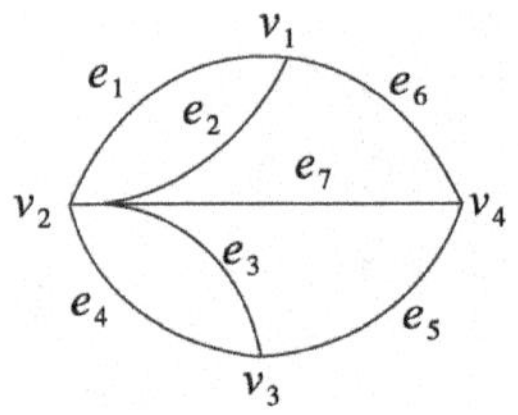

图3—4

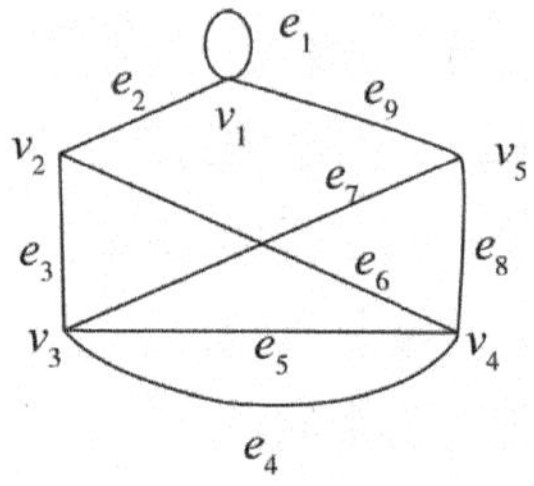

图3—5

定义图的如下几个概念：

简单图——无环无多重边的图。前面的图都非简单图。

完全图——各对顶点间都有一条边相连的简单图。例如，图 3—6 为简单图、完全图。

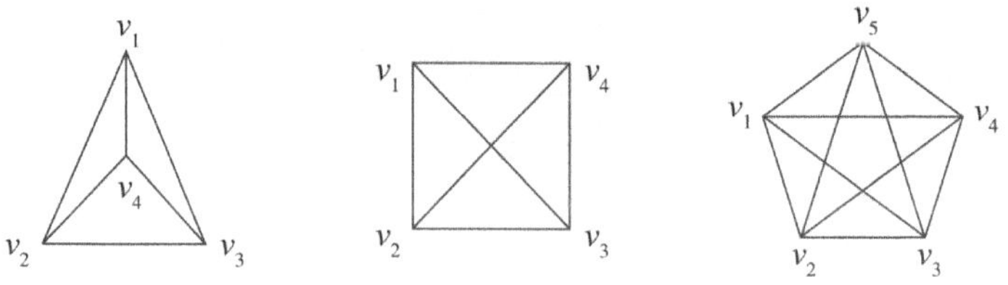

图 3—6

§2　欧拉图

若简单图 G 的一个由点和边交替组成的序列 $W = v_0e_1v_1e_2\cdots v_ke_k$，若对 $1 \leqslant i \leqslant k$ 的边 e_i 的端点是 v_{i-1} 和 v_i，则称 W 是由 v_0 到 v_k 的一条链。若 $v_0 = v_k$，称 W 为闭链，否则称开链，闭链也称为圈，若链中含的边均不相同，谓之简单链；若点也不相同，谓之初等链（亦称通路）。

例如，图 3—4 中 $v_1e_1v_2e_2v_1e_6v_4$ 是简单链，但不是初等链；在图 3—5 中 $v_5e_8v_4e_4v_3e_7$ 是闭链，又是简单链、初等链（或通路）。

给出如下概念：

连通图——任意两点间都存在一条通路的图。

欧拉链——经过图的每条边一次且仅仅一次的链。

欧拉图——有一条闭的欧拉链的图。

欧拉给出前面一系列的概念定义之后，成功地证明了下述定理：“在一个连通图 G 中有欧拉链的充要条件是图 G 的奇顶点数为 0 或 2，并且，当且仅当奇顶点数为 0 时，图 G 是欧拉图。”（定理的证明从略）下面计算图 3—2 的每个顶点的次数。易知：$d(A) = 5$，$d(B) = d(C) = d(D) = 3$，该图的奇点数为 4，而不是 0 或 2，因此，该图中没有欧拉链，它更不是欧拉图。也就是说，从一点出发，经过每条边一次且仅仅一次，再回到原出发点的通路不存在。这样，七桥问题就得到了圆满的解答。欧拉图也称一笔画，即一个图若能一笔画出，这个图必是欧拉图或含有欧拉链。

请读者根据欧拉图的定义和判定定理，识别图3—7中的各图是否为欧拉图。

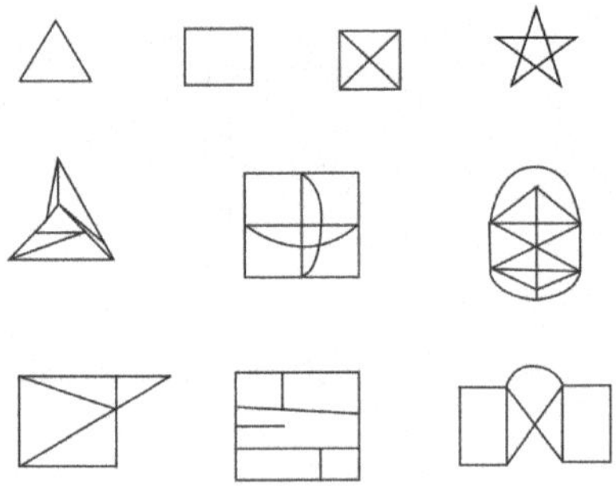

图3—7

§3　中国邮递员问题

一个邮递员送信送报纸，要走完他负责投递的全部街道，完成任务后回到邮局，应该按照怎样的路走，所走的路线最短。如果把它抽象为图的语言，就是给定一个连通图 G，由于每条街道的长度是已知的，给出图 G 的每边 e_i 的长度 $w(e_i)$［称给图的边赋权，$w(e_i)\geqslant 0$］，问题化作在图 G 上，求一个圈，过每边至少一次，并使圈长的总数最小。

如果 G 恰是欧拉图，则从邮局出发，每边恰好走一次可回到邮局（一笔画），这时圈长的总数必定最小。

如果 G 不是欧拉图，则某些边必然要重复走。要求重复走过的边总长最小，下面介绍解决这个问题的奇偶点图上作业法。

首先解决一个理论问题，由§1的定理知道一个连通图（非空）是欧拉图的充分必要条件是奇顶点数为0。因此，对非欧拉图 G 必有奇顶点，并且必有偶数个。

下面给出奇偶点图上作业法的计算步骤：

（1）找出图 G 的所有奇顶点，将它们两两配对。每对奇顶点间必有一条通路 P（因 G 是连通图），将通路 P 上所有的边都重复一次加到图 G 中，使所得到的新图中的顶点全是偶顶点。

（2）如果边 e 上重复边多于一条，则可以从 e 的重复边中去掉偶数条，使得图中顶点仍全部是偶顶点。

（3）检查图中的每个圈，如果每个圈的重复边的总长不大于该圈总长的一半时，则已求得最优方案。如果存在一个圈，重复边的总长大于该圈总长的一半时，就进行调整：将这个圈的重复边去掉，而将该圈中原来没有重复边的各边加重复边，其他各圈的边不变，返回（2）。

例 1　求图 3—8 的最短邮路。

图中各边上所标的数字为该边的赋权数，即该段路线的长度。这里仅是示意图，各边间不必按比例画。

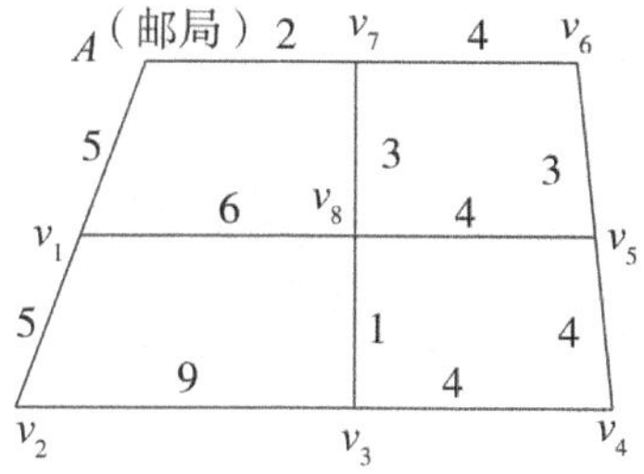

图 3—8

解：（1）该图的奇顶点为 v_1，v_3，v_5，v_7［因为 $d(v_1)=d(v_3)=d(v_5)=d(v_7)=3$］，将它们两两配对，譬如，将 v_1 和 v_3，v_5 和 v_7 配对。将 v_1 与 v_3 间的通路 v_1—v_8—v_3（显然还有 v_1—v_2—v_3，一般选择最短的，可以减少调整次数）上的所有边都重复一次加到图上；再将 v_5 和 v_7 间的通路 v_5—v_8—v_7 上的所有边都重复一次加到图上，得到图 3—9。

（2）由于图 3—9 上的重复边没有多于一条的，因此，该步骤不必进行。

（3）检查图 3—9 的每个圈：在圈 A—v_1—v_8—v_7—A 中，由于重复边的长 $=6+3=9>\frac{5+6+3+2}{2}=\frac{16}{2}=8=$ 圈长的一半，因此需要调整：将这个圈中的重复边去掉，而将该圈中原来没有重复边的各边加上重复边，其他各圈的边不变，于是得到图 3—10，这时图 A—v_1—v_8—v_7—A 重复边的长小于圈长的一半。再

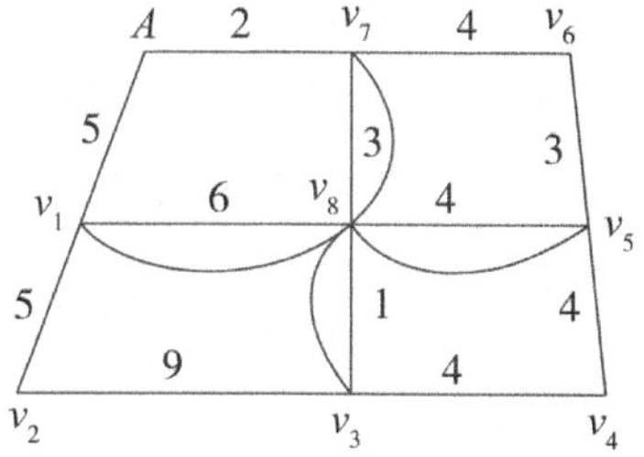

图 3—9

检查圈 v_7—v_8—v_5—v_6—v_7，显然，该圈重复边的长等于（不大于）圈长的一半。另外，含有重复边的圈还有 v_8—v_5—v_4—v_3—v_8 等，它们都满足要求，所以，已找到了最短邮路，如图 3—11 所示。

A—v_2—v_4—v_5—v_8—v_3—v_8—v_5—v_6—v_7—v_8—v_1—A—v_7—A

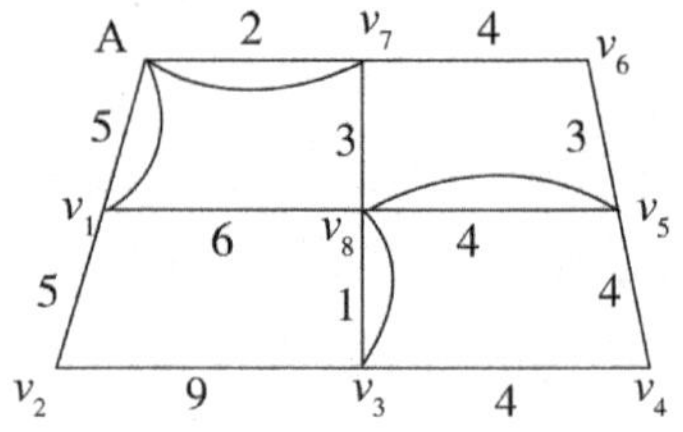

图 3—10

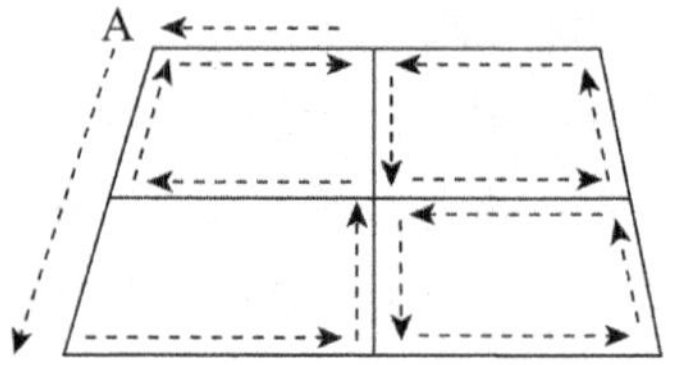

图 3—11

注意：(1) 该例的最优方案，实际上是将奇顶点 v_1 与 v_7，v_3 与 v_5 配对的直接结果。问题若一开始就这样配对，就无须进行调整。因此，求一个邮递员的最短邮路问题，一开始选择奇顶点配对的最佳方法，是减少调整步骤的关键。

(2) 减少调整步骤的关键之二是确定奇顶点对之后，选择奇顶点对之间的最短通路 P。譬如，该例若将 v_1 和 v_3，v_5 和 v_7 配对，并选择 $v_1 \to v_3$ 的通路 v_1—A—v_7—v_6—v_5—v_4—v_3，选择 $v_5 \to v_7$ 的通路 v_5—v_4—v_3—v_2—v_1—A—v_7，并且将这两条通路上所有的边重复一次加到图中(图 3—12)，会带来不少麻烦，当然，可以根据奇偶点作业法步骤(2)去掉多于两条的偶数条重复边，得图 3—13，由于在圈v_1—v_2—v_3—v_8—v_1上，重复边的长 $=5+9>\frac{5+6+9+1}{2}=\frac{21}{2}=$ 圈长的一半，故

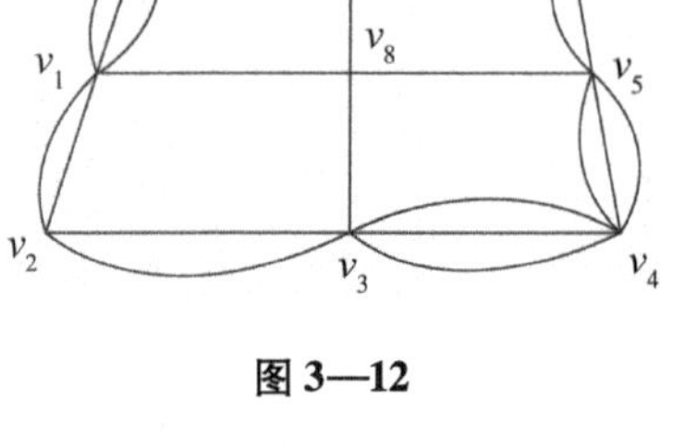

图 3—12

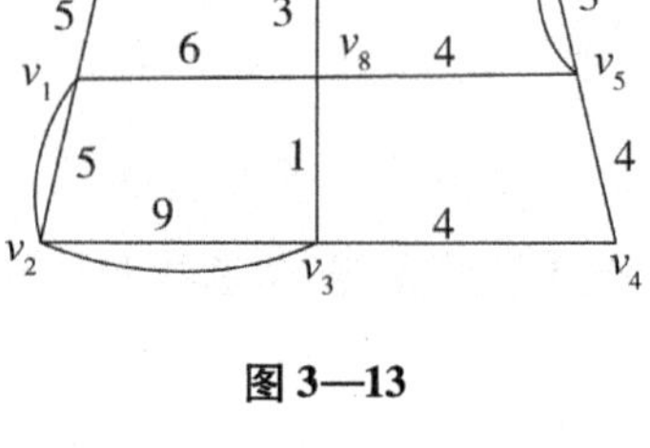

图 3—13

需调整，在圈 $v_5—v_6—v_7—v_8—v_5$ 上，由于重复边的长 $=4+3=\frac{3+4+3+4}{2}=$ 圈长的一半，不需调整，若将图 3—13 中的圈 $v_1—v_2—v_3—v_8—v_1$ 进行调整会得到与图 3—10 相同的最短邮路。

例 2　求图 3—14 的最短邮路，A 是邮局。

解：（1）因为 $d(v_1)=d(v_2)=d(v_5)=d(v_6)=3$，所以有奇顶点 v_1，v_3，v_5，v_6，将 v_1 与 v_5，v_2 与 v_6 分别配对。并找出 $v_1 \to v_5$，$v_2 \to v_6$ 的通路 $v_1—v_6—v_5$，$v_2—v_1—v_6$ 且将通路上各边重复一次得图 3—15。（2）去掉多于一条的偶数条重复边，得图 3—16。（3）显然，在图 3—16 的 $v_2—v_5—v_6—v_1—v_2$ 中，重复边总长 $=4+4=8>\frac{4+3+4+3}{2}=7=$ 圈长的一半，故需调整。将该圈中的重复边去掉，原来圈中没有重复边的加上重复边，得到图 3—17，然后再逐圈进行检查。结果表明得到最短邮路，如图 3—18。

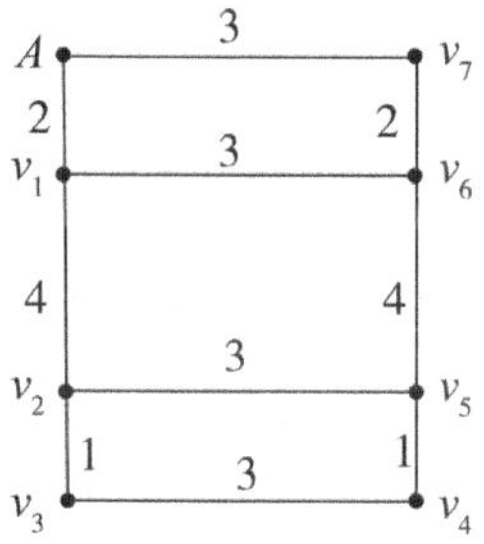

图 3—14

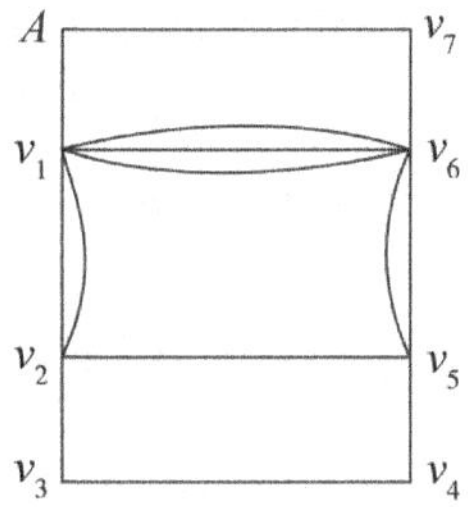

图 3—15

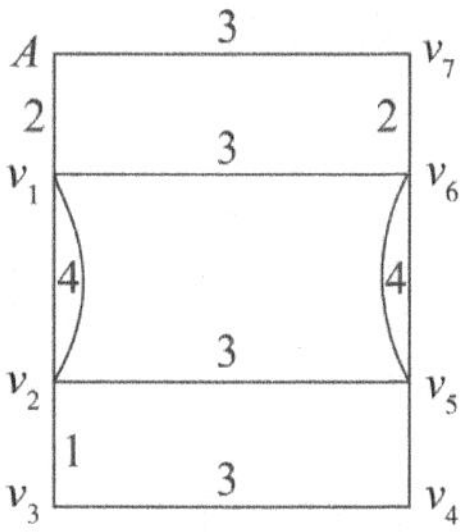

图 3—16

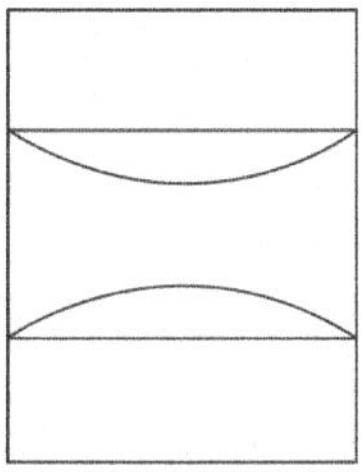

图 3—17

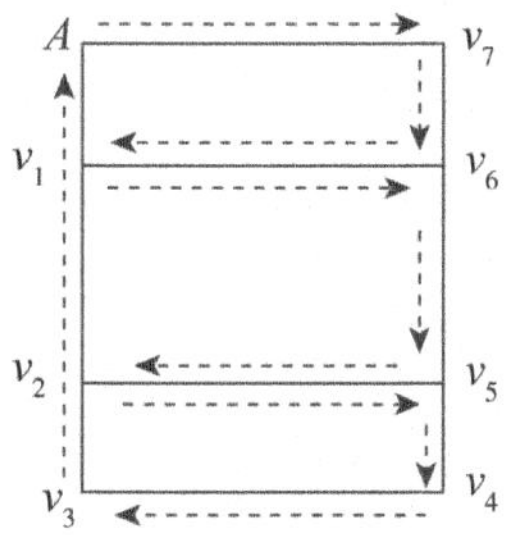

图 3—18

请读者练习，寻找图 3—19 中的邮路图的最短邮路（A 为邮局）。

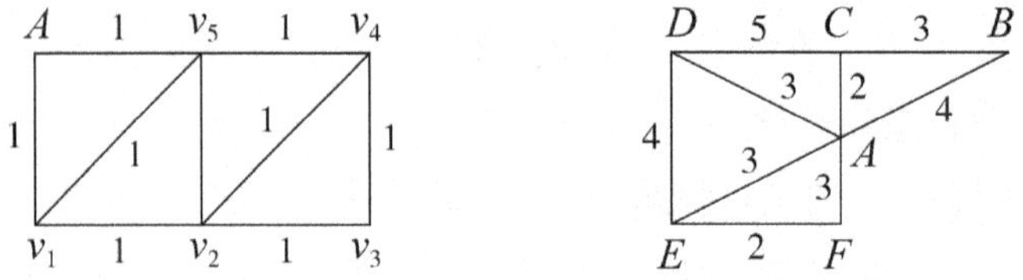

图 3—19

§4　最短通路问题

最短通路问题是图论中的一个基本问题。它在通信、天然气、石油管道铺设、公路网等实际问题中有着广泛的应用。例如，从油田 v_0 铺设管道到原油加工厂 v_6，要求管道必须沿图 3—20 中所给定的道路铺设，试求使管道总长最短的铺设方案。该图与前面所讲的赋权图不同，在图 $G(V,\ E)$ 中边 e 已赋权（称为边长）的基础上，并且确定了从顶点 $v_i \to v_j$ 的方向（用箭头标出），这时称这样的图为有向图（前面的图称为无向图），这样的边改称为弧，记为 C_{ij}，它表示以 v_i 为起点 v_j 为终点的边长（弧长）。以后，用 A 表示弧集，有向图用 $D(V、A)$表示。

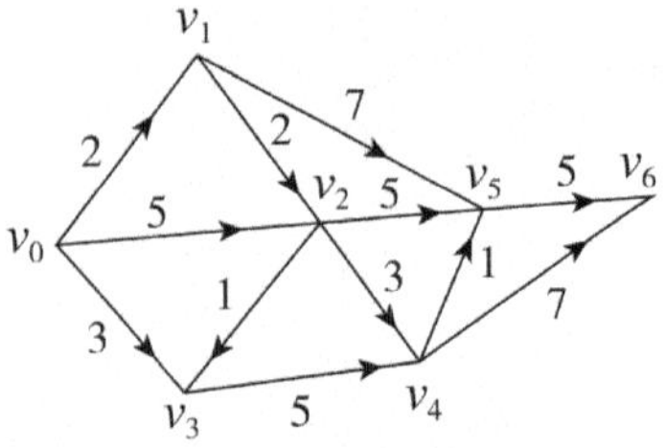

图 3—20

问题是求一条 $v_0 \to v_6$ 的单向通路 P，使其弧长最小。从本例起，介绍求最短通路的标号算法。该法的基本思想是：采取从 v_0 出发，逐步向前探寻的方法，逐步给各点标号。

（1）首先，给 v_0 以永久标号$\boxed{0}$。“□”号是永久标号的记号，“□”里的数字 0 表示 $v_0 \to v_0$ 的弧长。然后，给其余各点标以临时标号。

① 与 v_0 邻接的点 v_i(v_1，v_2，v_3）标以$\underline{C_{0i}}$，C_{0i}表示 $v_0 \to v_i$ 的弧长，“___”是临时标号的记号（给 v_1，v_2，v_3 分别标以$\underline{2}$、$\underline{5}$、$\underline{3}$）。

② 与 v_0 非邻接的点均标以$\underline{\infty}$，得图 3—21。

（2）修改点的临时标号。取刚才得到的临时标号中数值最小的，作为点v_i^j（称为得到新永久标号的点，其上标是前一个得到永久标号点的下标，下标是新得到永久标号点的下标）的永久标号的数值，由于图 3—21 中临时标号数值 2、5、3 中最小的是2，因此给 v_1 标以$\boxed{2}$，即 $v_1^0=v_1$，同时用 d_i 表示 $v_0\to v_i$ 的最短通路弧长，这里 $d_1=2$；以新获得永久标号的点 v_1^0为起点，修改其余各点的临时标号：

① 与 v_1^0 邻接的点 $v_i(i=2,\ 5)$ 标以数值 d_1+c_{1i}与 c_{02}中最小的。其中 c_{1i}表示 v_1 到 v_i 的弧长，因此 v_2 标 $d_1+c_{12}=2+2=4$ 与 $c_{02}=5$ 中最小的$\underline{4}$，v_5 标 $d_1+c_{15}=2+7=9$ 与 $c_{05}=\infty$ 中最小的$\underline{9}$。

② 与 v_1^0非邻接的点，均标 $\underline{\infty}$，得图 3—22。

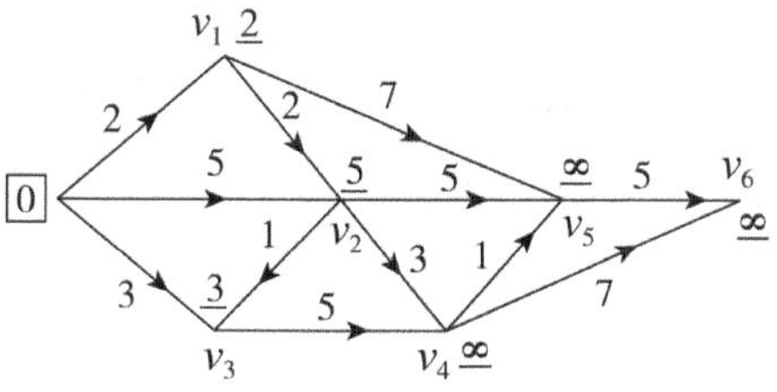

图 3—21

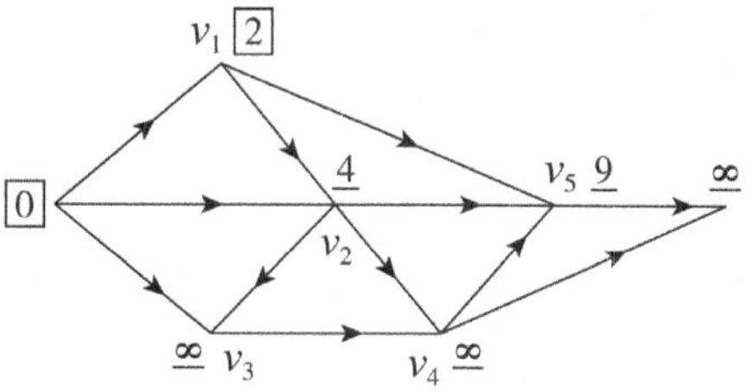

图 3—22

（3）重复（2）得到永久标号点$v_2^1=v_2$：图 3—22 中，临时标号数值最小的为 4，于是 v_2 得永久标号$\boxed{4}$，且 $d_2=4$；再修改其余各点的临时标号：

① 与 v_2^0邻接的点 $v_i(i=3,\ 4,\ 5)$ 标以数值 d_2+c_{2i}与 $c_{oi}(i=3,\ 4,\ 5)$ 中最小的，v_3，v_4，v_5 分别标（$\underline{3}$、$\underline{7}$、$\underline{9}$）。

② 与 v_2 非邻接的点 v_6，标以$\underline{\infty}$，得图 3—23。

（4）重复（2）得到永久标号点 $v_3^2=v_3$，并标以$\boxed{3}$，$d_3=3$。

修改其余临时标号点 $v_i(i=4,\ 5,\ 6)$：

① 因 v_4 同时为 v_2 与 v_3 的邻接点，它的临时标号应选取 $d_2+c_{24}=4+3=7$ 与 $d_3+c_{34}=3+5=8$ 中最小的$\underline{7}$；v_5 同时为 v_1 与 v_2 的邻接点，它的临时标号应选取 $d_1+c_{15}=2+7=9$，与 $d_2+c_{25}=4+5=9$ 中最小的$\underline{9}$。

② 因为 v_6 是任何一个获得永久标号点的非邻接点，故标以 $\underline{\infty}$，得图 3—24。

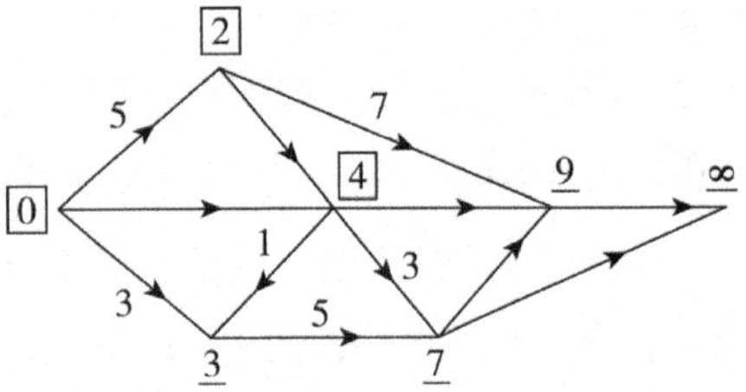

图 3—23

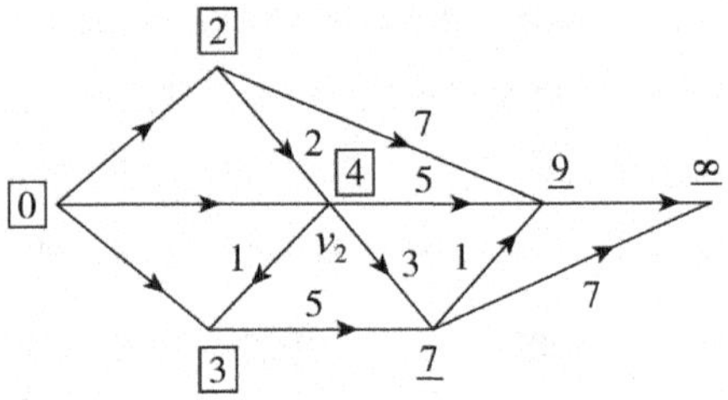

图 3—24

（5）重复（2）得到永久标号点 $v_4^3=v_4$，并标以 $\boxed{7}$，且 $d_4=7$。再修改其余临时标号点 v_5，v_6；因为 v_5 分别为 v_1，v_2，v_4 的邻接点，其临时标号应选取 $d_1+c_{15}=9$，$d_2+c_{25}=9$，$d_4+c_{45}=7+1=8$ 中最小的 $\underline{8}$；v_6 仅为 v_4 的邻接点，它的临时标号应为 $\underline{14}$（$d_4+c_{46}=7+7=14$），得图 3—25。

（6）重复（2）得到永久标号点 $v_5^4=v_5$，并标以 $\boxed{8}$，且 $d_5=8$，邻接点 v_6 的临时标号应为 $\underline{13}$（$d_5+c_{56}=8+5=13$），得图 3—26。再将 v_6 的临时标号修改为永久标号 $\boxed{13}$，且 $d_6=13$，得图 3—27。

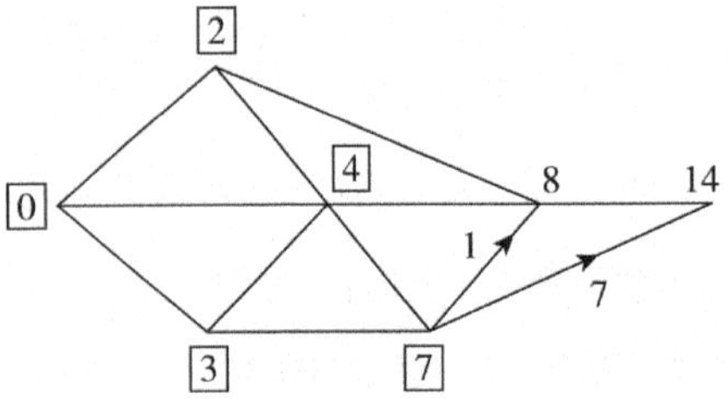

图 3—25

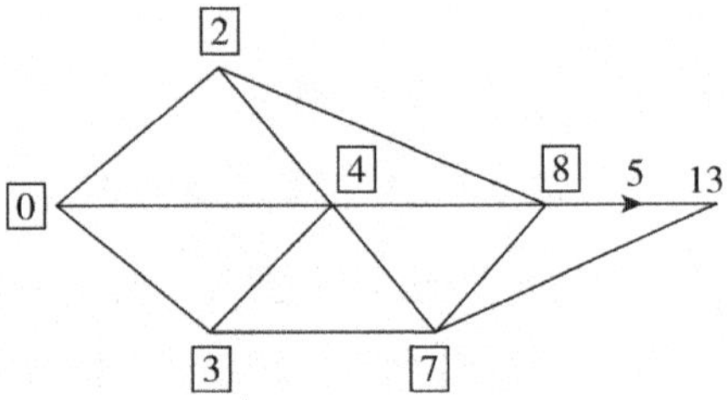

图 3—26

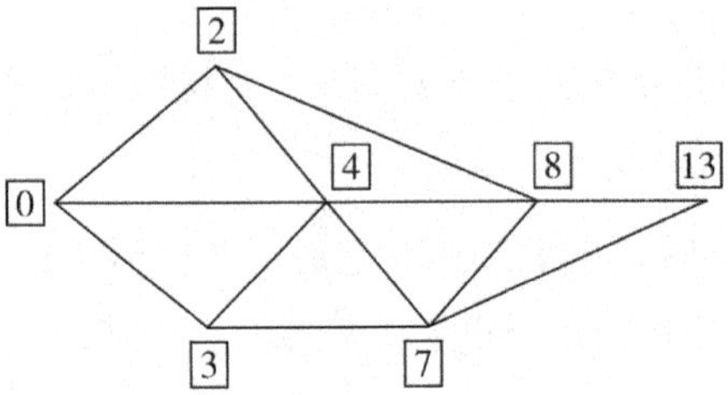

图 3—27

这样，求得了 $v_0 \to v_6$ 的最短通路 $v_0—v_1—v_2—v_4—v_5—v_6$，最短通路长为 13，同时，也求得了 v_0 到其余各点的最短通路，其最短通路长分别为该点永久标号的数值。

请读者练习：

（1）求 $v_1 \to v_6$ 的最短通路（图 3—28）。

（2）求 v_1 到其他各点的最短通路（图 3—29）。

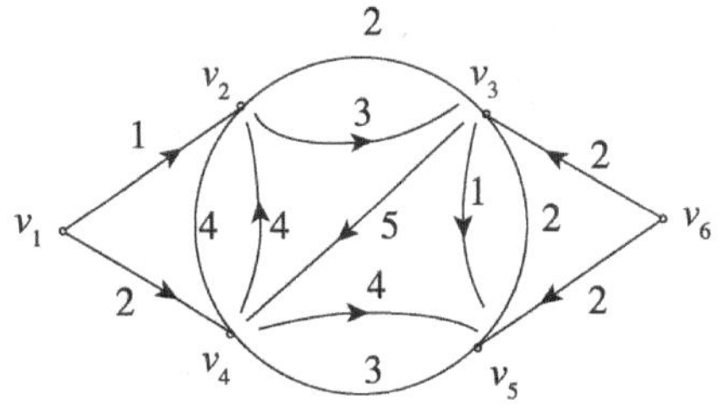

图 3—28

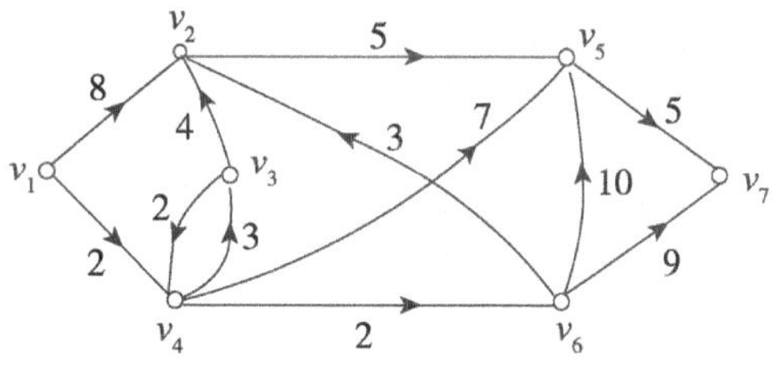

图 3—29

§5　最大流问题

在有向图 $D=(V, A)$ 中，指定顶点 V 中的 v_s 为发点和 v_t 为收点，其余的点叫中间点，对 A 中每一条有向弧 (v_i, v_j) 对应的容量 $c_{ij} \geqslant 0$，可作为该弧上的最大流量 $f_{ij} \geqslant 0$，即 $c_{ij} \geqslant f_{ij}$。指定了发点和收点的有向图，叫作网络，最大流问题就是求一个网络中，从发点到收点的最大流量。譬如，求从北京（发点）到广州（收点）铁路运输的最大流量问题。由于从北京到广州有多条铁路线，中间要经过多个城市（中间点），每两个城市间的运输能力（流量）是有限制的，画出从北京到广州的交通图，并标明每两个城市间的运输能力，就会得到一个网络，下面通过简单的例子，来介绍求网络的最大流的一般方法——标号算法。

例　在图 3—30 中，v_1 为发点，v_6 为收点，每段弧上的都标明了容量。试求该网络的最大流量。

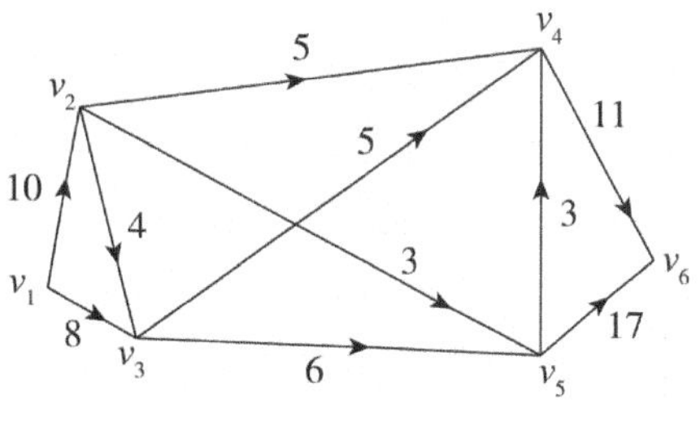

图 3—30

在介绍标号算法前，先了解什么叫网络的可行流和网络的可扩充路。网络的可行流就是指满足下列条件的网络中的一组流量 $\{f_{ij}\}$：

（1）容量限制条件：对每一段弧（v_i，v_j）上，$0 \leqslant f_{ij} \leqslant c_{ij}$。

（2）流量平衡条件：

① 对网络中的每一个中间点，流出量等于流入量。

② 对网络中收点的收入总量等于发点的发出总量，该收入（发出）总量称为可行流 $\{f_{ij}\}$ 的流值。

设 $\{f_{ij}\}$ 是网络的一个可行流，如果存在一条从发点到收点的（无向）通路 P，满足

（1）在 P 上的所有前向弧（P 的方向与弧的方向一致，反之称为后向弧）上，$f_{ij} < c_{ij}$；

（2）在 P 上的所有后向弧上，$f_{ij} > 0$。

则称 P 是一条关于可行流 $\{f_{ij}\}$ 的可扩充路。

解：在图 3—30 中给出一个流（用方框里的数字表示，没有框起来的数字表示对应弧的容量），得图 3—31。

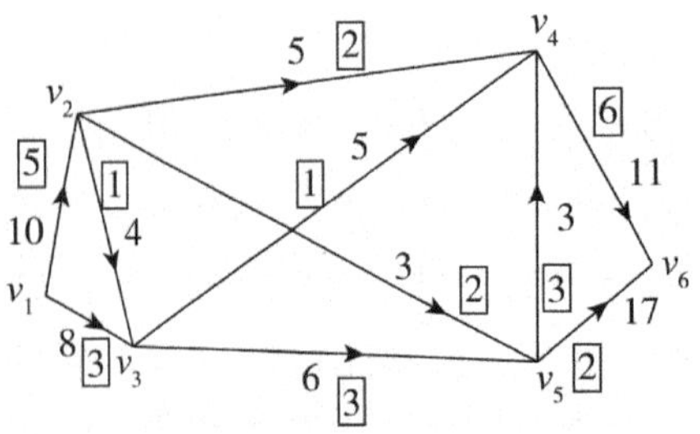

图 3—31

容易看出该流 $\{f_{ij}\}$ 是可行流，事实上，在每一段弧上流量（$\geqslant 0$）$\leqslant$ 容量；每一个中间点的流出量等于流入量，如 v_4，流出量 $6 = 2 + 3 + 1 =$ 流入量；发点 v_1 的发出总量 $= 3 + 5 = 8 = 6 + 2 =$ 收点 v_6 的收入总量，即该可行流的流值为 8。同时，也不难看出，对该可行流 $\{f_{ij}\}$，可找出一条可扩充路。若令通路 P：v_1—v_2—v_4—v_5—v_6，因满足：在 P 的所有前向弧（v_1，v_2）（v_2，v_4）（v_5，v_6）上，流量 5，2，2 分别小于容量 10，5，17；且在 P 的后向弧（v_4，v_5）上，流量 $= 3 > 0$。所以通路 P 是一条可扩充路。

可以证明，对任何一个网络，倘若存在最大流，必存在多个可行流；且对于每个可行流，必存在一条或多条可扩充路。标号算法的基本思路是：任意找出网络的一个可行流 $\{f_{ij}\}$，接着找出该可行流的一条可扩充路 P，沿着这条可扩充

路 P 可以把 $\{f_{ij}\}$ 调整为流值更大的另一可行流 $\{\overline{f_{ij}}\}$。其调整方法如下：

（1）对于 P 上的所有前向弧 (v_i, v_j)，取 $c_{ij}-f_{ij}$ 中最小的值，记为 ε_1［如果 P 上无前向弧，令 $\varepsilon_1=+\infty$（无穷大量）］，例如本例中，P 上的前向弧为 (v_1, v_2) (v_2, v_4) (v_5, v_6)，对应的 $c_{ij}-f_{ij}$ 分别为 $c_{12}-f_{12}=10-5=5$，$c_{24}-f_{24}=5-2=3$，$c_{56}-f_{56}=17-2=15$。这三个值中最小的为 3，即 $\varepsilon_1=3$。

（2）对于 P 上的所有后向弧 (v_i, v_j)，取 f_{ij} 值中最小的，记为 ε_2。本例中只有一条后向弧 (v_4, v_5)，其流值 $f_{45}=3$，因此 $\varepsilon_2=3$。（如果 P 上无后向弧，则令 $\varepsilon_2=+\infty$）。

（3）取 ε_1，ε_2 中最小的，记为 ε（调整量）。本例中 $\varepsilon_1=3$，$\varepsilon_2=3$，因此 $\varepsilon=3$。

（4）根据调整量 ε，把可行流 $\{f_{ij}\}$ 调整为流值更大的另一可行流 $\{\overline{f_{ij}}\}$，令：

$$\overline{f_{ij}}=\begin{cases} f_{ij} & \text{若 } (v_i, v_j) \text{ 不在 } P \text{ 上；} \\ f_{ij}+\varepsilon & \text{若 } (v_i, v_j) \text{ 是 } P \text{ 的前向弧；} \\ f_{ij}-\varepsilon & \text{若 } (v_i, v_j) \text{ 是 } P \text{ 的后向弧。} \end{cases}$$

例中 P 上的前向弧 (v_1, v_2) (v_2, v_4) (v_5, v_6) 的 $f_{12}=5$，$f_{24}=2$，$f_{56}=2$ 都加调整量 $\varepsilon=3$，得 $\overline{f_{12}}=8$，$\overline{f_{24}}=5$，$\overline{f_{56}}=5$；在 P 的后向弧 (v_4, v_5) 上 $f_{45}=3$，减去调整量 $\varepsilon=3$，得 $\overline{f_{45}}=0$；对不在 P 上的弧 $\overline{f_{ij}}=f_{ij}$，即调整前后流值不变。所得到的可行流 $\overline{f_{ij}}$，由图 3—32 所示。显然，$\{\overline{f_{ij}}\}$ 的流值为 11，较 $\{f_{ij}\}$ 的流值增加了 3。

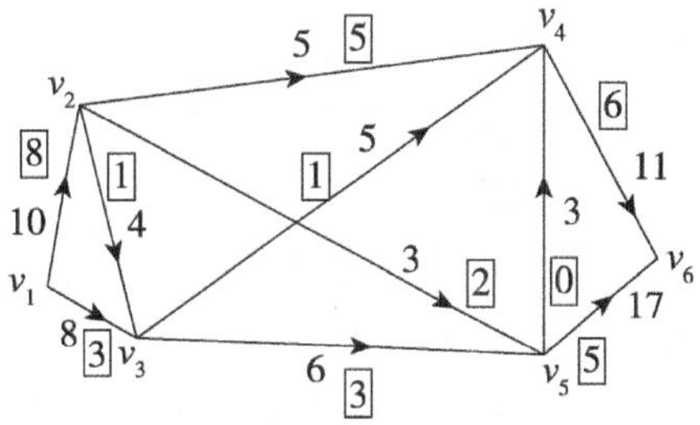

图 3—32

现在学会了求一个网络的可行流和根据可行流 $\{f_{ij}\}$，求其一条可扩充路 P，并且进一步沿 P 将 $\{f_{ij}\}$ 调整为流值更大的可行流 $\{\overline{f_{ij}}\}$。读者自然会问：何时调整后的可行流为所求网络的最大流？问题的回答是："若 $\{f_{ij}\}$ 是网络 $D=(V, A)$ 的一个可行流，并且对于 $\{f_{ij}\}$ 来说，通过多次调整（特殊情况通过一次调整或不需调整）得到的可行流 $\{\overline{f_{ij}}\}$ 不再存在可扩充路。则 $\{\overline{f_{ij}}\}$ 为 D 的最大流”。

以下的工作是如何有效地寻找给定可行流的可扩充路，以及确定其不再存在可扩充路。给出系统的方法——标号算法。

标号算法的基本思路是通过给 D 的各点逐步标号，系统地寻找可扩充路，其步骤如下：

（1）对给定的可行流 $\{f_{ij}\}$，给起点 v_1 以标号（0，+），v_1 称为已标号未检查的点。

（2）按下面的方法，对网络中各顶点进行标号和检查：

① 所有以 v_i 为起点的弧（v_i，v_j），若 $f_{ij}<c_{ij}$，且 v_j 未标号，则给 v_j 标号（i，+）。v_i 成为已标号已检查点。而 v_j 成为已标号未检查的点。

例如：以上已给 v_1 标号（0，+），以 v_1 为起点的弧有（v_1，v_2）（v_1，v_3），由于 $f_{12}=8<c_{12}=10$，$f_{13}=3<c_{13}=8$，因此给 v_2，v_3 都标以（1，+），这时 v_2，v_3 是已标号未检查的点。

② 以 v_i 为终点的所有弧（v_k，v_i），若 v_k 未标号且 $f_{ki}>0$，则给 v_k 以标号（i，−），v_k 成为已标号未检查点（因本例暂未遇到这种情况，该步含义暂时不能解释）。

进行完①②两步后，v_i 成为已标号已查检点（例如 v_1），并在标号下面画一横线［例如（<u>0，+</u>）（<u>1，+</u>）］。

（3）检查 v_p 是否已得到标号。如果未标号，则重新进行（2）；如果已得到标号，就转入步骤（4）。

继续按（2）给其余未标号的点标号：以 v_3 为起点的弧上未标号的终点 v_4，v_5，由于 $f_{34}=1<c_{34}=5$、$f_{35}=3<c_{35}=6$，按（2）①给 v_4，v_5 都标以（3，+）。以 v_5 为起点未标号的 v_6 终点，由于 $f_{56}=5<c_{23}=17$，按（2）①标以（5，+）。显然，这时 v_2，v_3，v_4，v_5，v_6 都已标号且符合（2）①，成为已标号已检查点。

（4）用“倒向追踪”的方法找出从 v_1 到 v_p 的可扩充路：设 v_p 的标号是（i，+），则可扩充路 P 上 v_p 前面的点就是 v_i。一般地，考虑 v_i：①如果 v_i 的标号是（j，+），则 v_i 的前面点是 v_j，弧是（v_j，v_i）；②如果 v_i 的标号是(j，−)，

则 v_i 的前一点是 v_j，弧是（v_i，v_j）。如此进行，直到追踪到出现标号（0，+）的顶点 v_1 为止。这样就得到一条从 v_1 到 v_p 的可扩充路。转到步骤（5）。如果找不到 $\{f_{ij}\}$ 的可扩充路，则终止计算，$\{f_{ij}\}$ 已是最大流。

例如，从图 3—33 中找从 v_1 到 v_6 的可扩充路 P_6：因 v_6 的标号是（5，+），故 P_6 上 v_6 前面点是 v_5，弧是（v_5，v_6）；而 v_5 的标号是（3，+），其前一点是 v_3，弧是（v_3，v_5）；同样 v_3 的标号是（1，+），其前一点是标号（0，+）的顶点 v_1，弧是（v_1，v_3），因此得到可扩充路 P_6：v_1—v_3—v_5—v_6。

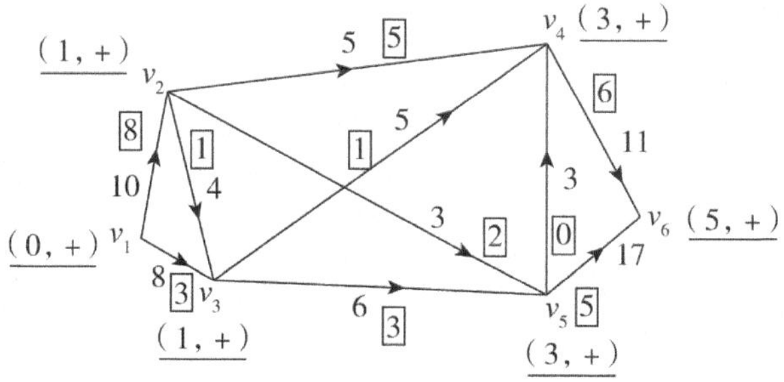

图 3—33

（5）按调整可行流的方法，将给定的可行流 $\{f_{ij}\}$ 调整为新的可行流 $\{\overline{f_{ij}}\}$。抹去所有标号重新返回（1）。

为了熟悉方法，详细地写出图 3—33 中沿可扩充路 P_6 将可行流 $\{f_{ij}\}$（如图所示）调整为另一流值更大的可行流 $\{\overline{f_{ij}}\}$ 的过程：由于 P_6上的弧都是前向弧，且 $c_{13}-f_{13}=8-3=5$；$c_{35}-f_{35}=6-3=3$；$c_{56}-f_{56}=17-5=12$；所以得调整量 $\varepsilon=3$。于是得到由图 3—34 所示的可行流 $\{\overline{f_{ij}}\}$。

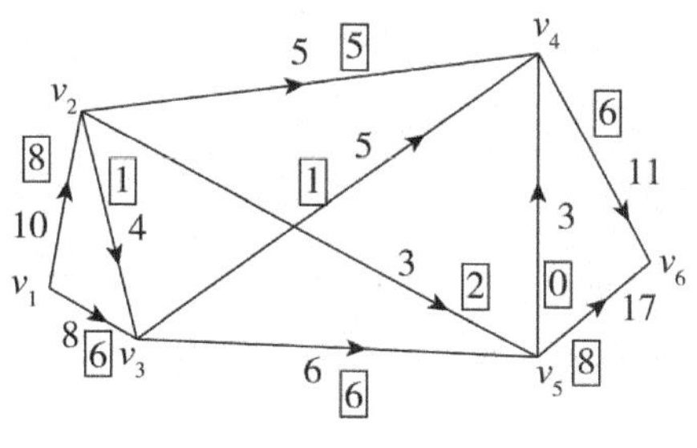

图 3—34

按标号算法步骤（2）①图3—34 各点重新标号，并按可行流 $\{f_{ij}\}$ 调整方法得可行流 $\{\overline{\overline{f_{ij}}}\}$，如图 3—35。

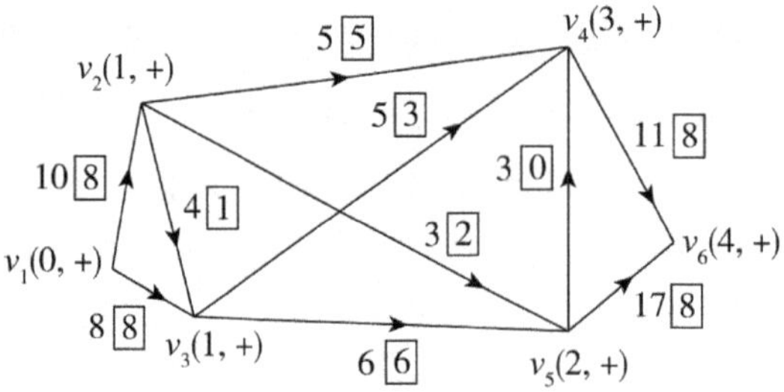

图 3—35

按标号算法，步骤（2）给图 3—35 各点重新标号，并按可行流调整方法得可行流 $\{\overline{\overline{\overline{f_{ij}}}}\}$ 如图 3—36。

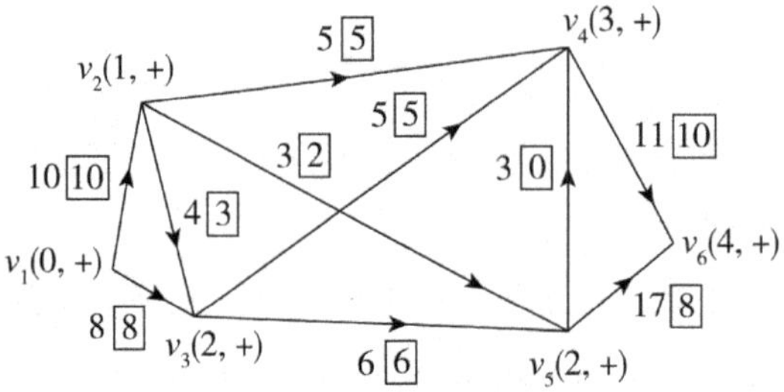

图 3—36

删去图 3—35 中旧标号，再重新按图所示的可行流重新标号。但按标号算法步骤（2），图中 v_2 点已无法标号。这是因为对已标号的点 v_1 来说，一方面以 v_1 为起点的弧（v_1，v_2）上 $f_{12}=c_{10}$，不满足步骤（2）①需条件；另一方面以 v_1 为终点的弧不存在，不满足步骤（2）②所需条件。所以 v_2 无法标号。同样 v_3 也无法标号，当然终点 v_6 不可能得到标号，因而再也找不到可扩充路了。这时，图 3—35 中的可行流已是最大流，其流值 $v=10+8=18$，为本例所求结果。

第四章　回归分析

§1　相关关系和回归方程

自然界和社会中许多现象之间存在着相互依赖、相互制约的关系。这些关系从数学上分为两类：一类是函数关系，即变量之间有着确定的关系。优秀的中学数学教师总是让学生熟悉函数 $y=f(x)$ 的定义："……对于自变量 x 每一可取值，y 都有唯一确定的值与之对应……"，尽管在高等数学里用多种方法定义函数，但变量之间有着确定的一一对应关系这一点都是最基本的，这是函数关系的根本特点。另一类是相关关系。读者可能对这种关系是生疏的，下面通过表 4—1 中的统计数据来观察某种商品的年需求量与该商品的价格之间的关系：

表 4—1

价格 x_i（i）	1	2	2	2.3	2.5	2.6	2.8	3	3.3	3.5
年需求量 y_i（斤①）	5	3.5	3	2.7	2.4	2.5	2	1.5	1.2	1.2

统计结果表明，尽管价格不变，需求量仍可能变化，价格改变，需求量也可能不变。但是总的趋势是家庭对该商品年需求量随着价格上升而减少，它们之间存在着密切关系，显然不是函数关系（譬如，$x_i=2$ 时，$y_i=3.5$ 或 3）称这种关系为相关关系或统计关系。这种关系在自然界和社会中普遍存在。

假设两个随机变量之间存在着相关关系，对应于自变量 x 的每一个数值，因

① 1 斤 =0.5 千克。

变量 y 有着不同的数值。现在，如果求这些因变量的平均数 $\overline{y_x}$。于是，对于每一个自变量 x，因变量的数值 $\overline{y_x}$ 也就唯一确定了。这时 x 与 $\overline{y_x}$ 之间的关系就称为函数关系：

$$\overline{y_x}=f(x)$$

称 $\overline{y_x}=f(x)$ 为相应的相关关系的回归方程。回归方程是研究变量之间相关关系的很好的数学概念。

应该指出，给出 x，$\overline{y_x}$ 对应的一组数值，找出 $\overline{y_x}$ 与 x 的函数关系，并写出解析表达式（回归方程）$\overline{y_x}=f(x)$ 往往是很困难的。可以利用概率统计知识把人们在实验中摸索到的经验变成解析表达式，所以也称回归方程为经验公式，这些经验公式是对社会经济过程进行预测和控制的重要工具之一。

用图示法表示的回归方程的函数曲线，称为回归线。

如果研究的是两个变量之间的相关关系，由此得到的回归方程称为一元回归方程。这两个变量之间的函数关系如果是线性关系，则称一元线性回归方程或回归直线方程。如果研究的是三个或三个以上的变量之间的关系，称为多元回归方程，

一元线性回归方程模式如下式：

$$y_i=\alpha+\beta x_i+\varepsilon_i$$

其中 y_i 与 x_i 呈线性关系，ε_i 是随机项。ε_i 由第 i 次试验结果（x_i，y_i）来确定。

例如，可以求得由表 4—1 给出的实验结果确定的一元回归方程为：

$$y=5.6-1.6x \qquad (4—1)$$

显然，由（4—1）确定的 y 与 x 间的函数关系是线性关系。因此，由表 4—1 给出的一元线性回归方程的模式为：

$$y_i=5.6-1.6x_i+\varepsilon_i$$

其中相应于（x_i，y_i）的 ε_i 由表 4—2 给出：

表 4—2

x_i	1	2	2	2.3	2.5	2.6	2.8	3	3.3	3.5
y_i	5	3.5	3	2.7	2.4	2.5	2	1.5	1.2	1.2
ε_i	1	1.1	0.6	0.78	0.8	1.06	0.88	0.7	0.88	1.2

从此看出，ε_i 的意义是：当某种商品的年需求量 y 与该商品的价格 x 之间的相关关系用函数 $y=5.6-1.6x$ 来表示时，对应于（x_i，y_i）所产生的误差。即 $y_i-(5.6-1.6x_i)=\varepsilon_i$。

本章重点研究一元线性回归方程。

§2　一元线性回归方程和相关性检验

给定两个变量 x，y 的一组试验数据，它们之间的相关关系是否存在线性关系？也就是 y 与 x 之间能否写成：$y=\alpha+\beta x+\varepsilon$？若能，需求出参数 α，β。

例 1　调查了 200 个家庭收入与支出情况如表 4—3。问：它们之间是否存在着显著的线性关系？

表 4—3

家庭人均可支配收入 x_i	家庭人均消费支出 y_i
10	10
20	18
30	22
40	33
50	36
60	45
70	48
80	52

解：先把表 4—3 中的八对数据作为直角坐标平面上点的坐标，并把这些点画在直角坐标平面上，这样就得到散点图（图 4—1），由该图看出这些点似乎集中在某条直线的周围，目的是找到与这些散点拟合得最好的一条“最佳”直线，并求出这条直线在 y 轴上的截距 α 和斜率 β。使一条直线与若干点似合，最常用

的方法是最小二乘法。现将如何运用最小二乘法，确定一元线性回归模型参数 α，β 值的方法介绍如下：

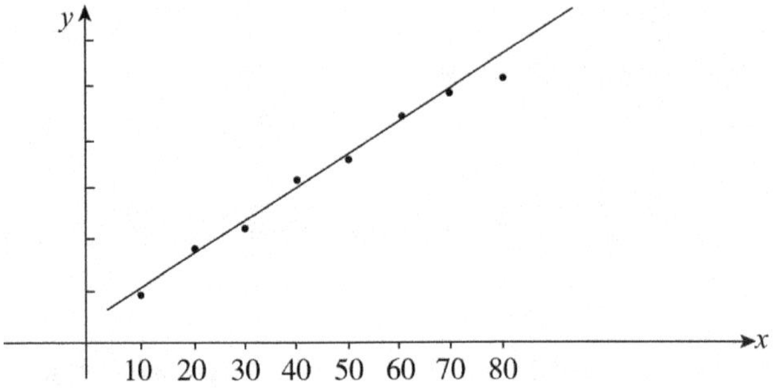

图 4—1

设给定数对（x_1，x_1）（x_2，y_2）…（x_n，y_n），在直角坐标上找到 n 个点。对于坐标平面上的任意一条直线 L：$y=\alpha+\beta x$，都可以用数量：$d^2=[y_i-(\alpha+\beta x_i)]^2$来描述点（$x_i$，$y_i$）和直线 L 的偏离程度。如图 4—2 所示，$d_i=|y_i-(\alpha+\beta x_i)|$就是点（$x_i$，$y_i$）沿着平行于 y 轴的方向到直线 L 的铅直距离。

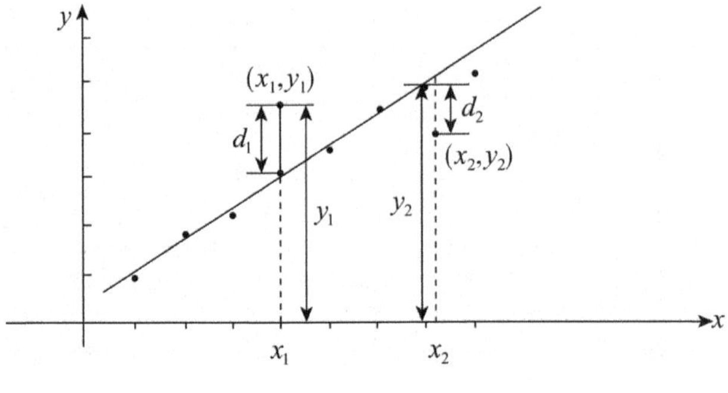

图 4—2

需要说明的是，由于考虑的不是一两个点和 L 的偏离程度，而是要考虑所有的点，所以就要使所有点的偏离之和达到最小。有时偏离的值可以正负相消，但直线与各点拟合的情况并不一定好，为避免这种情况，在考虑各点与直线 L 的偏离和时，要用偏离值的平方，即取

$$\sum_{i=1}^{n} [y_i - (\alpha + \beta x_i)]^2$$

的极小值。能够使直线 L 与各点的偏离平方和达到极小的 α，β 值，就是所要求的一元回归模型的参数值。其中 β 反映着因变量与自变量的相关程度，即直线 L 的斜率，称为回归系数。

这种估计回归方程参数的方法，就叫作最小二乘法。

用最小二乘法估计参数得到的回归方程，是和散点拟合得最好的、和两个变量的相关关系最近似的解析表达式。

下面介绍用最小二乘法估计 α，β 值的具体方法。

令

$$Q = \sum_{i=1}^{n} [y_i - (\alpha - \beta x_i)]^2 \tag{4—2}$$

由二元微积分知道，欲使 Q 具有极小值，必须使 α，β 满足：

$$\frac{\partial Q}{\partial \alpha} = 0,\quad \frac{\partial Q}{\partial \beta} = 0$$

即对 Q 分别求 α，β 的偏导数并令其等于零，得：

$$\begin{cases} \dfrac{\partial Q}{\partial \alpha} = -2\sum\limits_{i=1}^{n} [y_i - (\alpha + \beta x_i)] = 0 \\ \dfrac{\partial Q}{\partial \beta} = -2\sum\limits_{i=1}^{n} [y_i - (\alpha + \beta x_i)]x_i = 0 \end{cases} \tag{4—3}$$

整理后可得方程组：

$$\begin{cases} n\alpha + \sum\limits_{i=1}^{n} x_i \beta = \sum\limits_{i=1}^{n} y_i \\ \sum\limits_{i=1}^{n} x_i\alpha + \sum\limits_{i=1}^{n} x_i^2\beta = \sum\limits_{i=1}^{n} x_i y_i \end{cases} \tag{4—4}$$

解得：

$$\beta = \frac{\sum\limits_{i=1}^{n} (x_i - \bar{x})(y_i - \bar{y})}{\sum\limits_{i=1}^{n} (x_i - \bar{x})^2} = \frac{\sum\limits_{i=1}^{n} x_i y_i - n\,\overline{xy}}{\sum\limits_{i=1}^{n} x_i^2 - n\,\bar{x}^2}$$

$$\alpha = \bar{y} - \beta\bar{x} \tag{4—5}$$

其中，$\bar{x}$，$\bar{y}$分别是 n 个散点的横坐标与纵坐标的平均值，即$\bar{x} = \dfrac{1}{n}\sum\limits_{i=1}^{n} x_i$，

$\bar{y} = \frac{1}{n}\sum_{i=1}^{n} y_i$ 。

现在可以利用（4—5）来求解例 1。

首先求得：

$$\bar{x} = \frac{1}{n}\sum_{i=1}^{n} x_i = \frac{1}{8}（10+20+\cdots+80）=45$$

$$\bar{y} = \frac{1}{n}\sum_{i=1}^{n} y_i = \frac{1}{8}（10+18+\cdots+52）=33$$

还须求得 x_i^2 和 x_iy_i，为此列表 4—4：

表 4—4

x_i	10	20	30	40	50	60	70	80
y_i	10	18	22	33	36	45	48	52
x_i^2	100	400	900	1600	2500	3600	4900	6400
x_iy_i	100	360	660	1320	1800	2700	3360	4160
y_i^2	100	324	484	1089	1296	2025	2304	2704

将所得数据代入（4—5）

$$\beta = \frac{\sum_{i=1}^{n} x_iy_i - n\overline{xy}}{\sum_{i=1}^{n} x_i^2 - n\bar{x}^2} = \frac{14460-8\times45\times33}{20400-8\times45^2} = \frac{2580}{4200} \approx 0.614$$

$$\alpha = \bar{y} - \beta\bar{x} = 33 - 0.614\times45 = 5.37$$

因此，与图 4—1 的所有散点拟合得最好的回归直线方程可估计为：

$$y = 5.37 + 0.614x \tag{4—6}$$

请读者注意：到目前为止，还未完全给出例 1 的答案。这是由于问题要求回答：200 个家庭的收入（自变量 x）和支出（因变量 y）之间是否存在着显著的线性关系。所做的工作只是用最小二乘法找到了与表 4—3 确定的坐标平面上的散点拟合得最好的直线 L 的方程，并估计为（4—6）（用“估计”两字是合适的，一方面由于最小二乘法计算过程中近似值的精确度；另一方面，是否还有较最小二乘法更好的方法去寻找与散点拟合得最好的直线)。这实质上是先承认问题的正确，即承认 x、y 之间存在线性关系，然后再求这种线性关系的表达式。这样考虑问题是基于对散点图的直觉，这些散点似乎在一条直线附近，x 与 y 似乎呈线性关系。剩下的工作，是检验直觉是否正确？

下面介绍相关性检验的方法。

在相关性检验时，首先提出待检假设 H_0：$\beta=0$

对于 $y=\alpha+\beta x+\varepsilon$ 中的 $\beta=0$，说明 x 值的变化对 y 没有影响，因而变量 x 不能控制变量 y，用回归直线方程不能描述 y 与 x 之间的关系。因此，欲回答 y 与 x 之间是否存在着显著的线性就必须否定待检假设 H_0，即 $\beta\neq 0$。

不介绍理论依据，只介绍检验方法如下：

（1）选取统计量　$F=\dfrac{U}{Q/(n-2)}$

其中，$U=\dfrac{S_{xy}^2}{S_{xx}}$，而 $S_{xy}=\sum\limits_{i=1}^{n}(x_i-\bar{x})(y_i-\bar{y})=\sum\limits_{i=1}^{n}x_iy_i-n\,\overline{xy}$

$$S_{xx}=\sum_{i=1}^{n}(x_i-\bar{x})^2=\sum_{i=1}^{n}x_i^2-n\bar{x}^2$$

$Q=S_{yy}-U$，而 $S_{yy}=\sum\limits_{i=1}^{n}(y_i-\bar{y})^2=\sum\limits_{i=1}^{n}y_i^2-n\bar{y}^2$

n 为样本容量，本例 $n=8$。

统计量 F 服从以第一自由度为 1，第二自由度为 $n-2$ 的 F 分布，记为 $F\sim F(1,\ n-2)$。它是概率与数理统计理论中一种重要的连续性随机变量的分布。

因此，

$$F=\frac{U}{\dfrac{Q}{n-2}}=\frac{(n-2)\ S_{xy}^2/S_{xx}}{S_{yy}-\left(1-\dfrac{S_{xy}^2}{S_{xx}S_{yy}}\right)}\sim F\ (1,\ n-2)$$

（2）在待检假设前，要给出检验水平 α，它是指参数估计不准的概率。一般常给 $\alpha=5\%$ 或 $\alpha=1\%$。

给定检验水平 $\alpha=5\%=0.05$，可以通过查附录四找出临界值。

$$F_\alpha(1,\ n-2)=F_{0.05}(1,\ 6)=5.99$$

(3) 由已知的数据 (x_i, y_i) $(i=1, 2, \cdots, 8)$，实际计算 F 的值。

由表4—4先计算：

$$S_{xx} = \sum_{i=1}^{8} x_i^2 - 8 \times \bar{x}^2 = 4200$$

$$S_{xy} = \sum_{i=1}^{8} x_i y_i - 8 \times \overline{xy} = 2580$$

$$S_{yy} = \sum_{i=1}^{8} y_i^2 - 8 \times \bar{y}^2 = 1614$$

于是，$U = \dfrac{S_{xy}^2}{S_{xx}} = \dfrac{2580^2}{4200} \approx 1584.86$

$$Q = S_{yy} - U = 1614 - 1584.86 = 29.14$$

因此，$$F = \frac{U}{\frac{Q}{n-2}} = \frac{1584.86}{\frac{29.14}{8-2}} \approx 326.33$$

(4) 比较临界值 F_α 与实际计算的 F 值，如果 $F > F_\alpha$，则否定假设 H_0，认为 x 与 y 之间存在线性相关关系。这里，$F = 326.33 >> F_{0.05} = 5.99$，因此200个家庭收入 x 与支出 y 之间存在着显著的线性关系。至此例1有了肯定的结论。显然，这个结论是合乎情理的，随着收入的增加，消费逐渐增大并成正比。

例2 验证由表4—1确定的回归直线方程为（4—1），并讨论该商品的年需求量与该商品的价格之间是否存在着线性的相关关系。

解：先由表4—1计算 x_i^2，$x_i y_i$，y_i^2 $(i=1, 2, \cdots, 10)$ 得表4—5。

表4—5

x_i	1	2	2	2.3	2.5	2.6	2.8	3	3.3	3.5
y_i	5	3.5	3	2.7	2.4	2.5	2	1.5	1.2	1.2
x_i^2	1	4	4	5.29	6.25	6.76	7.84	9	10.89	12.25
$x_i y_i$	5	7	6	6.21	6	6.5	5.6	4.5	3.96	4.2
y_i^2	25	12.25	9	7.29	5.76	6.25	4	2.25	1.44	1.44

再计算：$\bar{x}=\sum_{i=1}^{10}x_i=\frac{1}{10}(1+2+\cdots+3.5)=2.5$

$$\bar{y}=\sum_{i=1}^{10}y_i=\frac{1}{10}(5+3.5+\cdots+1.2)=2.5$$

$$S_{xx}=\sum_{i=1}^{10}x_i^2-10\times\bar{x}^2=67.28-10\times2.5^2=4.78$$

$$S_{xy}=\sum_{i=1}^{10}x_iy_i-10\times\bar{x}\,\bar{y}=54.97-10\times2.5^2=-7.53$$

$$S_{yy}=\sum_{i=1}^{10}y_i^2-10\times\bar{y}^2=74.68-10\times2.5^2=12.18$$

由（4—5）计算：

$$\beta=\frac{\sum_{i=1}^{m}x_iy_i-n\,\overline{xy}}{\sum_{i=1}^{m}x_i^2-n\,\bar{x}^2}=\frac{S_{xy}}{S_{xx}}=\frac{-7.3}{4.78}\approx-1.6$$

$$\alpha=\bar{y}-\beta\bar{x}=2.5-(-1.6)\times2.5=6.5$$

所以，要求的回归直线方程为

$$y=6.5-1.6x$$

这与（4—1）相同。

下面进行相关性检验。

（1）先提出假设检验 H_0：$\beta=0$

（2）计算　$U=S_{xy}^2/S_{xx}=\frac{(-7.53)^2}{4.78}\approx11.86$

$$Q=S_{yy}-U=12.18-11.86=0.32$$

于是，$F=\frac{U}{Q/(n-2)}=\frac{11.86}{0.32/(10-2)}=296.5$

（3）假设给定检验水平 $\alpha=0.05$，查表得临界值

$$F_{0.05}(1,\ 8)=5.32$$

（4）由于 $F=296.5>>F_{0.05}(1,\ 8)=5.32$，因此，应该否定 H_0，认为 $\beta\neq0$，也就是认为 x 与 y 之间，即商品的年需求量与该商品的价格之间近似地存在着线性关系。

§3 几种一元非线性回归方程

经济关系不是总能以线性形式出现的。有时，二次抛物线、指数曲线、对数曲线等更能与散点图上的各点很好拟合。而且，它们之中有些函数很容易变换为线性形式。求得非线性回归方程，主要是估计其中的参数，介绍用最小二乘法和变量替换法估计参数的方法。

（一）二次抛物线回归方程

读者在中学里就熟知二次抛物线的方程：

$$y = ax^2 + bx + c \qquad (a \neq 0)$$

该抛物线顶点坐标为$\left(-\frac{b}{2a}, \frac{4ac-b^2}{4a}\right)$，$a>0$ 时，抛物线的开口向上；$a<0$时，抛物线的开口向下。其关于直线 $x=-\frac{b}{2a}$对称。

在经济现象中，每期增长量较上期增长量增加 k 个单位，将这种现象称为二级增长量相等。例如某种产品第二年比每一年增加 100 件；第三年比第二年增加 150 件；第四年比第三年增加 200 件以后各年依次增加 250 件，300 件，350 件等，产量每年以 $k=50$ 件递增。

对于两个变量 x、y，当因变量 y 随自变量 x 的增加而依次递增，且二级增长量相等或近似相等时，x 与 y 的相关关系一般呈二次抛物线型，通过例 1 介绍用最小二乘法估计二次抛物线回归方程中参数的方法。

例 1 某轻工局六年机制纸的产量资料如表 4—6：

表 4—6

年份（x）	产量（y）	增长量	二级增长量
1	1200	—	—
2	1400	200	—
3	1620	220	20

续表

年份（x）	产量（y）	增长量	二级增长量
4	1862	242	22
5	2127	265	23
6	2413	286	21

试求 y 对 x 的回归曲线方程。

解：从统计资料看出，二级增长量近似相等。

首先画出散点图，如图 4—3，这些散点近似在一支抛物线附近。

设二次抛物线回归方程：$y = ax^2 + bx + c$　其中 a，b，c 都是待定的参数。

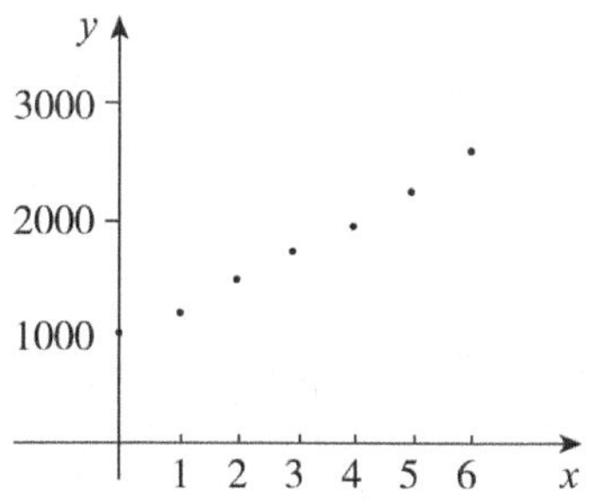

图 4—3

根据最小二乘法 a，b，c 的值应使 $Q = \sum_{i=1}^{n} [y_i - (ax_i^2 + bx_i + c)]^2$ 达到最小。为此参数必须满足下列条件：

$$\frac{\partial Q}{\partial a} = 0, \quad \frac{\partial Q}{\partial b} = 0, \quad \frac{\partial Q}{\partial c} = 0$$

求 Q 对 a，b，c 的一阶偏导数，并令其等于零，得到下列方程组：

$$\begin{cases} a\sum_{i=1}^{n} x_i^2 + b\sum_{i=1}^{n} x_i + nc = \sum_{i=1}^{n} y_i \\ a\sum_{i=1}^{n} x_i^3 + b\sum_{i=1}^{n} x_i^2 + c\sum_{i=1}^{n} x_i = \sum_{i=1}^{n} x_i y_i \\ a\sum_{i=1}^{n} x_i^4 + b\sum_{i=1}^{n} x_i^3 + c\sum_{i=1}^{n} x_i^2 = \sum_{i=1}^{n} x_i^2 y_i \end{cases} \tag{4—8}$$

这就是估计（4—7）参数的标准方程。解这一组方程，就可得到 a，b，c。

利用（4—8）可以得到例 1 的参数估计值。

将表 4—6 的数据代入（4—8），得方程组：

$$\begin{cases} 91a+21b+6c=10622 \\ 441a+91b+21c=41421 \\ 2275a+441b+91c=191217 \end{cases}$$

求解方程组，得到：

$$a=1024.25$$

$$b=165.5$$

$$c=11$$

于是，二次抛物线回归方程为：

$$y=1024.5x^2+165.5x+11$$

（二）指数函数回归方程

当经济现象大体以每期相同增长速度发展变化时，其基本趋势呈现为指数曲线型。用变量替换的方法，将指数函数线性化，就能直接利用线性回归方程的结果。

例 2 某化工企业连续六年的化肥产量资料如表 4—7：

表 4—7

年份（x）	化肥产量（y）（万吨）	递增速度（%）
1	5.3	—
2	7.2	36
3	9.6	33
4	12.9	34
5	17.1	33
6	23.2	36

试求 y 对 x 的回归曲线方程。

解：其散点图如图4—4：

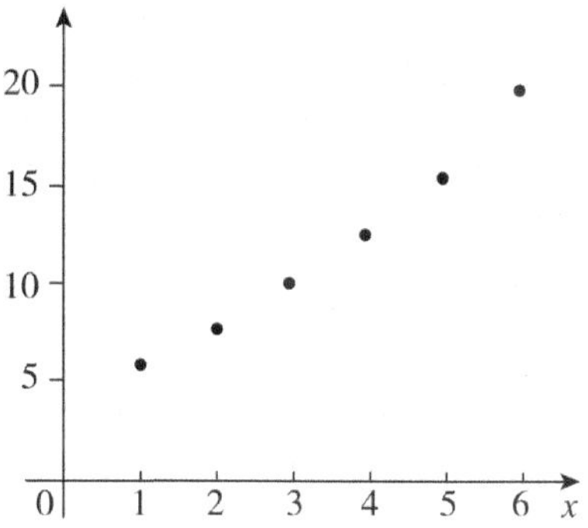

图4—4

化肥产量的发展趋势用指数函数

$$y = ab^x \qquad (4—9)$$

来表示，其中 a、b 是待定参数，a 表示基期的初始水平，b 表示现象的一般发展速度。

为了由数据求出参数 a、b，对（4—6）两边取对数，得到：$\lg y = \lg a + x\lg b$

并令：　　$Y = \lg y$　　$A = \lg a$　　$B = \lg b$

于是

$$Y = A + Bx \qquad (4—10)$$

这样，就用变量替换的方法将（4—9）线性化为（4—10）。然后，用§2中的（4—5）可估计 A、B，为此先求出值 $\bar{x}$、$\bar{y}$、x_i^2、x_iy_i 的值，列成表4—8：

表4—8

x_i	y_i（$=\lg y_i$）	x_i^2	x_iy_i
1	0.7243	1	0.7243
2	0.8573	4	1.7146
3	0.9823	9	2.9469
4	1.1106	16	4.4424
5	1.2330	25	6.165
6	1.3655	36	8.193

$$\bar{x}=3.5 \qquad \bar{y}=1.0455 \qquad \sum x_i^2 = 91 \qquad \sum x_i y_i = 24.1862$$

由（4—5），求得：$B = \dfrac{\sum_{i=1}^{6} x_i y_i - 6\overline{xy}}{\sum_{i=1}^{6} x_i^2 - 6\bar{x}^2}$

$$= \frac{2.2307}{17.5} \approx 0.128$$

$$A = \bar{y} - B\bar{x} = 1.0455 - 0.128 \times 3.5 = 0.5975$$

再由变换式

$$A = \lg a \qquad B = \lg b$$

得到：$a = 10^A = 10^{0.5975} \approx 3.96$

$$b = 10^B = 10^{0.128} \approx 1.34$$

将参数 a，b 的估计值代入（4—9），于是得到指数函数回归方程：

$$y = 3.96 + 1.34^x$$

（三）对数函数回归方程

因为对数函数是指数函数的反函数，所以这两种函数在本质上描述着同一类经济现象。

对数函数回归方程一般写作 $y = a + b\lg x$　　（4—11）

若令 $X = \lg x$，则（4—11）呈线性形式：$y = a + bX$

同样可用估计线性回归方程参数的方法，得到 a 和 b。

（四）双曲线函数的回归方程

双曲线函数的回归方程一般式为

$$y = \alpha + \frac{\beta}{x} \tag{4—12}$$

若令　$u = \dfrac{1}{\alpha}$，得到上式的线性回归方程：$y = \alpha + \beta u$　　（4—13）

例 3　同一面积上某作物单位产品的成本与产量间近似满足双曲线函数关系，试利用表 4—9，求出 y 对 x 的回归曲线方程。

表 4—9

x_i	5.67	4.45	3.84	3.84	3.73	2.18
y_i	17.7	18.5	18.9	18.8	18.3	19.1

解：设所求双曲函数回归方程为：$y=\alpha+\frac{\beta}{x}$

令 $u=\frac{1}{x}$，则：$y=\alpha+\beta u$。列出回归算表 4—10：

表 4—10

x_i	5.67	4.45	3.84	3.84	3.73	2.18	
y_i	17.7	18.5	18.9	18.8	18.3	19.1	111.3
$u_i=\frac{1}{x_i}$	0.18	0.22	0.26	0.26	0.27	0.46	1.65
u_i^2	0.0324	0.0484	0.0676	0.0676	0.0729	0.2116	0.5005
u_iy_i	3.186	4.07	4.914	4.888	4.941	8.786	30.735

利用（4—5），可求出 α、β。

$$\beta=\frac{\sum_{i=1}^{6}u_iy_i-6\overline{u_i}\,\overline{y_i}}{\sum_{i=1}^{6}u_i^2-6\overline{u}_i^2}\approx\frac{0.1775}{0.04675}\approx 3.8$$

$$\alpha=\overline{y}-\beta\overline{u}=18.55-3.8\times 0.275=17.505$$

故 $y=17.505+\frac{3.8}{x}$即为所求。

（五）幂函数回归方程

给出幂函数　$y=cx^b$　　　　$(x>0)$

若 $c>0$，令 $v=\ln y$，$u=\ln x$，得 $y=e^v$，$x=e^u$，于是

$$e^v=ce^{bu}$$

令 $\alpha=\ln c$，$c=e^{\alpha}$，有

$$e^{v}=e^{\alpha}\cdot e^{bu}=e^{\alpha+bu}$$

因此，
$$v=\alpha+bu \tag{4—14}$$

然后，由（4—5）可估计参数 α、b，进而估计 $y=cx^{b}$ 中的参数 c、b，求得幂函数回归方程。

前面给出了几种一元回归模型，建立模型的第一步工作是定式。定式是对研究问题性质的最基本的概括。根据给定的统计资料，根据什么固定的方法去确定它的定式，也就是如何确定这组资料所反映的一元回归模型，是否为线性的？若是非线性的，究竟属于以上介绍的五种函数的哪一种？这里没有固定的法则可遵循，主要依靠科学的经济分析和个人的经验与技巧。科学的经济理论是把握现实经济现象本质的钥匙，而怎样用数学语言去构造经济变量关系的合理抽象，则需要科学的方法，又需要一番由实践经验所产生的艺术构思和灵感。

统计资料的搜集与整理是异常重要的。回归方程模型所描述的因变量和自变量之间的相关关系，不是从理论上严格推导出来的，而是在搜集大量统计资料的基础上，利用数理统计方法得到的。因此，搜集与处理有关的统计资料，是确定模型定式的首要工作。资料收集得准确、丰富，整理得科学，定式自然也就准确。

另外一个问题需要提及的是回归标准误差。在本章开始讲述一元线性回归模型（4—1）时，谈到了随机项 ε，它表示了两个变量 x、y 间的相关关系与建立的回归方程之间的差异，即回归标准误差。这个问题的解决，在下节中予以介绍。

§4 利用回归模型进行经济预测

在§2 例2 中，已经验证了由表4—1 所给出的统计资料所确定的某种商品的年需求量 y 与商品价格 x 之间存在着显著的线性关系：

$$y=6.5-1.6x$$

试预测：当商品价格增长到 $x_0=4$（元）时，该种商品的年需求量 y_0 是多

少斤①？

这是一个极其简单的问题。只要将 $x_0=4$ 代入回归直线方程 $y=6.5-1.6x$，即可求得 $y_0=6.5-1.6\times4=0.1$。也就是当商品价格上涨到 4 元时，该种商品的年需求量为 0.1 斤。可以预测商品价格为任何值时的商品年需求量。

例　随机调查 12 个城市家庭收入与食品支出的资料如表 4—11，试检验食品支出 y 与家庭收入 x 之间是否存在着显著的线性关系，并建立 y 对 x 的回归方程。预测当 $x=2500$ 时食品支出的值。

解：据表 4—11 求得：

$$\sum_{i=1}^{12}x_i=22140 \qquad \sum_{i=1}^{12}y_i=16680$$

$$\sum_{i=1}^{12}x_i^2=50743400 \qquad \sum_{i=1}^{12}x_iy_i=36074500 \qquad \sum_{i=1}^{12}y_i^2=26100000$$

表 4—11

编号	家庭收入 x_i（元）	食品支出 y_i（元）	编号	x_i	y_i	编号	x_i	y_i
1	820	750	5	1440	1200	9	2000	1560
2	930	850	6	1500	1200	10	2700	2000
3	1050	920	7	1600	1300	11	3000	2000
4	1300	1050	8	1800	1450	12	4000	2400

$$\bar{x}=1845 \qquad \bar{y}=1390$$

因而，算得：

$$S_{xx}=\sum_{i=1}^{12}x_i^2-12\bar{x}^2=9895100$$

$$S_{xy}=\sum_{i=1}^{12}x_iy_i-12\overline{xy}=5299900$$

$$S_{yy}=\sum_{i=1}^{12}y_i^2-12\bar{y}^2=2914800$$

① 1 斤 =0.5 千克

于是，
$$U = S_{xy}^2/S_{xx} \approx 2838672$$
$$Q = S_{yy} - U = 76128$$

根据（4—5），算得：

$$\beta = \frac{\sum_{i=1}^{12} x_i y_i - 12\overline{xy}}{\sum_{i=1}^{12} x_i^2 - 12\bar{x}^2} = \frac{S_{xy}}{S_{xx}} \approx 0.5356$$

$$\alpha = \bar{y} - \beta\bar{x} \approx 401.8$$

因此求得一元线性回归方程：

$$y = 401.8 + 0.5356x \qquad (4—15)$$

这样，根据表4—11估计12个城市家庭收入 y 与食品支出 x 间的相关关系为（4—15）。这种估计是否正确需要进行相关性检验。首先提出待检假设：$H_0: \beta = 0$

假定检验水平为0.05，选取统计量：$F = \frac{U}{Q/(n-2)} \sim F(1, n-2)$

实际计算：$F = \frac{U}{Q/(n-2)} = \frac{2838672}{76128/(12-2)} \approx 372.88$

查附表4得 F 的临界值 $F_{0.05}(1, 10) = 10.04$

因为实际计算统计量 $F = 372.88 >> F_{0.05}(1, 10) = 10.04$，所以 y 与 x 之间存在着显著的线性关系，其回归直线方程为：$y = 401.8 + 0.5356x$。

预测当家庭收入 $x_0 = 2500$ 元时，食品支出的值为：

$$y_0 = 401.8 + 0.5356 \times 2500 = 1740.8 \text{（元）}$$

一般称这种预测方法为点预测。

在解决实际问题时，人们要问，y_0 点预测值 $\hat{y}_0$ 的精度如何，误差限是多少？只能这样回答这个问题：在 y_0 的点预测的基础上，进一步再做它的区间预测，即以 $\hat{y}_0$ 作为所谓置信区间（有待定义）的中间点，并找出这个置信区间的长度。这称为 y_0 的区间预测法。在介绍该法前，先纠正一个符号的用法。

在前面，估计一元线性回归方程：$y = \alpha + \beta x$ 中的参数时，（4—5）给出的估计值仍用了符号"α""β"，从道理上讲，α，β 估计值和反映变量间相关关系 $y = \alpha + \beta x + \varepsilon$ 的实际值 α、β 是相区别的，应采用不同的符号，前面没有那样做是担心读者不易接受，或担心符号采用多了干扰读者的思维而引起混乱。现在，不得不为了以下的讲授，用符号“$\hat{\alpha}$”“$\hat{\beta}$”来表示区别于α、β实际值的估计值。这样（4—5）应改写为：

$$\hat{\beta} = \frac{\sum x_i y_i - n\overline{xy}}{\sum x_i^2 - n\bar{x}^2} = \frac{S_{xy}}{S_{xx}} \tag{4—16}$$

$$\hat{\alpha} = \bar{y} - \hat{\beta}\bar{x}$$

相应地，同样变量y（实际值）的估计值也用$\hat{y}$来表示，即：

$$\hat{y} = \hat{\alpha} + \hat{\beta}x \tag{4—17}$$

（4—15）应写为

$$\hat{y} = 401.8 + 0.5356x \tag{4—18}$$

请读者注意：这里自变量的符号仍用x，因为这里不存在x的估计值问题。

下面介绍区间预测法

假定y_0的点预测值$\hat{y}_0$，现以$\hat{y}_0$为中点给出一个区间。预测y_0的值以$1-\alpha$的概率落在哪一个区间内，该区间在统计中称为置信区间。这里，α仍旧是检验标准。$1-\alpha$就是置信区间的可靠程度，称它为置信度。由于检验标准一般为0.05，0.01，0.1所以置信度通常为95%、99%或90%。

可以证明，只要随机误差项ε_0，ε_1，ε_2，…，ε_n相互独立，且都服从$N(0,\sigma^2)$，则随机变量：

$$t = \frac{y_0 - \hat{y}_0}{\hat{\sigma}\sqrt{1 + \frac{1}{n} + \frac{(x_0 - \bar{x})^2}{\sum_{i=1}^{n}(x_i - \bar{x})^2}}} \tag{4—19}$$

服从$n-2$个自由度的t分布。

因此，对给定的置信度$1-\alpha$，查$n-2$个自由度的t分布临界值表（附表3）得λ，就有

$$P = \left\{ \left| y_0 - \hat{y}_0 \middle/ \hat{\sigma}\sqrt{1 + \frac{1}{n} + \frac{(x - \bar{x})^2}{\sum (x_i - \bar{x})^2}} \right| \leqslant \lambda \right\} = 1 - \alpha$$

这里，$\hat{\sigma} = \sqrt{\frac{Q}{n-2}}$，由此可得$y_0$的置信度为$1-\alpha$的置信区间是

$$\left[\hat{y}_0-\lambda\hat{\sigma}\sqrt{1+\frac{1}{n}+\frac{(x_0-\bar{x})^2}{\sum(x_i-\bar{x})^2}},\ \hat{y}_0+\lambda\hat{\sigma}\sqrt{1+\frac{1}{n}+\frac{(x_0-\bar{x})^2}{\sum(x_i-\bar{x})^2}}\right] \quad (4—20)$$

例中，已算得：

$$n=12 \qquad \bar{x}=1845$$

$$S_{xx}=\sum_{i=1}^{12}x_i^2-n\bar{x}^2=\sum_{i=1}^{12}(x_i-\bar{x})^2=9895100$$

$$Q=76128$$

因而，$\hat{\sigma}=\sqrt{\dfrac{Q}{n-2}}=\sqrt{\dfrac{76128}{12-2}}\approx 87.25$，对置信度95%查附表3得：

$$\lambda=t_{0.05}(n-2)=t_{0.05}(10)=2.228$$

利用已得到的当 $x=2500$（元）时的点预测估计值 $\hat{y}_0=1740.8$（元）可求得：

$$\hat{y}_0-\lambda\hat{\sigma}\sqrt{1+\frac{1}{n}+\frac{(x_0-\bar{x})^2}{\sum(x_i-\bar{x})^2}}$$

$$=1740.8-2.228\times 87.25\times\sqrt{1+\frac{1}{12}+\frac{(2500-1845)^2}{9895100}}$$

$$\approx 1740.8-2.228\times 87.25\times 1.061$$

$$\approx 1740.8-206.3=1534.5$$

$$\hat{y}_0+\lambda\hat{\sigma}\sqrt{1+\frac{1}{n}+\frac{(x_0-\bar{x})^2}{\sum(x_i-\bar{x})^2}}$$

$$\approx 1740.8+206.3=1947.1$$

即得置信区间为：[1534.5，1947.1]。

因此，当人均收入 $x_0=2500$ 元时，预测消费支出值 $\hat{y}_0=1740.8$ 元的精度以95%的概率落在1534.5元到1947.1元的区间内。

可以看出，这个区间的中点是 $\hat{y}_0$，即点预测的 y_0 的值。区间的长度为 $2\lambda\hat{\sigma}\sqrt{1+\dfrac{1}{n}+\dfrac{(x_0-\bar{x})^2}{\sum(x_i-\bar{x})^2}}$。中点 y_0 随 x_0 线性变化，其精度也不同。x_0 越接近 $\bar{x}$，$\hat{y}_0$ 的置信区间就越小，精度就越高；x_0 与 $\bar{x}$ 的离差越大，$\hat{y}_0$ 的置信区间就越长，预测的精度就越低。在置信区间过长的情况下，预测也就不再具有实用价值了。

当 x_0 接近 $\bar{x}$，且 n 较大的情况下，

$$\sqrt{1+\frac{1}{n}+\frac{(x_0-\bar{x})^2}{\sum(x_i-\bar{x})^2}}\approx 1$$

（4—20）近似等于　　$[\hat{y}_0-\lambda\hat{\sigma},\ \hat{y}_0+\lambda\hat{\sigma}]$　　（4—21）

这就是说，当 x 对 y 的线性影响在精度问题上可以不计时，$\hat{\sigma}$ 就对置信区间的长度起决定性的作用了。所以，在区间预测法中 $\hat{\sigma}=\sqrt{\frac{a}{n-2}}$ 也是一个很重要的量。

例如，本例中当 $x_0=\bar{x}=1845$（元）时，y_0 的预测值 $\hat{y}_0=401.8+0.5356\times 1845\approx 1390$（元），置信区间的长度 $2\lambda\hat{\sigma}=2\times 2.228\times 87.25\approx 388.8$，置信区间由（4—21）求得，为 $[1195.6,\ 1584.4]$。也就是，当 $x_0=\bar{x}$ 时，y_0 的预测值 $\hat{y}_0$ 的精度以 95% 的概率落在 1195.6 元到 1584.4 元的区间内。这个区间的长度比 $x_0=2500$ 元而离开 $\bar{x}=1845$ 元较远的区间的长度小得多，精度也高得多。

总之，利用回归模型进行经济预测的方法和步骤为：

（1）根据统计资料建立两个变量 x、y 的线性回归方程，并进行相关性检验，确认 y 对 x 存在显著的线性关系。

（2）根据回归方程进行点预测，即当 $x=x_0$ 时，由回归方程求出 y_0 的预测值 $\hat{y}_0$。

（3）预测 $x=x_0$ 时，$\hat{y}_0$ 的精度，即进一步做它的区间预测。

① 给出置信度 $1-\alpha$（一般取 $\alpha=0.05$，0.01 或 0.1）

② 计算 $\sqrt{1+\frac{1}{n}+\frac{(x_0-\bar{x})^2}{\sum(x_i-\bar{x})^2}}$ 和 $\hat{\sigma}=\sqrt{\frac{Q}{n-2}}$ 的值。

③ 查 t 分布表（附表3）得 λ 的值。

④ 据（4—20）求出 $\hat{y}_0$ 的置信区间。

（4）结论：预测 $x=x_0$ 时，$\hat{y}_0$ 的精度以 $1-\alpha$ 的概率落在求出的区间内。

第五章　马尔可夫链

马尔可夫链，也称马尔可夫随机过程理论，是近代概率论迅速发展的新领域，它在许多科学与工程技术问题中有着广泛的应用。这里主要介绍它在经济预测中的应用。

§1　随机过程与马尔可夫链的概念

经济领域中的随机现象是普遍存在的。在第一章考虑到读者的数学基础和理解能力，仅研究了一元随机变量及其概率，但在实际问题中多元的随机变量也处处可见。例如多次试验的结果对应的一组实数（ξ_1，ξ_2，…，ξ_n），它们是随机试验结果不同而变化的 n 个随机变量，并且对任何实数 x_1，x_2，…，x_n，事件“$\xi_1\leqslant x_1$，$\xi_2\leqslant x_2$，…，$\xi_n\leqslant x_n$”有确定的概率，则称 n 个随机变量的整体（ξ_1，ξ_2，…，ξ_n）为一个 n 元随机变量，本书不想按照一元随机变量的研究模式去对多元随机变量进行研究。从现在起，只研究随机变量 ξ 随时间 t 的变化规律性及其概率。

首先，引入随机过程的概念。

例如，以 ξ（t）表示某商店一种商品在时间 t 内的销售量，它是一个随时间而变化的随机变量。若 t 以天数为计量单位，当 $t=1$，2，…，30 时，ξ（t）表示 t 从 1 到 30（大致相当于一个月内）该种商品销售量的随机变化过程，这个过程由随机序列 ξ（t_1），ξ（t_2），…，ξ（t_n）描述，其中 ξ（t_i）表示第 i 天（$i=$ 1，2，…，30）的销售量，它是一个随机变量，可取任何非负整数。

又如，在一条自动生产线上检验产品质量，每隔一分钟取一个进行检验，“废品”记为1，“合格品”记为0，以$\xi(t_n)$表示第n分钟的检验结果［$\xi(t_n)=1$，0］，$\xi(t)$表示产品质量的随机过程，描述了产品质量随时间t变化的规律性。

一般地，$\xi(t)$是随时间t变化的一族随机变量，将这样一族随机变量称为随机过程，记为$\{\xi(t), t\in T\}$，其中参数T是一个实数集合，对实数$t_i\in T$，$\xi(t_i)$是一个随机变量，$\xi(t_i)$的每一个可能取值称为随机过程的一个状态，所有状态组成的集合E称为状态空间。当参数T为非负整数时，随机过程$\{\xi(t), t\in T\quad T=\{0, 1, 2, \cdots\}\}$又称为随机序列。

在第一个例子中，时间参数$T=\{1, 2, \cdots, 30\}$，状态空间$E=\{0, 1, 2, \cdots\}$。在第二个例子中，时间参数$T=\{1, 2, \cdots\}$，状态空间$T=\{1, 0\}$。

马尔可夫过程是随机过程的一种。它所研究的是这样一类随机现象：现象变化的过程中，处于某种状态的概率只与它之前的状态有关，而与它之前的过去所处的状态无关。把马尔可夫过程的一族随机序列$\xi(t_1)$，$\xi(t_2)$，…，$\xi(t_{n-1})$，$\xi(t_n)$称为马尔可夫链。因此马尔可夫链是一种特殊的随机序列。

在第一个例子中，该商店若预测一天的商品销售状况$\xi(t_n)$，只需考虑前一天的商品销售状况$\xi(t_{n-1})$。这种具有由前项推算出来的所谓转移概率的随机变化过程，就是马尔可夫过程，而从整体上看的一连串的转移过程就是马尔可夫链。

§2　转移概率矩阵和固定概率向量

某商店推销三种名牌洗衣粉，以A_1，A_2，A_3表示之，为了了解顾客的购买倾向，对市场进行了调查，在本月购买A_1，A_2，A_3的顾客中各找100人，分别了解他们下月的购买情况如下：

$$\begin{array}{c} \\ A_1 \\ A_2 \\ A_3 \end{array}\begin{array}{c} \begin{array}{ccc} A_1 & A_2 & A_3 \end{array} \\ \begin{pmatrix} 40 & 30 & 30 \\ 60 & 30 & 10 \\ 60 & 10 & 30 \end{pmatrix} \end{array}\begin{array}{c} \\ 100 \\ 100 \\ 100 \end{array}$$

此矩阵说明，在本月购买 A_1 牌的 100 人中，下月仍有 40 人购买 A_1 牌，30 人转向购买 A_2 牌，30 人转向购买 A_3 牌。在购买 A_2 牌的 100 人中，下月准备购买 A_1 牌，A_2 牌，A_3 牌的分别为 60 人、30 人、10 人。在购买 A_3 牌的 100 人中，下月准备购买 A_1 牌，A_2 牌，A_3 牌的分别为 60 人、10 人、30 人。

以上矩阵称为某系统状态的一步转移频数矩阵。

用转移频数矩阵各行的和分别除以各对应频数，就得一步转移概率矩阵：

$$\begin{array}{c} \\ A_1 \\ A_2 \\ A_3 \end{array}\begin{array}{c} \begin{array}{ccc} A_1 & A_2 & A_3 \end{array} \\ \begin{pmatrix} 0.4 & 0.3 & 0.3 \\ 0.6 & 0.3 & 0.1 \\ 0.6 & 0.1 & 0.3 \end{pmatrix} \end{array} \tag{5—1}$$

显然，该转移概率矩阵有如下两个特点：

（1）各元素非负。

（2）各行元素的和为 1。

一般地，设方阵 $P=(p_{ij})_n$ 中，如果所有元素皆非负（即 $p_{ij}\geqslant 0$，i，$j=1$，2，…，n），且各行元素之和为 1（即 $\sum\limits_{j=1}^{n} p_{ij}=1$，$i=1$，2，…，$n$）则此 n 阶方阵称为转移概率矩阵。

例如，矩阵 $\begin{pmatrix} \frac{1}{3} & 0 & \frac{2}{3} \\ \frac{3}{4} & \frac{1}{2} & -\frac{1}{4} \\ \frac{1}{3} & \frac{1}{3} & \frac{1}{3} \end{pmatrix}$

不是转移概率矩阵。这是因元素 $p_{23}=-\frac{1}{4}<0$（虽然各行元素之和为 1）。

显然下列两个矩阵都是转移概率矩阵：

$$\begin{pmatrix} \frac{2}{5} & \frac{3}{5} \\ 0 & 1 \end{pmatrix} \qquad \begin{pmatrix} \frac{1}{3} & 0 & \frac{2}{3} \\ \frac{1}{4} & \frac{1}{2} & \frac{1}{4} \\ \frac{1}{3} & \frac{1}{3} & \frac{1}{3} \end{pmatrix}$$

一个转移概率矩阵表明了某系统状态 A_1，A_2，…，A_n 中，状态 A_i（$i=1$，2，…，n）转向状态 A_j（$j=1$，2，…，n）的可能性（概率），例如在例 1 中，顾客购买 A_i（$i=1$，2，3）牌洗衣粉转向购买 A_j（$j=1$，2，3）牌洗衣粉的转移概率矩阵用（5—1）表述。由此看出各状态的转移趋向如下：

状态 A_3 一步转移到状态 A_1 的可能性最大（即购买 A_3 牌的 100 人中有 60% 的人转向购买 A_1 牌）；从状态 A_3 一步转移到 A_2 的可能性最小（即购买 A_3 牌的 100 人中有 10% 的人转向购买 A_2 牌）。

若以此市场调查的顾客购买倾向为依据，预测 n 月后该商店三种牌号的洗衣粉销售状况，只要求得 n 步转移概率矩阵就可以了。这个问题对于具有线性代数初步知识的读者来说是并不困难的，聪明的读者很容易想到利用矩阵的乘法去求矩阵（5—1）的 n 次幂。

以下介绍转移概率矩阵 P 的 n 次幂的性质，为商品市场预测奠定理论基础。为此先介绍转移概率矩阵 P 的性质和正规转移概率矩阵的意义。

转移概率矩阵 P 具有下列性质：

（1）设 P，Q 为同阶的两个转移概率矩阵，则乘积 PQ 亦为转移概率矩阵。

（2）设 P 为转移概率矩阵，n 为正整数，则 P 的 n 次幂 P^n 亦为转移概率矩阵（证明从略）。

若某一转移概率矩阵的 n 次幂 P^n 的所有元素皆为正（$n \geqslant 2$），则称 P 为正规转移概率矩阵。

显然，矩阵（5—1）是正规转移概率矩阵。还可以验证矩阵：

$$P=\begin{pmatrix} 0 & 1 \\ 1/2 & 1/2 \end{pmatrix} \tag{5—2}$$

是正规转移矩阵。首先 P 是转移概率矩阵，而

$$P^2=\begin{pmatrix} 1/2 & 1/2 \\ 1/4 & 3/4 \end{pmatrix}=\begin{pmatrix} 0.5 & 0.5 \\ 0.25 & 0.75 \end{pmatrix}$$

$$P^3=\begin{pmatrix} 1/4 & 3/4 \\ 3/8 & 5/8 \end{pmatrix}=\begin{pmatrix} 0.25 & 0.75 \\ 0.37 & 0.63 \end{pmatrix}$$

$$P^4=\begin{pmatrix} 3/8 & 5/8 \\ 5/16 & 5/16 \end{pmatrix}=\begin{pmatrix} 0.37 & 0.63 \\ 0.31 & 0.69 \end{pmatrix}$$

$$P^5=\begin{pmatrix}5/16 & 11/16\\ 11/32 & 21/32\end{pmatrix}=\begin{pmatrix}0.31 & 0.69\\ 0.34 & 0.66\end{pmatrix} \tag{5—3}$$

$$\cdots$$

的所有元素皆为正。显然，所有单位矩阵虽是转移概率矩阵，但不是正规的，事实上

$$E=\begin{pmatrix}1 & 0\\ 0 & 1\end{pmatrix} \qquad E^n=\begin{pmatrix}1 & 0\\ 0 & 1\end{pmatrix}^n=\begin{pmatrix}1 & 0\\ 0 & 1\end{pmatrix}$$

$$E=\begin{pmatrix}1 & 0 & 0\\ 0 & 1 & 0\\ 0 & 0 & 1\end{pmatrix} \qquad E^n=\begin{pmatrix}1 & 0 & 0\\ 0 & 1 & 0\\ 0 & 0 & 1\end{pmatrix}^n=\begin{pmatrix}1 & 0 & 0\\ 0 & 1 & 0\\ 0 & 0 & 1\end{pmatrix}$$

$$\cdots$$

可以看到，E^n 的元素非皆正。

为了更进一步研究转移概率矩阵的性质，下面介绍固定向量和固定概率向量的意义。

设 $\boldsymbol{u}=(u_1,\ u_2,\ \cdots,\ u_n)$ 是一非零行向量，A 为某一 n 阶方阵，若 $\boldsymbol{u}A=\boldsymbol{u}$，则称 $\boldsymbol{u}$ 是 A 的固定向量。

例如，$\boldsymbol{u}=(2,\ -1)$ 为 $A=\begin{pmatrix}2 & 1\\ 2 & 3\end{pmatrix}$ 的固定向量，这是因为：

$$\boldsymbol{u}A=(2,\ -1)\begin{pmatrix}2 & 1\\ 2 & 3\end{pmatrix}=(2,\ -1)=\boldsymbol{u}$$

若固定向量的所有元素非负，且所有元素之和为1，则称这样的固定向量为固定概率向量。

例如：$\boldsymbol{u}=(2,\ -1)$ 为 $A=\begin{pmatrix}2 & 1\\ 2 & 3\end{pmatrix}$ 的固定向量，但它不是 A 的固定概率向量。

而向量 $\boldsymbol{v}=(\frac{1}{3},\ \frac{2}{3})$ 是 $P=\begin{pmatrix}0 & 1\\ 1/2 & 1/2\end{pmatrix}$ 的固定概率向量。这是因为 $\boldsymbol{v}P=(\frac{1}{3},\ \frac{2}{3})$
$\begin{pmatrix}0 & 1\\ \frac{1}{2} & \frac{1}{2}\end{pmatrix}=\left(\frac{1}{3},\ \frac{2}{3}\right)=\boldsymbol{v}$

同时，$\boldsymbol{v}$ 的元素皆非负且元素之和$\frac{1}{3}+\frac{2}{3}=1$。

例 1　试求矩阵 $A=\begin{pmatrix}\frac{1}{3} & 0 & \frac{2}{3}\\ \frac{1}{4} & \frac{1}{2} & \frac{1}{4}\\ \frac{1}{3} & \frac{1}{3} & \frac{1}{3}\end{pmatrix}$

的固定概率向量。

解：利用固定概率向量元素所需的条件，设 $\boldsymbol{u}=(x,\ y,\ 1-x-y)$，其中 $0\leqslant x,\ y\leqslant 1$，$0\leqslant 1-x-y\leqslant 1$，有

$$\boldsymbol{u}A=(x,\ y,\ 1-x-y)\begin{pmatrix}\frac{1}{3} & 0 & \frac{2}{3}\\ \frac{1}{4} & \frac{1}{2} & \frac{1}{4}\\ \frac{1}{3} & \frac{1}{3} & \frac{1}{3}\end{pmatrix}=(x,\ y,\ 1-x-y)=\boldsymbol{u}$$

利用矩阵的乘法和两向量相等的条件，得方程组：

$$\begin{cases}x+\frac{1}{12}y=\frac{1}{3}\\ \frac{1}{3}x+\frac{5}{6}y=\frac{1}{3}\end{cases}$$

解得 $x=\frac{9}{29}$，$y=\frac{8}{29}$，因此所求矩阵 A 的固定概率向量

$$\boldsymbol{u}=\left(\frac{9}{29},\ \frac{8}{29},\ \frac{12}{29}\right)$$

把由 n 阶方阵 A 的固定概率向量 $\boldsymbol{u}$ 做成的 n 阶矩阵：

$$U=\begin{pmatrix}\boldsymbol{u}\\ \boldsymbol{u}\\ \cdots\\ \boldsymbol{u}\end{pmatrix}$$

称为 n 阶方阵 A 的固定概率矩阵。

例如：$U=\begin{pmatrix}1/3 & 2/3\\1/3 & 2/3\end{pmatrix}$ 是 $P=\begin{pmatrix}0 & 1\\1/2 & 1/2\end{pmatrix}$ 的固定概率矩阵。

例 1 中，矩阵 A 的固定概率矩阵为：$U=\begin{pmatrix}\frac{9}{29} & \frac{8}{29} & \frac{12}{29}\\ \frac{9}{29} & \frac{8}{29} & \frac{12}{29}\\ \frac{9}{29} & \frac{8}{29} & \frac{12}{29}\end{pmatrix}$

下面讨论正规转移概率矩阵 A 与它的固定概率矩阵 U 的关系。先观察下面已得到的结果：

（5—3）给出了矩阵 $P=\begin{pmatrix}0 & 1\\1/2 & 1/2\end{pmatrix}$ 的 1—5 次幂。

$$P^5=\begin{pmatrix}0 & 1\\1/2 & 1/2\end{pmatrix}^5=\begin{pmatrix}5/16 & 11/16\\11/32 & 21/32\end{pmatrix}\approx\begin{pmatrix}0.31 & 0.69\\0.34 & 0.66\end{pmatrix}$$

与 P 的固定概率矩阵 $U=\begin{pmatrix}\frac{1}{3} & \frac{2}{3}\\ \frac{1}{3} & \frac{2}{3}\end{pmatrix}=\begin{pmatrix}0.33 & 0.66\\0.33 & 0.66\end{pmatrix}$

是相当近似的，如果把 P^6，P^7…求出来这种近似程度会越来越高。也就是说，当 n 很大时 P^n 趋向 P 的固定概率矩阵 U，因此：

正规转移概率矩阵 P 具有下列性质：

（1）P 有唯一的固定概率向量 $\boldsymbol{u}$，且 $\boldsymbol{u}$ 的所有元素皆为正数。

（2）P 的 n 次幂组成的序列：

$$P,\ P^2,\ P^3,\ \cdots$$

趋于它的固定概率矩阵 U。

（3）若 $\boldsymbol{V}$ 为任意一个行概率向量（各元素非负且元素之和为 1）则向量序列

$$\boldsymbol{VP},\ \boldsymbol{VP}^2,\ \boldsymbol{VP}^3,\ \cdots$$

趋近于固定概率向量 $\boldsymbol{u}$（证明从略）。

例 2 预测本节开头所举例子中三种品牌洗衣粉在未来的市场占有率。

解：记（5—1）为 P，即

$$P=\begin{pmatrix}0.4 & 0.3 & 0.3\\0.6 & 0.3 & 0.1\\0.6 & 0.1 & 0.3\end{pmatrix}$$

求得 P 的 n 次幂如下：

$$P=\begin{pmatrix}0.4 & 0.3 & 0.3\\0.6 & 0.3 & 0.1\\0.6 & 0.1 & 0.3\end{pmatrix}$$

$$P^2=\begin{pmatrix}0.52 & 0.24 & 0.24\\0.48 & 0.28 & 0.24\\0.48 & 0.24 & 0.28\end{pmatrix}$$

$$P^3=\begin{pmatrix}0.496 & 0.252 & 0.252\\0.504 & 0.252 & 0.244\\0.504 & 0.244 & 0.252\end{pmatrix}$$

$$P^4=\begin{pmatrix}0.5008 & 0.2496 & 0.2496\\0.4992 & 0.2512 & 0.2496\\0.4992 & 0.2496 & 0.2512\end{pmatrix}$$

$$P^5=\begin{pmatrix}0.49984 & 0.25008 & 0.25008\\0.50016 & 0.25008 & 0.24976\\0.50016 & 0.24976 & 0.25008\end{pmatrix}$$

$$P^6=\begin{pmatrix}0.500032 & 0.249984 & 0.249984\\0.499968 & 0.250048 & 0.249984\\0.499968 & 0.249984 & 0.250048\end{pmatrix}$$

$$P^7=\begin{pmatrix}0.499994 & 0.250003 & 0.250003\\0.500006 & 0.250003 & 0.24999\\0.500006 & 0.24999 & 0.250003\end{pmatrix}$$

$$P^8=\begin{pmatrix}0.500001 & 0.249999 & 0.249999\\0.499999 & 0.250002 & 0.249999\\0.499999 & 0.249999 & 0.250002\end{pmatrix}$$

$$P^9=\begin{pmatrix}0.5 & 0.25 & 0.25\\ 0.5 & 0.25 & 0.25\\ 0.5 & 0.25 & 0.25\end{pmatrix}$$

首先，P 是一步转移概率矩阵，且是正规的。

设 P 的固定概率向量 $\boldsymbol{u}=(x,\ y,\ 1-x-y)$，$(0\leqslant x,\ y\leqslant 1,\ 0\leqslant 1-x-y\leqslant 1)$，利用 $\boldsymbol{u}P=\boldsymbol{u}$ 可得（方法同例 1）：$\boldsymbol{u}=(0.5,\ 0.25,\ 0.25)$

因此 P 的固定概率矩阵 $U=\begin{pmatrix}0.5 & 0.25 & 0.25\\ 0.5 & 0.25 & 0.25\\ 0.5 & 0.25 & 0.25\end{pmatrix}$

从以上计算结果再一次验证了正规转移概率矩阵的性质（1）（2）。也就是正规转移矩阵 P 的固定概率向量 $\boldsymbol{u}$ 是唯一的，且 $\boldsymbol{u}$ 的元素皆为正数；n 很大时，P^n 趋于 P 的固定概率矩阵 U。

下面来剖析 $P^n(n\to\infty)\to U$ 的含义。根据市场调查所获得的顾客购买商品倾向（以一步转移概率矩阵 P 表述），经过 n 步转移（P^1，P^2，P^3，…是一个马尔可夫链）P^n 的各行向量近似相等［由（5—4）看到 $n=9$］，而这个行向量就是 P 的固定概率向量 $\boldsymbol{u}$。这意味着顾客购买三种品牌洗衣粉的倾向得以实现，就是三种品牌洗衣粉在未来的市场占有率，这个占有率由 P 的固定概率向量 $\boldsymbol{u}$ 给出。

因此，本节开头所举例子中三种品牌洗衣粉在未来的市场占有率分别为 50%，25%，25%，即 A_1 品牌占 50%，A_2、A_3 品牌各占 25%。

§3　应用举例

根据经济某些领域中一些变量现在的情况及其变动趋向，应用马尔可夫链的计算方法，来预测它在未来某特定区间可能产生的变动，作为做出某种决策的依据。

（一）市场预测

§2 例 2 给出来利用马尔可夫链预测产品在未来的市场占有率的一般方法，归纳为下列步骤：

（1）根据市场调查，了解顾客对不同品牌产品的购买倾向，确定某系统状态的转移频数矩阵。

（2）用转移频数矩阵的各行分别除以各对应频数，得到该系统状态的转移概率矩阵 P。

（3）求出 P 的固定概率向量 $\boldsymbol{u}$ 和固定概率矩阵 U。

（4）求出随机序列（即马尔可夫链）P，P^2，P^3，…，并验证当 n 相当大时，$P^n \to U = \begin{pmatrix} \boldsymbol{u} \\ \boldsymbol{u} \\ \cdots \\ \boldsymbol{u} \end{pmatrix}$

（5）得出结论：产品在未来的市场占有率依次由 $\boldsymbol{u}$ 的元素数据确定。

例 1　A、B、C、D、E 五种商标的同类产品在市场上同时销售，据市场调查，199 名顾客的购买倾向所显示的转移频数矩阵如下，试预测 12 个月后五种品牌产品的市场占有率。

$$
\begin{array}{c} \\ A \\ B \\ C \\ D \\ E \\ \\ \end{array}
\begin{array}{c}
\begin{array}{ccccc} A & B & C & D & E \end{array} \\
\begin{pmatrix} 0 & 12 & 14 & 11 & 5 \\ 12 & 0 & 11 & 11 & 4 \\ 5 & 11 & 0 & 14 & 8 \\ 13 & 6 & 9 & 0 & 18 \\ 12 & 9 & 4 & 10 & 0 \end{pmatrix} \\
(42 \quad 38 \quad 38 \quad 46 \quad 35)
\end{array}
\begin{array}{c} \text{行和} \\ \begin{pmatrix} 42 \\ 38 \\ 38 \\ 46 \\ 35 \end{pmatrix} \\ \\ \end{array}
$$

解：（1）各行元素除以各行和，得转移概率矩阵

$$
P = \begin{pmatrix} 0 & 0.286 & 0.333 & 0.262 & 0.119 \\ 0.316 & 0 & 0.289 & 0.289 & 0.106 \\ 0.132 & 0.289 & 0 & 0.368 & 0.211 \\ 0.283 & 0.130 & 0.196 & 0 & 0.391 \\ 0.343 & 0.257 & 0.114 & 0.286 & 0 \end{pmatrix}
$$

（2）设 P 的固定概率向量为 $\boldsymbol{u}$，解方程 $\boldsymbol{u}P = \boldsymbol{u}$（略）得

$$
\boldsymbol{u} = (0.211,\ 0.191,\ 0.191,\ 0.231,\ 0.176)
$$

（3）用计算机实现，求得 P^2，P^3，…，可知 11 步转移概率矩阵

$$P^{11}=\begin{pmatrix}0.211 & 0.191 & 0.191 & 0.231 & 0.176\\ 0.211 & 0.191 & 0.191 & 0.231 & 0.176\\ 0.211 & 0.191 & 0.191 & 0.231 & 0.176\\ 0.211 & 0.191 & 0.191 & 0.231 & 0.176\\ 0.211 & 0.191 & 0.191 & 0.231 & 0.176\end{pmatrix}$$

与 $\boldsymbol{u}$ 比较可知：$P^{11}=\begin{pmatrix}\boldsymbol{u}\\ \boldsymbol{u}\\ \boldsymbol{u}\\ \boldsymbol{u}\\ \boldsymbol{u}\end{pmatrix}=U$

（4）由（3）可见，12 个月后，顾客的购买倾向趋于稳定，A，B，C，D，E 五种品牌产品对市场的占有率分别为 21.1%，19.1%，19.1%，23.1%，17.6%。

请读者注意：（1）对较复杂的问题（产品品种多或数据复杂），解矩阵方程 $\boldsymbol{u}P=\boldsymbol{u}$ 是很烦琐的，可应用计算机实现。（2）在熟悉该方法理论基础的前提下，可省略求 $\boldsymbol{u}$ 的步骤或求 P，P^2，P^3，…的步骤，即可得出结论。

（二）服务网点设置

例 2 国泰照相馆在京城有甲、乙、丙三个连锁店，联合经营出租高级相机的业务，顾客可由甲、乙、丙三处中的任何一处租用相机，用完后可还到三处中的任何一处。估计其转移概率如表 5—1：

表 5—1

		还相机处		
		甲	乙	丙
租相机处	甲	0.2	0.8	0
	乙	0.8	0	0.2
	丙	0.1	0.3	0.6

今欲选择其中之一附设相机维修点，问该点设在哪一个连锁店为最好？

解：由于顾客还相机（即下次相机所在店址）的情况只与该次租机地点（这次相机所在店址）有关，而与相机以前所处的店址无关，所以可用 ξ_n 表示相机第 n 次被租时所在的店址；“$\xi_n=1$”“$\xi_n=2$”“$\xi_n=3$”分别表示相机第 n 次被租用时在甲、乙、丙店。则 ξ_1，ξ_2，$\xi_3\cdots$是一个马尔可夫链。其状态空间$E=\{1, 2, 3\}$。考虑相机维修点的设置地点问题，实际上要计算 P 经过多少步转移（n 为多少），P^n 趋向 P 的固定概率向量 $\boldsymbol{u}$，而 $\boldsymbol{u}$ 的元素中最大的那个数对应的店即为所求。

计算步骤与本节（一）相同。

（1）（2）步由已知给出：

$$P=\begin{pmatrix}0.2 & 0.8 & 0\\ 0.8 & 0 & 0.2\\ 0.1 & 0.3 & 0.6\end{pmatrix}$$

（3）求 P 的固定概率向量 $\boldsymbol{u}$。

设 $\boldsymbol{u}=(x,\ y,\ 1-x-y)$ 满足 $\boldsymbol{u}P=\boldsymbol{u}$，解矩阵方程：

$$(x,\ y,\ 1-x-y)\begin{pmatrix}0.2 & 0.8 & 0\\ 0.8 & 0 & 0.2\\ 0.1 & 0.3 & 0.6\end{pmatrix}=(x,\ y,\ 1-x-y)$$

得到 $$\begin{cases}x\approx 0.414\\ y\approx 0.390\end{cases}$$

于是　$\boldsymbol{u}=(0.414,\ 0.390,\ 0.196)$

这里，$\boldsymbol{u}$ 的第一个元素数值最大。

由以上计算看出，经过长期经营后，该相馆的每架相机还到甲、乙、丙三店的概率分别为0.414，0.390，0.196。由于还到甲店的概率较大，也就是还到甲店的相机较多，因此维修点设在甲店为好。

需要说明的是：（1）这里省略了计算 $P^n(n=2,\ 3,\ \cdots)$ 的步骤。为了验证计算 $\boldsymbol{u}$ 的正确性，可进一步计算 $P^n(n=2,\ 3,\ \cdots)$，当 n 相当大时，P^n 的所有行相同且等于 $\boldsymbol{u}$。（2）在实际问题中要灵活应用计算结果，例如本问题中，由于相机还到乙店的概率与还到甲店的概率相差不多，若是乙的其他因素（比如，交通较甲方便，电力供应稳定，房屋宽敞，职工修理相机技术高等）亦可考虑将维修点设在乙店。

（三）最优维修策略选择

例 3 某大型企业维修站，对工厂所用泵的使用情况制定检查、保养、维修计划。维修站每次检查设备都把泵的腐蚀和损坏程度分成五类：

（1）优秀状态：和新的一样；

（2）良好状态：稍有腐蚀；

（3）及格状态：轻度腐蚀；

（4）可用状态：大面积腐蚀、勉强可用；

（5）不能使用状态：严重损坏、必须大修。

过去维修站采用“一种状态”维修策略，即只有发现泵处于第五类状态才送去修理，每台修理费 500 元。事实上，泵处于第三类、第四类状态都需要修理，平均修理费用每台分别为 200 元、250 元，试判断采用哪种维修策略费用最省。

这是一个典型的马尔可夫随机过程。

假设维修站的检修周期为每年一次，对于年初每一台处于某类状态的泵，由于在一年内使用时间等原因（泵的质量、保养程度、电力稳定情况等）到年末检查时处于它类状态是随机的，且处于它类状态的概率之和为 1。该维修站根据历年检查资料，统计了年初处于各类状态的各 10 台泵，到年末各类状态的泵转移频数如表 5—2：

表 5—2

		年末情况				
		第一类	第二类	第三类	第四类	第五类
年初情况	第一类	0	6	2	1	1
	第二类	0	3	4	2	1
	第三类	0	0	4	4	2
	第四类	0	0	0	5	5
	第五类	10	0	0	0	0

解：由表 5—2 得状态转移概率矩阵如下：

$$P_1=\begin{pmatrix}0 & 0.6 & 0.2 & 0.1 & 0.1\\ 0 & 0.3 & 0.4 & 0.2 & 0.1\\ 0 & 0 & 0.4 & 0.4 & 0.2\\ 0 & 0 & 0 & 0.5 & 0.5\\ 1 & 0 & 0 & 0 & 0\end{pmatrix}$$

最后一行表明，上一年检查处于第五类状态的泵，经维修后都在下一年检查时达到第一类状态。因此，P_1 是“一种状态”维修策略的一步转移概率矩阵。经过 n 步转移后处于第五类状态的泵的概率，由 P_1 的固定概率向量的第五个元素来确定。为此须求得 P_1 的固定概率向量（计算过程从略）：$\boldsymbol{u}_1=(0.199,\ 0.170,\ 0.180,\ 0.252,\ 0.199)$。

“一种状态”维修策略：只有泵处于第五类状态才修，所以，维修费：

$$c_1=500\times 0.199=99.5\ （元）$$

对于“两种状态”维修策略：泵处于第四、五类状态都修，这时一步转移概率矩阵：

$$P_2=\begin{pmatrix}0 & 0.6 & 0.2 & 0.1 & 0.1\\ 0 & 0.3 & 0.4 & 0.2 & 0.1\\ 0 & 0 & 0.4 & 0.4 & 0.2\\ 1 & 0 & 0 & 0 & 0\\ 1 & 0 & 0 & 0 & 0\end{pmatrix}$$

最后两行表明，上一年处于第四、五类状态的泵，经维修没有在下一年检查时都达到一类状态。

求得 P_1 的固定概率向量如下：$\boldsymbol{u}_2=(0.266,\ 0.228,\ 0.241,\ 0.168,\ 0.197)$ $\boldsymbol{u}_2$ 的第四、五个元素 0.168、0.097 为年末检查时处于第四、五类状态的概率。因此“两种状态”的维修策略的维修费为：$c_2=250\times 0.168+500\times 0.097=90.50$(元)。

同理，“三种状态”的维修策略，其转移概率矩阵：

$$P_3=\begin{pmatrix}0 & 0.6 & 0.2 & 0.1 & 0.1\\ 0 & 0.3 & 0.4 & 0.2 & 0.1\\ 1 & 0 & 0 & 0 & 0\\ 1 & 0 & 0 & 0 & 0\\ 1 & 0 & 0 & 0 & 0\end{pmatrix}$$

求得 P_3 的固定概率向量：$\boldsymbol{u}_3=(0.35\quad 0.30\quad 0.19\quad 0.095\quad 0.065)$

维修费：$c_3=200\times0.19+250\times0.095+500\times0.065=94.25$（元）。

通过以上计算可以得出结论：采用“两种状态”的维修策略，费用最省。在这种策略下，一台泵每年必须修理的概率为：$0.168+0.097=0.265$。比采用“一种状态”的维修策略，泵必须修理的概率 0.199 要大，但由于处于第四类状态的泵很多，修理费用低，所以总的修理费用是节省了。

应该看到，“三种状态”的维修策略，设备完好率远高于其他两种策略，花费也不太多，同样是可以考虑采取的策略。但是，这毕竟是从另一种意义上考虑的优选。

（四）某些排队问题处理

在社会生活中排队现象比比皆是。有些排队是有形的，如票房前等待买票的排队，加油前汽车的排队；还有些排队是无形的，如电话交换机接到的电话呼叫，某工厂维修组由于人力不足而面临不断传来的等待维修机器的信息等。不论是买票的顾客，加油的汽车，还是电话的呼叫或等待维修的信息，它们都有着一种共同的要求，就是接受某种服务，并且它们的到达是随机的。排队论就是研究随机服务系统的理论或等待线理论。下面介绍的处理排队问题的方法，并不是排队论的主要方法。但是，当排队中到达或服务的概率分布为某种特殊的分布时，用马尔可夫过程来分析是大有帮助的。

例 4 某纺织厂的机修组负责纺织机的维修工作。如果以一小时为周期，把任一给定周期内系统中存有的送修机器台数规定为系统状态。现在知道机修组只能检修一台机器，在一个周期内，完工概率为 0.7。这个系统最大状态规定为 3，即一台在检修，两台在等待排队。再有机器到达，予以退回。根据以往统计数据，待修机器送修理组的概率列表为：

表 5—3

本周期到达检修台数	发生概率
0	0.6
1	0.2
2	0.2

求整个系统期望占有的机器台数。

解：需要依次计算状态转移概率矩阵。

首先根据表 5—3 计算四种状态转移的概率。

这四种状态设为：0，1，2，3，即一台没有；一台维修；一台维修，一台等待；一台维修，两台等待。并设第 i 种状态转移到 j 种状态的概率为 $p_{ij}(i, j=0, 1, 2, 3)$，则状态概率转移矩阵

$$P=\begin{pmatrix} p_{00} & p_{01} & p_{02} & p_{03} \\ p_{10} & p_{12} & p_{12} & p_{13} \\ p_{20} & p_{22} & p_{23} & p_{23} \\ p_{30} & p_{32} & p_{32} & p_{33} \end{pmatrix}$$

其中，p_{00}的意义是由 0 种状态转移到 0 种状态的概率，它包括两个内容：本周期内事件“初始没有且到达检修台数为 0”发生的概率（0.6）和“初始没有，到达一台检修完一台”发生的概率，因此

$$p_{00}=0.6+0.2\times 0.7=0.74$$

p_{01}的意义是由 0 种状态转移到 1 种状态的概率。它包括：本周期内“初始没有且到达一台但未检修”和“初始没有，到达两台检修完一台”的概率，因此

$$p_{01}=0.2\times 0.3+0.2\times 0.7=0.2$$

p_{02}的意义是由 0 种状态转移到 2 种状态的概率，它等于本周期内“初始没有，到达两台但未检修”的概率，因此

$$p_{02}=0.2\times(1-0.7)=0.6$$

显然 $p_{0.3}=0$（由已知推出）

……

为了使读者更清晰地了解 p_{ij} 的意义和求法，列表5—4：

表5—4

p_{ij}	事件			概率	
	初始	到达	检修完	事件	元素
p_{00}	0	0	0	0.6	0.74
	0	1	1	0.2×0.7	
p_{01}	0	1	0	0.2×0.3	0.2
	0	2	1	0.2×0.7	
p_{02}	0	2	0	0.2×0.3	0.06
$p_{0.3}$	0	不可能			0
p_{10}	1	0	1	0.6×0.7	0.42
p_{11}	1	0	0	0.6×0.3	0.32
	1	1	1	0.2×0.7	
p_{12}	1	1	0	0.2×0.3	0.20
	1	2	1	0.2×0.7	
p_{13}	1	2	0	0.2×0.3	0.06
p_{20}	2	不可能			0
p_{21}	2	0	1	0.6×0.7	0.42
p_{22}	2	0	0	0.6×0.3	0.46
	2	1，2*	1	0.4×0.7	
p_{23}	2	1，2*	0	0.4×0.3	0.12
p_{30}	3	不可能			0
p_{31}	3	不可能			0
p_{32}	3	0，1，2*	1	1×0.7	0.7
p_{33}	3	0，1，2*	0	1×0.3	0.03

* 排队容量为3，如有机器到达，退回。

因此
$$P=\begin{pmatrix}0.74 & 0.20 & 0.06 & 0.00\\ 0.42 & 0.32 & 0.20 & 0.06\\ 0.00 & 0.42 & 0.46 & 0.12\\ 0.00 & 0.00 & 0.70 & 0.30\end{pmatrix}$$
求得 P 的固定概率向量
$$\boldsymbol{u}=(0.437,\ 0.270,\ 0.230,\ 0.063)$$
由 $\boldsymbol{u}$ 的元素可知，维修组处于四种状态的概率分别为 0.437，0.270，0.230，0.063，也就是说，机修组空闲的概率为 0.437；有一台机器检修而无排队的概率为 0.27；有一台机器检修，一台排队等候的概率为 0.23；一台检修，两台排队的概率为 0.063。整个排队系统期望占有机器台数为：
$$0\times 0.437+1\times 0.27+2\times 0.23+3\times 0.063=0.919\ (台)$$
这里包括检验的那一台。

（五）财务账目处理

例 5　某公司财务部在清理账簿时，发现账目未结清的客户数如表 5—5：

表 5—5

未结清客户数	欠款的时间（月）
200	1
150	2
75	3
20	4

该公司习惯上把四个月仍不付款者列入呆账。根据以往经验，付款情形的概率分布为表 5—6：

表 5—6

		下月欠账时间					
		1	2	3	4	付清	呆账
本月欠账时间	1	0	0.4	0	0	0.6	0
	2	0	0	0.6	0	0.4	0
	3	0	0	0	0.7	0.3	0
	4	0	0	0	0	0.2	0.8
	付清	0	0	0	0	1	0
	呆账	0	0	0	0	0	1

问由现在起，四个月后应收账款的分布如何？

解：欠款的客户向该公司付款的情况是个随机变量，按其欠账时间或付清分为六个状态：1，2，3，4（月），付清，呆账（四个月仍不付款），于是本月欠账时间到下月欠账时间的一步转移概率矩阵：

$$P=\begin{pmatrix} 0 & 0.4 & 0 & 0 & 0.6 & 0 \\ 0 & 0 & 0.6 & 0 & 0.4 & 0 \\ 0 & 0 & 0 & 0.7 & 0.3 & 0 \\ 0 & 0 & 0 & 0 & 0.2 & 0.8 \\ 0 & 0 & 0 & 0 & 1 & 0 \\ 0 & 0 & 0 & 0 & 0 & 1 \end{pmatrix}$$

四个月后的四步转移概率矩阵为：

$$P^4=\begin{pmatrix} 0 & 0 & 0 & 0 & 0.87 & 0.13 \\ 0 & 0 & 0 & 0 & 0.66 & 0.34 \\ 0 & 0 & 0 & 0 & 0.44 & 0.56 \\ 0 & 0 & 0 & 0 & 0.20 & 0.80 \\ 0 & 0 & 0 & 0 & 1 & 0 \\ 0 & 0 & 0 & 0 & 0 & 1 \end{pmatrix}$$

这样，四个月后445个未结账客户账目的发展倾向为：

$$(200,\ 150,\ 75,\ 20,\ 0,\ 0)\begin{pmatrix} 0 & 0 & 0 & 0 & 0.87 & 0.13 \\ 0 & 0 & 0 & 0 & 0.66 & 0.34 \\ 0 & 0 & 0 & 0 & 0.44 & 0.56 \\ 0 & 0 & 0 & 0 & 0.20 & 0.80 \\ 0 & 0 & 0 & 0 & 1 & 0 \\ 0 & 0 & 0 & 0 & 0 & 1 \end{pmatrix}$$

$$=(0,\ 0,\ 0,\ 0,\ 310,\ 135)$$

以上结果说明，现今445个未结清账户，在四个月后，310户可能结清，135户可能成为呆账。

第六章　投入产出模型

投入产出法起源于美国经济学家瓦西里·列昂惕夫（生于俄国）的《投入产出分析》。列昂惕夫于1931 年开始研究“投入产出分析”，企图用来研究美国的经济结构，从宏观上解决美国经济的均衡问题。最初他利用美国国情普查的资料编制了 1919 和 1929 年的投入产出表，分析研究了美国经济结构中的数量关系。并于1936 年发表了投入产出的第一篇论文（《美国经济制度中投入产出的数量关系》)，1941 年发表了《美国经济结构，1919—1929》一书，详细地阐明了“投入产出分析”的内容。1953 年，里昂惕夫与其他经济学家合作，出版了《美国经济结构研究》一书，阐述了投入产出的基本原理及其发展，他由于从事这方面的研究，而于1973 年获得第五届诺贝尔经济学奖。

投入产出是指国民经济的任何一个部门要从事生产，就必须购进原料、燃料、动力、半成品、设备，也必须雇用劳动力、支付劳动报酬，赚取利润、交纳税金，这些统称为投入；而各部门生产的产品和提供的劳务的分配去向，一是作为其他部门的投入，二是作为最终使用，这些统称为产出；每个部门既是消费产品即投入的部门，又是生产产品即产出部门，投入产出表是用来表示国民经济生产与分配部门联系的平衡表，它反映了各部门的技术经济关系。投入产出法就是利用高等数学和电子计算机对投入产出表进行分析和计算，揭示国民经济各部门之间通过数量关系表达的经济联系，为政府从宏观上的经济计划、决策，提供理论依据。

在我国随着生产力的发展，社会分工逐步沟通了广阔的社会领域，社会经济各部门在分工不断细化的同时，相互之间的依赖性越来越强。国家计委为了用科学的方法，从宏观上指导我国经济的发展，从 1957 年开始，组织人力着手编制我国第一张实物形态的投入产出表，1979 年 8 月，山西省统计局开始学习和研究投入产出法，并先后两次在 22 个企业进行了《投入产出基层调查表》填报试点工作。取得了比较圆满的结果。如今，各个省、地区都将投入产出法作为经济决策的重要手段。

§1　投入产出表

（一）投入产出表的分类

投入产出表的种类很多，根据不同的标准，可以有不同的分类：

- 按其不同的计量单位
  - 实物形态表
  - 价值形态表
- 按其不同的编制时间和不同任务
  - 报告表
  - 计划表
- 按其不同的编制范围
  - 全国表
  - 地区表
  - 大型联合企业表
- 按其某项特定任务
  - 固定资产表
  - 劳动力表
  - ……

……

（二）投入产出表的结构

这里只介绍价值形态投入产出表。

投入产出表可以包括 20—400 个部门，它的构造异常复杂。表 6—1 是经数学处理、高度简化包括五个物质部门的投入产出表：

表 6—1 （单位：亿元）

部门间流量 / 产品的分配去向（产出）/ 产品的消耗来源（投入）		中间产品：物质消耗部门 A	B	C	D	E	最终产品：积累消费合计	总产出
物质生产部门	*A*	20	10	30	5	15	120	200
	B	10	100	30	10	10	60	220
	C	20	40	10	50	60	180	360
	D	40	15	60	50	50	50	265
	E	10	10	40	10	10	100	180
净产值	劳动报酬纯收入合计	100	45	190	140	35		
总投入		200	220	360	265	180		

表 6—1 中用双线“‖”“=”将表分成四个部分，称为四个象限。

左上角为第Ⅰ象限，在这一部分中，每个部门都具有生产者和消费者双重身份。从每一横行看，该部门以生产者的身价把自己的产品分配给各部门；从每一纵行看，该部门又作为消耗部门在生产过程中需要消耗其他部门的产品。譬如：*A*、*B*、*C*、*D*、*E* 分别代表农业、工业、建筑业、运输邮电业、商业。农业，一方面，将自己的产品分配给其他四个部门；另一方面，农业生产需要消耗工业提供的电力、煤、机械等，需要建筑、运输邮电、商业这些都是显然的。在这个象限中行与列的交叉点是部门间的流量，这个量也是以双重身份出现的，它是行部门分配给列部门的产品量，也是列部门消耗行部门的产品量。

这一部分反映了国民经济物质生产部门之间的技术性联系，也是投入产出表的基本部分。

右上角为第Ⅱ象限，反映了各部门用于最终产品的部分。最终产品是指暂时离开生产领域的产品，它代表了国民这一期的国民收入。其中一部分用于全体居民的消费，一部分用于积累。

左下角为第Ⅲ象限，反映物质生产部门供物质消耗部门作为中间产品用去后剩余的产品价值，这里称它为净产值部分，也有称它为新创造价值部门。它用于劳动报酬和社会纯收入，也是劳动者为自己创造的价值和为社会创造的价值，因此也反映了国民经济中的经济关系。

右下角为第Ⅳ象限，它用于反映国民收入的再分配过程，但由于国民收入的再分配是个十分复杂的过程，有待进一步研究。

（三）投入产出表的平衡关系

如表6—1中所列，五个部门A、B、C、D、E的总产出等于它们的总投入。各为200亿元、220亿元、360亿元、265亿元、180亿元。具体表现如下：

从表的横行看，对每一投入部门有

A：$(20+10+30+5+15)+120=200$

B：$(10+100+30+10+10)+60=220$

C：$(20+40+10+50+60)+180=360$

D：$(40+15+60+50+50)+50=265$

E：$(10+10+40+10+10)+100=180$

从表的纵列看，对每一产出部门有

A：$(20+10+20+40+10)+100=200$

B：$(10+100+40+15+10)+45=220$

C：$(30+30+10+60+40)+190=360$

D：$(5+10+50+50+10)+140=265$

E：$(15+10+60+50+10)+35=180$

鉴于这种投入产出的平衡关系，亦称投入产出表为投入产出平衡表。它的一般形式如表6—2。

表 6—2

部门间流量 投入＼产出		中间产品					最终产品	总产出
		物质消耗部门						
		1	2	…	n	合计		
物质生产部门	1	C_{11}	C_{12}	…	C_{1n}	$\sum\limits_j C_{1j}$	Y_1	X_1
	2	C_{21}	C_{22}	…	C_{2n}	$\sum\limits_j C_{2j}$	Y_2	X_2
	…	…	…	…	…		⋮	⋮
	…	…	…	…	…		⋮	⋮
	n	C_{n1}	C_{n2}	…	C_{nn}	$\sum\limits_j C_{nj}$	Y_n	X_n
	合计	$\sum\limits_i C_{i1}$	$\sum\limits_i C_{i2}$	…	$\sum\limits_j C_{nj}$			
净产值		Z_1	Z_2	…	Z_n			
总投入		X_1	X_2	…	X_n			

§2　平衡方程组

表 6—2 是投入产出平衡表的一般结构，可以将它所表示的数量关系，转化为一个协调的数学模型，这个数学模型称为投入产出（数学）模型，它由下面的两个平衡方程组给出。

表的每行所体现的经济内容，可用下列线性方程组表示：

$$
\begin{cases}
x_1 = (C_{11} + C_{12} + \cdots + C_{1n}) + y_1 = \sum\limits_{j=1}^{n} C_{1j} + y_1 \\
x_2 = (C_{21} + C_{22} + \cdots + C_{2n}) + y_2 = \sum\limits_{j=1}^{n} C_{2j} + y_2 \\
\cdots \\
x_n = (C_{n1} + C_{n2} + \cdots + C_{nn}) + y_n = \sum\limits_{j=1}^{n} C_{nj} + y_n
\end{cases}
\tag{6—1}
$$

即　　$$x_i = \sum_{j=1}^{n} C_{ij} + y_i \qquad (i=1,\ 2,\ \cdots,\ n) \qquad (6—2)$$

该方程组称为产品分配平衡方程组。其中 c_{ij}是第 i 个作为生产部门的产品，用去补偿物质生产各部门生产性消耗的总和。y_i 是去掉对各部门的投入后，用于积累和消费的最终产品总量。生产性消耗的最终产品的和，就是 i 部门的总产出量 x_i。

观察每列所体现的经济内容，可以用这样的线性方程组描述之：

$$\begin{cases} x_1 = (C_{11} + C_{21} + \cdots + C_{n1}) + z_1 \\ x_2 = (C_{12} + C_{22} + \cdots + C_{n2}) + z_2 \\ \cdots \\ x_n = (C_{1n} + C_{2n} + \cdots + C_{nn}) + z_n \end{cases} \qquad (6—3)$$

即　　$$x_j = \sum_{i=1}^{n} C_{ij} + z_j \qquad (j=1,\ 2,\ \cdots,\ n) \qquad (6—4)$$

该方程组称为生产消耗平衡方程组。$\sum_{i=1}^{m} c_{ij}$ 其中是第 j 个部门作为消耗部门，消耗各部门产品价值总和；Z_j 是第 j 个部门的净产值（或新创造价值），它是劳动报酬和纯收入的合计。$\sum_{i=1}^{m} c_{ij} + y_i$ 是从投入的角度表明了 j 部门的总投入量 x_j。

记 $\frac{c_{ij}}{x_j} = a_{ij}$（$i,\ j=1,\ 2,\ \cdots,\ n$），其经济意义为第 j 部门生产单位直接消耗第 i 部门的产品量，因此称 $a_{ij} = \frac{c_{ij}}{x_j}$（$i,\ j=1,\ 2,\ \cdots,\ n$）为第 j 部门对第 i 部门的直接消耗系数。换句话说，a_{ij}也就是第 j 部门生产单位产品，需要第 i 部门直接分配给第 j 部门的产品量。

物质生产部门之间的直接消耗系数，基本上是技术性的。因而是相对稳定的，通常也称 a_{ij}为技术系数。

例如：在表 6—1 中 $a_{21} = \frac{a_{21}}{x_1} = \frac{10}{200} = 0.05$，表明物质消耗部门 $A(j=1)$ 对物质生产部门 $B(i=1)$ 的直接消耗系数；$a_{34} = \frac{a_{34}}{x_4} = \frac{50}{265} = 0.189$，表明物质消耗部门 $D(j=4)$ 对物质生产部门 $C(i=3)$ 的直接消耗系数。

设矩阵
$$A=\begin{pmatrix} a_{11} & a_{12} & \cdots & a_{1n} \\ a_{21} & a_{22} & \cdots & a_{2n} \\ \cdots & \cdots & \cdots & \cdots \\ a_{n1} & a_{n2} & \cdots & a_{nn} \end{pmatrix}$$

并称 A 为直接消耗系数矩阵。

由 $a_{ij}=\dfrac{c_{ij}}{x_j}$，得 $c_{ij}=a_{ij}x_j \qquad (i,\ j=1,\ 2,\ \cdots,\ n)$。

将 $c_{ij}=a_{ij}x_j$ 代入（6—1），得

$$\begin{cases} x_1 = a_{11}x_1 + a_{12}x_2 + \cdots + a_{1n}x_n + y_1 = \sum\limits_{j=1}^{n} a_{1j}x_j + y_1 \\ x_2 = a_{21}x_1 + a_{22}x_2 + \cdots + a_{2n}x_n + y_2 = \sum\limits_{j=1}^{n} a_{2j}x_j + y_2 \\ \cdots\cdots \\ x_n = a_{n1}x_1 + a_{n2}x_2 + \cdots + a_{nn}x_n + y_n = \sum\limits_{j=1}^{n} a_{nj}x_j + y_n \end{cases} \qquad (6—5)$$

或写成
$$x_i=\sum_{j=1}^{n} a_{ij}x_j + y_i \qquad (i=1,\ 2,\ \cdots,\ n) \qquad (6—6)$$

设
$$X=\begin{pmatrix} x_1 \\ x_2 \\ \cdots \\ x_n \end{pmatrix} \qquad Y=\begin{pmatrix} y_1 \\ y_2 \\ \cdots \\ y_n \end{pmatrix}$$

则方程组（6—5）可以写成矩阵形式 $X=AX+Y$ （6—7）

再利用 n 阶单位矩阵 I 和矩阵的运算法则，（6—7）还可以写成

$$(I-A)\ X=Y \qquad (6—8)$$

（6—8）是利用直接消耗矩阵表示的产品分配平衡方程组的矩阵形式。

同样，将 $c_{ij}=a_{ij}x_j \qquad (i,\ j=1,\ 2,\ \cdots,\ n)$ 代入（6—3），得

$$\begin{cases} x_1 = a_{11}x_1 + a_{21}x_1 + \cdots + a_{n1}x_1 + z_1 = \sum\limits_{i=1}^{n} a_{i1}x_1 + z_1 \\ x_2 = a_{12}x_2 + a_{22}x_2 + \cdots + a_{n2}x_2 + z_2 = \sum\limits_{i=1}^{n} a_{i2}x_2 + z_2 \\ \cdots \\ x_n = a_{1n}x_n + a_{2n}x_n + \cdots + a_{nn}x_n + z_n = \sum\limits_{i=1}^{n} a_{in}x_n + z_n \end{cases} \tag{6—9}$$

或写成

$$x_j = \sum_{i=1}^{n} a_{ij}x_j + z_j \qquad (j=1,\ 2,\ \cdots,\ n) \tag{6—10}$$

设 $D = \begin{pmatrix} \sum\limits_{i=1}^{n} a_{i1} & 0 & & 0 \\ 0 & \sum\limits_{i=1}^{m} a_{i2} & & 0 \\ & & \ddots & \\ & & & \ddots \\ 0 & 0 & & \sum\limits_{i=1}^{n} a_{in} \end{pmatrix}$，$Z = \begin{pmatrix} z_1 \\ z_2 \\ \cdots \\ z_n \end{pmatrix}$

则生产消耗平衡方程组（6—3）可写成矩阵形式

$$X = DX + Z \tag{6—11}$$

或

$$(I - D)\ X = Z \tag{6—12}$$

例　求表6—1确定的用直接消耗系数表示的产品分配平衡方程组和生产消耗平衡方程组。

解：由表6—1和 $a_{ij} = \dfrac{c_{ij}}{x_j}$　$(i,\ j=1,\ 2,\ \cdots,\ n)$ 可求出直接消耗系数矩阵 A 如下：

$$A = \begin{pmatrix} 0.1 & 0.046 & 0.083 & 0.019 & 0.083 \\ 0.05 & 0.455 & 0.083 & 0.038 & 0.056 \\ 0.1 & 0.182 & 0.028 & 0.189 & 0.333 \\ 0.2 & 0.068 & 0.167 & 0.189 & 0.278 \\ 0.05 & 0.046 & 0.111 & 0.038 & 0.056 \end{pmatrix}$$

由此，可得到用直接消耗系数表示的产品分配平衡方程组

$$\begin{cases} x_1 = 0.1x_1 + 0.146x_2 + 0.083x_3 + 0.019x_4 + 0.083x_5 + y_1 \\ x_2 = 0.05x_1 + 0.455x_2 + 0.083x_3 + 0.038x_4 + 0.056x_5 + y_2 \\ x_3 = 0.1x_1 + 0.182x_2 + 0.028x_3 + 0.189x_4 + 0.333x_5 + y_3 \\ x_4 = 0.2x_1 + 0.068x_2 + 0.167x_3 + 0.189x_4 + 0.278x_5 + y_4 \\ x_5 = 0.05x_1 + 0.046x_2 + 0.111x_3 + 0.038x_4 + 0.056x_5 + y_5 \end{cases} \tag{6—13}$$

或

$$\begin{cases} 0.9x_1 - 0.046x_2 - 0.083x_3 - 0.019x_4 - 0.083x_5 = y_1 \\ -0.05x_1 + 0.545x_2 - 0.083x_3 - 0.038x_4 - 0.056x_5 = y_2 \\ -0.01x_1 - 0.182x_2 + 0.972x_3 - 0.189x_4 - 0.333x_5 = y_3 \\ -0.2x_1 - 0.068x_2 - 0.167x_3 + 0.811x_4 - 0.278x_5 = y_4 \\ -0.05x_1 - 0.046x_2 - 0.111x_3 - 0.038x_4 + 0.944x_5 = y_5 \end{cases} \tag{6—14}$$

（6—13）和（6—14）也可以由产品分配平衡方程组的矩阵形式（$I-A$）$X=Y$得到。事实上，$I-A$ 正是（6—14）中 X 的系数矩阵。

若将 $X=\begin{pmatrix} x_1 \\ x_2 \\ x_3 \\ x_4 \\ x_5 \end{pmatrix}=\begin{pmatrix} 200 \\ 220 \\ 360 \\ 265 \\ 180 \end{pmatrix}$ 代入（6—14），可得

$$Y=\begin{pmatrix} y_1 \\ y_2 \\ y_3 \\ y_4 \\ y_5 \end{pmatrix}=\begin{pmatrix} 120.025 \\ 59.87 \\ 179.55 \\ 49.795 \\ 99.77 \end{pmatrix}\approx\begin{pmatrix} 120 \\ 60 \\ 180 \\ 50 \\ 100 \end{pmatrix}$$

误差是由于求 $a_{ij}(i, j=1, 2, \cdots, n)$ 时引起的，这个结果说明了(6—14)和方程（$I-A$）$X=Y$ 的可行性。

再由矩阵 A，可得由表 6—1 确定的用直接消耗系数表示的生产消耗平衡方程组：

$$\begin{cases} x_1 = 0.1x_1 + 0.05x_1 + 0.1x_1 + 29x_1 + 0.05x_1 + z_1 \\ x_2 = 0.046x_2 + 0.455x_2 + 0.18x_2 + 0.068x_2 + 0.046x_2 + z_2 \\ x_3 = 0.083x_3 + 0.083x_3 + 0.028x_3 + 0.167x_3 + 0.111x_3 + z_3 \\ x_4 = 0.019x_4 + 0.038x_4 + 0.189x_4 + 0.189x_4 + 0.038x_4 + z_4 \\ x_5 = 0.083x_5 + 0.0568x_5 + 0.333x_5 + 0.278x_5 + 0.056x_5 + z_5 \end{cases} \quad (6—15)$$

或

$$\begin{cases} 0.5x_1 = z_1 \\ 0.203x_2 = z_2 \\ 0.528x_3 = z_3 \\ 0.527x_4 = z_4 \\ 0.194x_5 = z_5 \end{cases} \quad (6—16)$$

（6—15）和（6—16）也可以由生产消耗平衡方程组的矩阵形式（6—11）或（6—12）得到。事实上，

$$D = \begin{pmatrix} \sum_{i=1}^{n} a_{i1} & 0 & 0 & 0 & 0 \\ 0 & \sum_{i=1}^{n} a_{i2} & 0 & 0 & 0 \\ 0 & 0 & \sum_{i=1}^{n} a_{i3} & 0 & 0 \\ 0 & 0 & 0 & \sum_{i=1}^{n} a_{i4} & 0 \\ 0 & 0 & 0 & 0 & \sum_{i=1}^{n} a_{i5} \end{pmatrix} = \begin{pmatrix} 0.5 & 0 & 0 & 0 & 0 \\ 0 & 0.797 & 0 & 0 & 0 \\ 0 & 0 & 0.472 & 0 & 0 \\ 0 & 0 & 0 & 0.473 & 0 \\ 0 & 0 & 0 & 0 & 0.806 \end{pmatrix}$$

$$I-D=\begin{pmatrix}1&0&0&0&0\\0&1&0&0&0\\0&0&1&0&0\\0&0&0&1&0\\0&0&0&0&1\end{pmatrix}-\begin{pmatrix}0.5&0&0&0&0\\0&0.797&0&0&0\\0&0&0.472&0&0\\0&0&0&0.473&0\\0&0&0&0&0.806\end{pmatrix}$$

$$=\begin{pmatrix}0.5&0&0&0&0\\0&0.203&0&0&0\\0&0&0.528&0&0\\0&0&0&0.527&0\\0&0&0&0&0.194\end{pmatrix}$$

易见，$I-D$ 正是（6—16）中 X 的系数矩阵。

再者，将

$Z=\begin{pmatrix}z_1\\z_2\\z_3\\z_4\\z_5\end{pmatrix}=\begin{pmatrix}100\\45\\190\\140\\35\end{pmatrix}$ 的值代入（6—16），可得 $X=\begin{pmatrix}x_1\\x_2\\x_3\\x_4\\x_5\end{pmatrix}=\begin{pmatrix}200\\221.67\\359.848\\265.654\\180.412\end{pmatrix}\approx\begin{pmatrix}200\\220\\360\\265\\180\end{pmatrix}$

其中，误差也是由于计算 $a_{ij}(i, j=1, 2, \cdots, n)$ 时引起的。这个结果说明了（6—15）和方程 $(I-D)X=Z$ 的可行性。

§3 应用举例

投入产出模型的应用范围较广，既可以用来做各种经济分析，又可以做计划计算和经济预测。

（一）关于产品分配平衡方程组：$(I-A)X=Y$

记矩阵 $I-A$ 的逆矩阵为 $(I-A)^{-1}$，将 $(I-A)X=Y$ 两边乘以矩阵 $(I-A)^{-1}$，根据 $(I-A)^{-1}\cdot(I-A)=I$ 和 $IX=X$ 得

$$X=(I-A)^{-1}Y$$

其中，X 是总产值矩阵，Y 是最终产品的价值矩阵。当直接消耗系数矩阵 A 已知时，X 和 Y 两个矩阵中任知其中一个可求出另一个。这里，由 A 确定的矩阵 $I-A$ 起着重要的作用。前面已指出，A 的每个元素基本上是技术性的，因而对一个投入产出经济系数来说相对稳定的。所以矩阵 $I-A$ 也是相对稳定的。称 $I-A$ 为列昂惕夫矩阵。并称 $(I-A)^{-1}$ 为列昂惕夫逆矩阵。

例 1　设有一个经济系数包括 3 个部门，在某一个生产周期内各部门间的消耗系数及最终产品如表 6—3：

表 6—3

消耗系数 \ 消耗部门 \ 生产部门	1	2	3	最终产品量	总产品量
1	0. 25	0. 1	0. 1	245（y_1）	x_1
2	0. 2	0. 2	0. 1	90（y_2）	x_2
3	0. 1	0. 1	0. 2	175（y_3）	x_3

求各部门的总产品量及部门间的流量。

解：已知

$$A=(a_{ij})=\begin{pmatrix}0.25 & 0.1 & 0.1\\ 0.2 & 0.2 & 0.1\\ 0.1 & 0.1 & 0.2\end{pmatrix}\ (i,\ j=1,\ 2,\ 3)$$

$$I-A=\begin{pmatrix}0.75 & -0.1 & -0.1\\ -0.2 & 0.8 & -0.1\\ -0.1 & -0.1 & 0.8\end{pmatrix}$$

可以求得　$(I-A)^{-1}=\dfrac{10}{891}\begin{pmatrix}126 & 18 & 18\\ 34 & 118 & 19\\ 20 & 17 & 116\end{pmatrix}$

又已知 $Y=\begin{pmatrix}y_1\\y_2\\y_3\end{pmatrix}=\begin{pmatrix}245\\90\\175\end{pmatrix}$

所以各部门的总产品量 $x_j(j=1,2,3)$ $X=\begin{pmatrix}x_1\\x_2\\x_3\end{pmatrix}=(I-A)^{-1}Y$

$$=\frac{10}{891}\begin{pmatrix}126&18&18\\34&118&19\\20&17&116\end{pmatrix}\begin{pmatrix}245\\90\\175\end{pmatrix}=\begin{pmatrix}400\\250\\300\end{pmatrix}$$

再由各部门间的流量 $c_{ij}=a_{ij}x_j$（$i,j=1,2,3$）计算得

$$(c_{ij})=\begin{pmatrix}0.25\times400&0.1\times250&0.1\times300\\0.2\times400&0.2\times250&0.1\times300\\0.1\times400&0.1\times250&0.2\times300\end{pmatrix}=\begin{pmatrix}100&25&30\\80&50&30\\40&25&60\end{pmatrix}$$

例2 已知某经济系统在一个生产周期内直接消耗系数及总产品量如表6—4,求最终产品量。

表6—4

直接消耗系数 消耗部门 / 生产部门	1	2	3	最终产品量	总产品量
1	0.2	0.1	0.2	y_1	(x_1) 200
2	0.1	0.2	0.2	y_2	(x_2) 250
3	0.1	0.1	0.1	y_3	(x_3) 300

解：先求列昂惕夫矩阵

由已知 $A=\begin{pmatrix}0.2&0.1&0.2\\0.1&0.2&0.2\\0.1&0.1&0.1\end{pmatrix}$

$$I-A=\begin{pmatrix}1&0&0\\0&1&0\\0&0&1\end{pmatrix}-\begin{pmatrix}0.2&0.1&0.2\\0.1&0.2&0.2\\0.1&0.1&0.1\end{pmatrix}=\begin{pmatrix}0.8&-0.1&-0.2\\-0.1&0.8&-0.2\\-0.1&-0.1&0.9\end{pmatrix}$$

因而
$$Y=\begin{pmatrix}y_1\\y_2\\y_3\end{pmatrix}=(I-A)X=\begin{pmatrix}0.8&-0.1&-0.2\\-0.1&0.8&-0.2\\-0.1&-0.1&0.9\end{pmatrix}\begin{pmatrix}200\\250\\300\end{pmatrix}=\begin{pmatrix}75\\120\\225\end{pmatrix}$$

所求最终产品量分别为75，120，225。

（二）关于生产消耗平衡方程组 $(I-A)X=Z$

在投入产出理论中，$I-D$ 亦称为列昂惕夫矩阵，$(I-D)^{-1}$称为列昂惕夫逆矩阵。

由$(I-D)X=Z$,可得 $X=(I-D)^{-1}Z$

其中 D 可由直接消耗系数 a_{ij}求出，当 $a_{ij}(i,\ j=1,\ 2,\ \cdots,\ n)$ 已知时，X、Z 两个矩阵任知其中一个可求另一个。

例3　求本节例1中各部门的净产值（新创造的价值）z_1，z_2，z_3。

解：由 $A=\begin{pmatrix}a_{11}&a_{12}&a_{13}\\a_{21}&a_{22}&a_{23}\\a_{31}&a_{32}&a_{33}\end{pmatrix}=\begin{pmatrix}0.25&0.1&0.1\\0.2&0.2&0.1\\0.1&0.1&0.2\end{pmatrix}$

$$D=\begin{pmatrix}\sum_{i=1}^{3}a_{i1}&0&0\\0&\sum_{i=1}^{3}a_{i2}&0\\0&0&\sum_{i=1}^{3}a_{i3}\end{pmatrix}=\begin{pmatrix}0.25+0.2+0.1&0&0\\0&0.1+0.2+0.1&0\\0&0&0.1+0.1+0.2\end{pmatrix}$$

$$=\begin{pmatrix}0.55&0&0\\0&0.4&0\\0&0&0.4\end{pmatrix}$$

$$I-D=\begin{pmatrix}0.45&0&0\\0&0.6&0\\0&0&0.6\end{pmatrix}$$

再由例 1 的结果

$$X=\begin{pmatrix}x_1\\x_2\\x_3\end{pmatrix}=\begin{pmatrix}400\\250\\300\end{pmatrix}$$

于是 $$Z=\begin{pmatrix}z_1\\z_2\\z_3\end{pmatrix}=(I-D)X=\begin{pmatrix}0.45&0&0\\0&0.6&0\\0&0&0.6\end{pmatrix}\begin{pmatrix}400\\250\\300\end{pmatrix}=\begin{pmatrix}180\\150\\180\end{pmatrix}$$

所以，各部门的净产值分别为 180，150，180。

（三）关于经济预测

例 4 表 6—5 是一个包括五个部门的投入产出表：

表 6—5（单位：亿元）

部门间流量 投入部门＼产出部门	1	2	3	4	5	最终产品	总产出
1	20	40	10	5	5	120	200
2	10	100	30	10	10	240	400
3	40	100	600	50	50	160	1000
4	20	10	30	5	15	20	100
5	10	10	40	10	10	20	100
净产值	100	140	290	20	10		
总投入	200	400	1000	100	100		

假设各部门间的流量不变，预测两年后，五个部门的最终产品的需求，将分别增长 10%，10%，15%，20%，25%，求两年后这五个部门的总产出。

解：两年后的最终产品，应计划为

$$Y=\begin{pmatrix}120\times(1+0.1)\\240\times(1+0.1)\\160\times(1+0.15)\\20\times(1+0.2)\\20\times(1+0.25)\end{pmatrix}=\begin{pmatrix}132\\264\\184\\24\\25\end{pmatrix}$$

再由假设各部门间的流量不变，即直接消耗系数矩阵（投入系数矩阵）A 不变，可利用表6—5 和公式 $a_{ij}=\frac{c_{ij}}{x_j}$ $(i, j=1, 2, \cdots, 5)$ 求得

$$A=\begin{pmatrix}0.1&0.1&0.01&0.05&0.05\\0.05&0.25&0.03&0.1&0.1\\0.2&0.25&0.6&0.5&0.5\\0.1&0.25&0.03&0.05&0.15\\0.05&0.25&0.04&0.1&0.1\end{pmatrix}$$

这样，预测问题是：在平衡方程组 $(I-A)X=Y$ 中，已知 A 及 Y，求 X。

不难求出

$$I-A=\begin{pmatrix}1-0.1&-0.1&-0.01&-0.05&-0.05\\-0.05&1-0.25&-0.03&-0.01&-0.01\\-0.2&-0.25&1-0.6&-0.5&-0.5\\-0.1&-0.025&-0.03&1-0.05&-0.15\\-0.05&-0.025&-0.04&-0.1&1-0.1\end{pmatrix}$$

$$(I-A)^{-1}=\begin{pmatrix}1.1590&0.1861&0.0672&0.1311&0.1443\\0.1630&1.4285&0.1624&0.2764&0.3040\\1.0804&1.2815&2.9928&1.9983&2.1981\\0.1821&0.1166&0.1304&1.1783&0.2912\\0.1372&0.1199&0.1558&0.2342&1.2576\end{pmatrix} \qquad (6—17)$$

根据 $X=(I-A)^{-1}Y$，可得两年后这五个部门的总产出：

$$X=\begin{pmatrix}x_1\\x_2\\x_3\\x_4\\x_5\end{pmatrix}=\begin{pmatrix}221.2371\\442.7552\\1134.5157\\114.3724\\115.492\end{pmatrix}$$

运用取得的数据，可以编制一张计划期为两年的投入产出表。

例5 假设表6—5的技术系数矩阵保持不变，现在，仅第三个部门的最终产品由原计划的160亿元增加到200亿元，问新增加的40亿元第三个部门产品，将对哪些部门的产出发生影响？

解：设$(I-A)^{-1}=B=(b_{ij})\quad(i,\ j=1,\ 2,\ \cdots,\ n)$

则 $X=BY$

即 $$X=\begin{pmatrix}x_1\\x_2\\\vdots\\x_n\end{pmatrix}=\begin{pmatrix}b_{11}&b_{12}&\cdots&b_{1n}\\b_{21}&b_{22}&\cdots&b_{2n}\\\cdots&\cdots&&\\b_{n1}&b_{n2}&\cdots&b_{nn}\end{pmatrix}\begin{pmatrix}y_1\\y_2\\\vdots\\y_n\end{pmatrix}$$

或 $$X_i=b_{i1}y_1+b_{i2}y_2+\cdots+b_{in}y_n=\sum_{j=1}^{n}b_{ij}y_j\quad(i=1,\ 2,\ \cdots,\ n)\quad(6—18)$$

由此看出，每一部门的总产出，都是诸部门最终产品的线性组合，当某一部门的最终产品发生变化时，任何一个部门的产出都会受到影响。

现设第j个部门的最终产品的增量为Δy_j，由（6—18）可知，相应的第i部门的产出增量 $\Delta x_i=\sum_{j=1}^{n}b_{ij}\Delta y_j\quad(i=1,\ 2,\ \cdots,\ n)$

也就是
$$\Delta x_1=b_{11}\Delta y_1+b_{12}\Delta y_2+\cdots+b_{1n}\Delta y_n$$
$$\Delta x_2=b_{21}\Delta y_1+b_{22}\Delta y_2+\cdots+b_{2n}\Delta y_n$$
$$\cdots$$
$$\Delta x_n=b_{n1}\Delta y_1+b_{n2}\Delta y_2+\cdots+b_{nn}\Delta y_n$$

对本例而言，这里$n=5$，$b_{ij}(i,\ j=1,\ 2,\ 3,\ 4,\ 5)$，且$\Delta y_3=40$，$\Delta y_1=\Delta y_2=\Delta y_4=\Delta y_5$。于是，得

$$\Delta x_1 = b_{13}\Delta y_3 = 0.0672 \times 40 = 2.688$$

$$\Delta x_2 = b_{23}\Delta y_3 = 0.1624 = 6.496$$

$$\Delta x_3 = b_{33}\Delta y_3 = 2.9928 \times 40 = 119.712$$

$$\Delta x_4 = b_{43}\Delta y_3 = 0.1304 \times 40 = 5.216$$

$$\Delta x_5 = b_{53}\Delta y_3 = 0.1558 \times 40 = 6.232$$

因此，本例的答案是：由表 6—5 给出的经济系统，当技术系数矩阵保持不变，且第三个部门的最终产品增加 40 亿元时，所有五个部门的产出都将受到影响，这五个部门的产出的增加额分别是 2. 688 亿元，6. 496 亿元，119. 712 亿元，5. 216 亿元，6. 232 亿元，总计

$$\Delta x = \Delta x_1 + \Delta x_2 + \Delta x_3 + \Delta x_4 + \Delta x_4 = 140.344 \text{（亿元）}$$

由该例的结果可以看到：在一个投入产出的经济系统中，某一部门的最终产品的一个增加量（这里 $\Delta y_3 = 40$ 亿元），将通过错综复杂的各部门之间的相互依存关系，直接或间接地波及整个国民经济，甚至使所有部门的总产出增长量之和（这里 $\Delta x = 140.344$ 亿元），超过这一部门变化量的许多倍（这里 $140.344/40 - 1 = 2.5086$ 倍）。这样的数据，对经济计划和预测无疑将是十分重要的。

第七章　决策分析

我国古典名著《三国演义》中讲述了许多军事上的决策问题。成功的决策导致战争的胜利，反之失败。在日常生活和工作中，人们也会遇到多种多样的决策问题。现代经济的发展促使经济学家去创立现代企业经营管理决策理论，使得企业在日益激烈的竞争中得以生存和发展。为了加强企业管理，提高经济效益，学习决策的基本理论和基本方法是非常必要的。

决策者进行决策，首先要取得信息，并适时地处理信息，做出数量分析以供决策者进行决策时使用。这种建立在数学基础上的逻辑分析方法叫作决策分析。

目前，美国工业界、商业界、政府机关中的决策者大都运用决策分析的程序和方法解决一些难题，以制定他们的经济政策。据统计，美国 500 家大企业中，有 1/3 将决策分析技术作为制定规划、决定策略的主要手段。有名的福特汽车公司在三个发展阶段中，运用决策分析废弃了蓬斗轿车车型，估算了轮胎生产企业的可能性并调整了拖拉机的价格。

决策分析是 20 世纪 60 年代初期才开始应用到实际工作中的一门学科。它将国民经济管理中一些有待经营管理者决策的问题，用科学的方法分析处理（包括定目标、给方案、找结局、评价效用），最终得出理想的决策方案。应用于决策中的科学方法主要包括现代经济管理的理论、方法和数学的理论、方法。本章介绍的内容将着重于决策分析的数学方法。

§1　基本决策模型

（一）基本概念

在经营管理中，往往有供决策者参考和选择的多种措施或方案。把每个可供选择的措施、方案称为可行行动或行动方案，简称行动。并以 $a_i(i=1, 2, \cdots, m)$ 记之，以示有 m 个行动可供决策者选择。

例1　一厂商为生产某种产品，设计两种基建方案，一是建大厂，一是建小厂，建厂投资分别为300万元和160万元。两者建厂期限均为十年。估计在此期间，产品销路好的概率为0.7，两方案年度益损值列表如下：

表7—1

a_i \ V_{ij}(单位:万元) \ θ_j		自然状态	
		销路好(θ_1)(0.7)	销路差(θ_2)(0.3)
行动方案	建大厂(a_1)	100	-20
	建小厂(a_2)	40	10

问应采取何种方案收益最大？

解：显然，该例中有两个可供决策者（厂商）选择的行动方案。即该问题中有两个行动 a_1、a_2，从表7—1中看到，还有一个决策的要素——状态，经营中产品有销路好和销路不好两种自然状态，简称状态，两种状态的概率是由市场信息得到的。通俗地讲，状态就是决策者面对现实可能出现的种种情况，以 $\theta_j(j=1, 2, \cdots, n)$记之，以示 n 种状态。状态是每种行动共有的，行动 $a_i(i=1, 2)$与状态 $\theta_j(j=1, 2)$共同发生作用，产生益损值(理解为以货币计算的收益)以 $V_{ij}(i, j=1, 2)$表示。例如，$V_{21}=40$ 表示决策者采取第二种行动（建小厂）在第一种状态下可收益40万元；$V_{12}=-20$ 表示决策者采取第一种行动（建大厂）在第二种状态（销路差）下损失20万元。

（二）收益函数和收益矩阵

在决策过程中，把行动 a(取值 a_1，a_2，…，a_m)和状态 θ(取值 θ_1，θ_2，…，θ_n)当作自变量，则益损值 V_{ij}是二元函数 V(a，θ)，当 $a=a_i$、$\theta=\theta_j$ 时的函数值。称二元函数 $V(a,\theta)$为收益函数。

例 1 的收益函数可表示为 $V(a,\theta)=\begin{cases}100 & \text{当 } a=a_1,\ \theta=\theta_1 \text{ 时}\\ -20 & \text{当 } a=a_1,\ \theta=\theta_2 \text{ 时}\\ 40 & \text{当 } a=a_2,\ \theta=\theta_1 \text{ 时}\\ 10 & \text{当 } a=a_2,\ \theta=\theta_2 \text{ 时}\end{cases}$

称由益损值组成的数表 $V=\begin{bmatrix}V_{11} & V_{12}\\ V_{21} & V_{22}\end{bmatrix}$为收益矩阵。例 1 的收益矩阵 $V=\begin{pmatrix}100 & -20\\ 40 & 10\end{pmatrix}$

例 2 某冰棍推销者，可以用每支 0.35 元的价格从冰棍厂成批购进冰棍（每批 100 支），零售价格为每支 0.50 元。如果购进的冰棍卖不掉，就要融化报废。根据以往的经验每天销售冰棍 0 百支，2 百支，3 百支，4 百支，5 百支的概率分别为 0.10，0.05，0.10，0.30，0.30，0.24，各行动方案的益损值如表 7—2：

表 7—2　（单位：元）

V_{ij} θ_j / a_i	θ_1	θ_2	θ_3	θ_4	θ_5	θ_6
	0.01	0.05	0.1	0.3	0.3	0.24
a_0	0	0	0	0	0	0
a_1	-35	15	15	15	15	15
a_2	-70	-20	30	30	30	30
a_3	-105	-55	-5	45	45	45
a_4	-140	-90	-40	10	60	60
a_5	-175	-125	-75	-25	25	75

其中，行动 a_i（$i=0, 1, 2, \cdots, 5$）表示每天购进冰棍 0 百支，1 百支，……，5 百支；状态 θ_j（$j=0, 1, 2, \cdots, 5$）表示每天销售冰棍 0 百支，1 百支,……，5 百支，试求冰棍推销者的收益矩阵。

解：冰棍推销者的收益函数为：

$$V(\theta, a)=\begin{cases} 15a_i & \text{当 } a_i \le \theta_j \text{ 时} \\ 50\theta_j-35a_i & \text{当 } a_i > \theta_j \text{ 时} \\ \quad (i, j=0, 1, 2, \cdots, 5) \end{cases}$$

其收益矩阵

$$V=\begin{pmatrix} 0 & 0 & 0 & 0 & 0 & 0 \\ -35 & 15 & 15 & 15 & 15 & 15 \\ -70 & -20 & 30 & 30 & 30 & 30 \\ -105 & -55 & -5 & 45 & 45 & 45 \\ -140 & -90 & -40 & 10 & 60 & 60 \\ -175 & -125 & -75 & -25 & 25 & 75 \end{pmatrix}$$

（三）决策模型

在决策过程中，若给出行动变量 a_i（$i=1, 2, \cdots, m$）和状态变量 θ_j（$j=1, 2, \cdots, n$），以及其实际发生的概率 $p(\theta_i)$［满足 $p(\theta_i) \geqslant 0$，$\sum_{i=1}^{n} p(\theta_i)=1$］，又给出收益矩阵 $V=(V_{ij})_{m\times n}$。V_{ij}表示当决策者选择行动方案 a_i 自然状况 θ_j 出现时的益损值。这类决策问题直观地用表 7—3 表示，称为决策模型。

表 7—3

V_{ij} \ θ_j \ a_i		自然状态			
		θ_1，$p(\theta_1)$	θ_2，$p(\theta_2)$	…	θ_n，$p(\theta_n)$
行动方案	a_1	V_{11}	V_{12}	…	V_{1n}
	a_2	V_{21}	V_{22}	…	V_{2n}
	⋮	⋮	⋮	⋮	⋮
	a_m	V_{m1}	V_{m2}	…	V_{mn}

求解由表7—3给出的决策问题的数学模型为：问当行动变量 a 和状态变量 θ 取何值时，收益函数 $V=V(a,\ \theta)$ 取得极大值。假定 $a=a_0$，$\theta=\theta_0$ 时，$V(a,\ \theta)$ 有极大值 $V(a_0,\ \theta_0)$，即 $\max V(a,\ \theta)\big|_{a=a_0,\theta=\theta_0}=V(a_0,\ \theta_0)$ （7—1）

则决策者采用行动 a_0，而现实出现状态 θ_0 时，取得最大益损值 $V(a_0,\ \theta_0)$。

（四）决策树

下面介绍由表7—3给出的决策问题的方法——决策树法。

本书略去决策树来源于图论的数学含义，只讲它在管理科学中如何应用。直观地说，决策树的外形很像一棵大树，枝、杈、根、梢俱全。利用这种图形表达管理中各种量之间的关系，可以给人一目了然的清晰图像。有助于决策问题的分析和计算。这种标有管理量的树状图形称为决策树。

例1的决策树如图7—1：

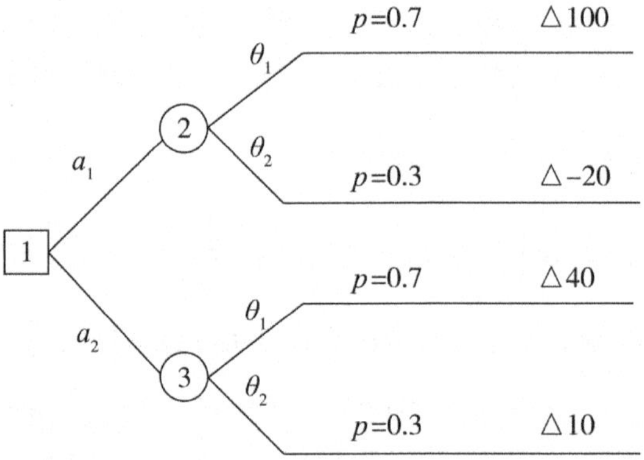

图7—1

图7—1中“□”表示决策点，像树根，从它引出的树枝有两条，叫行动方案分枝。分枝的数目就是行动的数目；“○”叫方案点，它位于行动方案的末梢，它上方将要标的数字是该行动的期望益损值。从它再引出的分枝叫作状态概率分枝，表示一个行动可能存在的几种状态（每一种状态有一个结局，所以也叫结局分枝），并将概率标在状态概率分枝上；“△”叫作结局点或末梢，其后的数字是该状态下的结局益损值。

决策树法求解决策问题的步骤如下：

首先计算各方案点的益损期望值。行动确定后，实际发生的状态 θ 是个随机变量（离散型）由已知可写出随机变量 θ 的分布并以每条状态概率分枝的结局益损值作为该状态的数量标识，例如图 7—1 中行动 a_1 下状态 θ 的分布列为（表 7—4）：

表 7—4

θ	$\theta_1=100$	$\theta_2=-20$
$P(\theta)$	$P(\theta_1)=0.7$	$P(\theta_2)=0.3$

于是，利用求离散型随机变量 ξ 的数学期望公式 $E\xi=\sum_{i=1}^{n}x_kp_k$ ，可求得每条状态概率分枝上的期望益损值，也就是该分枝所对应的行动方案点的期望益损值。

其次，比较各行动方案点的期望益损值，并结合实际问题给出的条件和要求，最后确定最优决策方案。

由图 7—2 看出，方案点②③的年度期望益损值分别为 64（万元）和 31（万元），十年的期望益损值为 640 万元和 310 万元。那么点②③的十年净收益分别为 640 − 300（大厂投资）= 340 万元和 310 − 160（小厂投资）= 150 万元。

比较②③两点可知建大厂方案好。

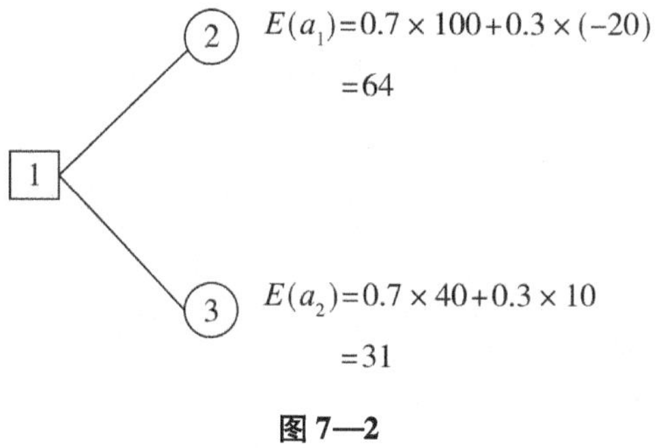

图 7—2

例 1 的最终解答是：该厂商应按照建大厂的设计方案建厂。这样，在十年使用期内可能得到（70% 的概率）340 万元的净收入。

例 2 的决策树如图 7—3：

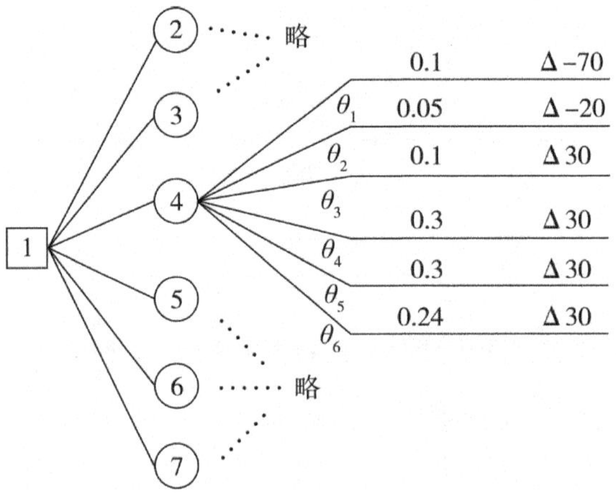

图 7—3

其中方案点②③…⑦分别表示行动 a_0，a_1，…，a_5，这里只画出行动 a_2 的状态概率分枝，其他从略。

计算各行动的期望益损值如下：　$E(a_0)=0$

$$E(a_1)=(-35)\times 0.01+15\times(0.05+0.10+0.30+0.30+0.24)=14.5(\text{元})$$

$$E(a_2)=-70\times 0.01-20\times 0.05+30\times(0.10+0.30+0.30+0.24)=26.5(\text{元})$$

$$E(a_3)=-105\times 0.01-55\times 0.05-5\times 0.10+45\times(0.30+0.30+0.24)=33.5(\text{元})$$

$$E(a_4)=-140\times 0.01-90\times 0.05-40\times 0.10+10\times 0.30+60\times(0.30+0.24)$$
$$=25.5(\text{元})$$

$$E(a_5)=-175\times 0.01-125\times 0.05-75\times 0.10-25\times 0.30+25\times 0.30+75\times 0.24$$
$$=2.5(\text{元})$$

因此，冰棍推销者根据以往销售经验，采取行动 a_3，即购进 3 百支冰棍是最优行动，可获得期望益损值中最高的 33.5 元的收益。

例 3　若例 1 中分为前三年和后七年两期考虑。据市场预测，前三年销路好的概率为 0.7，而如果前三年销路好，则后七年销路好的概率为 0.9，如果前三年销路差，则后七年销路肯定差，问建大厂，建小厂哪个方案好?

解：决策树如图7—4：

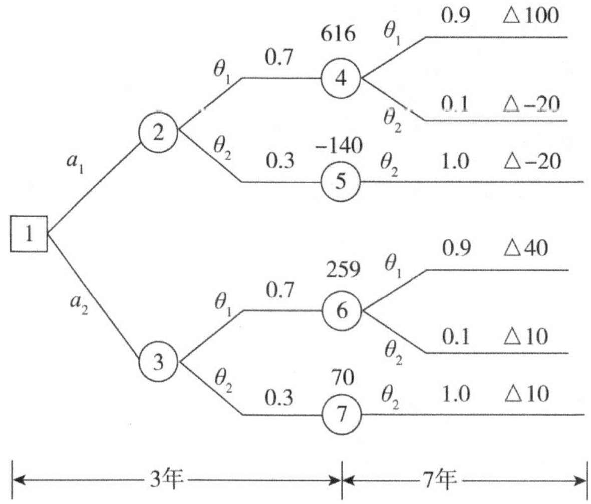

图7—4

计算各方案点益损期望值

点④　0. 9 ×100 ×7(年) +0. 1 ×(-20) ×7(年) =616

点⑤　1 ×(-20) ×7(年) = -140

点②　0. 7 ×100 ×3(年) +0. 7 ×616 +0. 3 ×(-20) ×3(年) +0. 3 ×(-140) =581. 2

十年净收益 =581. 2 -300(大厂投资) =281. 2 万元

点⑥　0. 9 ×40 +7(年) +0. 1 ×10 ×7(年) =259

点⑦　1. 0 ×10 ×7(年) =70

点③　0. 7 ×40 ×3(年) +0. 7 ×259 +0. 3 ×10 ×3(年) +0. 3 ×70 =295. 3

十年净收益 =295. 3 -160(小厂投资) =135. 3 万元

比较点②③可知建大厂方案较为合理。

(五) 决策树法的矩阵表示

对一个决策问题可以略去画决策树，而利用矩阵的乘法直接求解。

称 $P=P[p(\theta_1),p(\theta_2),\cdots,p(\theta_n)]_{1\times n}$ 为决策问题的状态概率矩阵，P^T 是 P 的转置，并称 $E(a)=\begin{pmatrix}E(a_1)\\E(a_2)\\\vdots\\E(a_m)\end{pmatrix}_{m\times 1}$

为期望（益损）值矩阵。

若一个决策问题，给定益损值矩阵 $V=(V_{ij})_{m\times n}$ 和状态概率矩阵 $P_{1\times n}$，于是有

$$E(a)=\begin{pmatrix}E(a_1)\\E(a_2)\\\vdots\\E(a_m)\end{pmatrix}_{m\times 1}=V_{m\times n}\cdot P^T_{n\times 1}$$

假设 $E(a_k)=\max\{E(a_1),\ E(a_2),\ \cdots,\ E(a_m)\}$，则行动 a_k 为最优行动。

例 4 用矩阵法求解例 1。

解：前面已求得益损值矩阵

$$V=\begin{pmatrix}100 & -20\\40 & 10\end{pmatrix}$$

和状态概率矩阵 $P=(0.7,\ 0.3)$，则期望值矩阵

$$E(a)=\begin{pmatrix}E(a_1)\\E(a_2)\end{pmatrix}_{2\times 1}=V\times P^T=\begin{pmatrix}100 & -20\\40 & 10\end{pmatrix}\times\begin{pmatrix}0.7\\0.3\end{pmatrix}=\begin{pmatrix}64\\31\end{pmatrix}$$

由于 $\max\{E(a_1),E(a_2)\}=\max\{64,31\}=64=E(a_1)$，所以 a_1 为最优行动，即建大厂方案好。

例 5 某公司的产品每 500 件装成一箱批发给商业部门，每箱产品的次品率有 10%，20%，30% 三种，其概率分别为 0.7，0.2，0.1。该公司面临的决策问题是：产品在出厂之前，是否要经过严格检验，把次品挑出，更换合格产品。可供选择的行动有两个：一为整箱产品逐个检验，以 a_1 表示之，这时每件产品的检验费都是一元；一为整箱产品都不检验，以 a_2 表示之，这时不需检验费，但当顾客遇到次品时，必须予以更换，且更换所花费的一切费用全部由公司负担。假定更换一件产品的费用平均为 7.7 元。如果不考

虑其他方面的影响，只注意费用，那么，为了使所支付的费用最少，公司应选哪一个行动？

解：显然，次品率 θ 是状态参数，当采用行动 a_1 时，整箱产品逐个检验，共需检验费 $1\times500=500$ 元。当采用行动 a_2 时，支付额依赖于次品率 θ：当 $\theta=\theta_1=10\%$ 时，则一箱中有 $500\times10\%=50$ 个次品，这样需赔偿顾客 $7.7\times50=385$ 元；当 $\theta=\theta_2=20\%$ 时，需赔偿损失费 $7.7\times(500\times20\%)=770$ 元；当 $\theta=\theta_3=30\%$ 时，则赔偿费 $7.7\times(500\times30\%)=1155$ 元，故收益益损值矩阵

$$V=\begin{pmatrix}-500 & -500 & -500\\ -385 & -770 & -1155\end{pmatrix}$$

状态概率矩阵 $P=(0.7\quad 0.2\quad 0.1)$

于是期望值矩阵

$$E(a)=\begin{pmatrix}E(a_1)\\ E(a_2)\end{pmatrix}=V\times P^T=\begin{pmatrix}-500 & -500 & -500\\ -385 & -770 & -1155\end{pmatrix}\begin{pmatrix}0.7\\ 0.2\\ 0.1\end{pmatrix}=\begin{pmatrix}-500\\ -539\end{pmatrix}$$

因 $\max\{-500,-539\}=-500=E(a_1)$，所以最优行动为 a_1，即采取整箱产品逐个检验方案。这样不但费用少，而且不会因出现次品而影响公司的名誉。

例 6　保险公司开办五年人寿保险业务，超过 40 岁的健康人（经体检未发现病症）参加保险需交 500 元的保险费。在五年内若保险人自然或意外事故死亡，保险公司负责赔偿保险人 10 万元。问保险公司开办该项业务是否划算？

解：通常人的死亡分为两类，人非意志死亡（自然死亡、意外事故。前者指得病死亡、老死，后者指天灾、人祸）和人意志死亡（自杀）。设一位 40 岁的健康人在五年内“活着或自杀死亡”的概率为 p 则“非意志死亡”的概率为 $1-p$，并将保险公司对一个投保人的益损值作为这两个对立事件的数量标识，得随机变量 ξ（“活着、自然死亡”或“非意志死亡”）的分布列如表 7—5：

表 7—5

ξ	500 （活着、自杀的数量标识）	$500-100000=-99500$ （非意志死亡的数量标识）
P	p	$1-p$

于是，ξ 的数学期望

$$
\begin{aligned}
E\xi &= 500\times p+(-99500)\times(1-p)\\
&=100000p-99500
\end{aligned}
$$

令 $E\xi=100000p-99500\geqslant 0$，得 $p\geqslant 0.995$，$1-p\leqslant 0.005$。

由此表明：一位 40 岁的健康人，五年内非意志死亡率 $1-p=0.005$ 时，保险公司在他身上不会获益也不会损失；$1-p<0.005$ 时，保险公司将获益；$1-p>0.005$ 时，保险公司将受损。获益或受损情况列举如下：

$1-p=0.007$ 时，$E\xi=-200$（元）

$1-p=0.006$ 时，$E\xi=-100$（元）

$1-p=0.005$ 时，$E\xi=0$（元）

$1-p=0.004$ 时，$E\xi=100$（元）

$1-p=0.003$ 时，$E\xi=200$（元）

$1-p=0.002$ 时，$E\xi=300$（元）

……

该问题属两行动（a_1，a_2 分别表示保险公司开办和不开办该项人寿保险业务）两状态（θ_1 表示活着、自杀死亡，θ_2 表示非意志死亡）的决策问题，其益损值矩阵

$$
V=\begin{pmatrix}500 & -99500\\ 0 & 0\end{pmatrix}
$$

状态概率矩阵　$P=(p,\ 1-p)$，于是期望值矩阵

$$
\begin{aligned}
E(a)=\begin{pmatrix}E(a_1)\\ E(a_2)\end{pmatrix}&=V\cdot P^T\\
&=\begin{pmatrix}500 & -99500\\ 0 & 0\end{pmatrix}\begin{pmatrix}p\\ 1-p\end{pmatrix}\approx\begin{pmatrix}100000p-99500\\ 0\end{pmatrix}
\end{aligned}
$$

其中 p 表示 40 岁的健康人在五年内活着、自杀死亡的概率，$1-p$ 是非意志死亡的概率。

若保险公司采取行动 a_1，即开办该项人寿保险业务，当五年内一位 40 岁的健康人非意志死亡率 $1-p<0.005$（5‰）时，保险公司将会获益，并且从 $1-p=0.005$ 开始每减少一个千分点，保险公司从每千名投保人身上获益 100 元；当 $1-p=0.005$ 时，保险公司不获益也不受损；当 $1-p>0.005$ 时，保险公司将要受损。当然，若保险公司采取行动 a_2，即不开办该项业务，公司不获益也不受损。

综合考虑该决策问题。因为一个 40 岁的健康人在五年内“非意志死亡”属小概率事件，根据小概率事件实际不可能性原理，保险公司应该开办该项人寿保险业务。

§2　单目标决策和多目标决策问题

在 §1 中研究的决策目标，都是以一种倾向形式表示的益损值作为评价标准。在实际工作中，常常需要几个标准而不是一个标准作为评价各方案优劣的依据。例如，要设计一种导弹，既要评价其射程、油耗、精度、威力，还要评价其造价的经济效益和战略目标。因此导弹设计这个决策问题，不仅有一个以货币形式表示的益损值为评价标准和决策目标，而且是以多个评价标准作为决策目标，把以货币形式表示的益损值（或者以他种形式而可转化成货币形式）作为唯一评价标准的决策问题叫作单目标决策问题；把以多种形式作为评价标准的决策问题叫作多目标决策问题。

1. 单目标决策问题

（一）单目标决策问题的一般解法

假设在决策问题中有 n 个变量 $x_1, x_2, \cdots, x_n$，已知 $f(x_1, x_2, \cdots, x_n)$ 和

$g_i(x_1, x_2, \cdots, x_n)(i=1, 2, \cdots, m)$ 是 $x_1, x_2, \cdots, x_n$ 的两个 n 元函数。

单目标决策就是指在约束条件 $g_i(x_1, x_2, \cdots, x_n) \geqslant 0(i=1, 2, \cdots, m)$ 下，求一组变量 $x_1, x_2, \cdots, x_n$ 的值，使 $f(x_1, x_2, \cdots, x_n)$ 达到最优（取最大或最小值）。缩写成 $\begin{cases} \max f(x_1, x_2, \cdots, x_n) \\ g_i(x_1, x_2, \cdots, x_n) \geq 0 \end{cases} \quad (i=1, 2, \cdots, m)$

或 $\begin{cases} \min f(x_1, x_2, \cdots, x_n) \\ g_i(x_1, x_2, \cdots, x_n) \geq 0 \end{cases} \quad (i=1, 2, \cdots, m)$

称 $x_1, x_2, \cdots, x_n$ 为决策变量，$f(x_1, x_2, \cdots, x_n)$ 为目标函数，$g_i(x_1, x_2, \cdots, x_n)$ $(i=1, 2, \cdots, m)$ 为约束条件。

由于目标函数只有一个，它的最优值（最大或最小）只能有一种形式的评价标准（货币形式或其他计量形式），所以称为单目标决策问题。

单目标决策问题的数学模型并不陌生。若目标函数 $f(x_1, x_2, \cdots, x_n)$ 和约束条件 $g_i(x_1, x_2, \cdots, x_n) \geqslant 0$ 是线性的，该决策问题正是在第二章中讲授过的线性规划问题，这里再没有研究的必要。可以说，求解线性规划问题的所有方法，都是求解单目标决策问题的方法；若目标函数 $f(x_1, x_2, \cdots, x_n)$ 是非线性的，这样的决策问题属非线性规划问题。先举一个极简单的例子来说明这类问题。

例 1 给定一根长 a 米的绳子，用来围成一个矩形，问长与宽各为多少时该矩形面积最大？

解：设矩形长为 x_1 米，宽为 x_2 米。则问题化为求 x_1, x_2，使满足约束条件

$$\begin{cases} 2(x_1+x_2)=a \\ x_1 \geqslant 0 \\ x_2 \geqslant 0 \end{cases}$$

并使面积 $S=x_1 \cdot x_2$ 最大。

这里目标函数 $x_1 \cdot x_2 = f(x_1, x_2)$ 是变量 x_1, x_2 的非线性函数。该问题可记成单目标决策问题的标准形：$\begin{cases} \max f(x_1 \cdot x_2) = \max(x_1 \cdot x_2) \\ g_1(x_1, x_2) = 2(x_1+x_2) = a \\ g_2(x_1, x_2) = x_1 \geqslant 0 \\ g_3(x_1, x_2) = x_2 \geqslant 0 \end{cases}$

早在中学数学中就知道该问题的解答。当 $x_1 = x_2 = \frac{a}{2}$ 时，即用定长的绳子围成的所有矩形中，以正方形的面积最大。

非线性规划同线性规划一样，都是运筹学的重要内容。由于本书的篇幅有限，不可能系统地介绍非线性规划问题的解法。只让读者了解所谓单变量（即决策变量仅有一个）决策问题的一种解法——0.618 法。

（二）0.618 法（优选法）

对非线性规划问题：

$$\begin{cases} \min f(x) \\ g_i(x) \geq 0 \end{cases} \text{或} \begin{cases} \max f(x) \\ g_i(x) \geq 0 \end{cases} \quad (i = 1, 2, \cdots, m)$$

即已知单变量函数 $f(x)$ 和 $g_i(x)$（$i = 1, 2, \cdots, m$），单目标单变量的决策问题是指在约束条件 $g_i(x) \geqslant 0$（$i = 1, 2, \cdots, m$）下，求变量 x 的值，使得目标函数 $f(x)$ 取得最大（或最小）益损值。

若不考虑约束条件，求目标函数的极值，称为无约束极值问题。在一元微积分中，系统地学习过求函数 $f(x)$ 极值的方法，因此求单变量无约束的决策问题已经有了一套完整的数学方法。下面将要介绍的是一种通俗的、在目标函数的解析表达式未知的情况下也能使用的一种方法——0.618 法（优选法）。

先通过实例从方法本身讲起，最后给出方法的数学论证。

例如，某产棉区的科学试验站，为了达到经济、有效、安全防治棉蚜的目的，利用“1605”农药进行掺水稀释倍数的优选试验。试验范围为 2000—5000 倍（即一斤①药兑水 2000—5000 斤）。为了使方法的介绍更加简便，将试验范围的下限 2000 记为“小”，上限 5000 记为“大”。试验点的选择方法如下：

第一试验点

$$\begin{aligned} &(\text{大} - \text{小}) \times 0.618 + \text{小} \\ &= (5000 - 2000) \times 0.618 + 2000 = 3854 \end{aligned}$$

试验结果显示，棉蚜死亡率为 82.1%。

① 1 斤 = 0.5 千克。

第二试验点

$$
\begin{aligned}
&大+小-中\\
&=5000+2000-3854=3146
\end{aligned}
$$

试验结果显示，棉蚜死亡率为91.3%。

可以看到第二点比第一点“好”。为直观起见，将试验范围和试验结果图示如下：

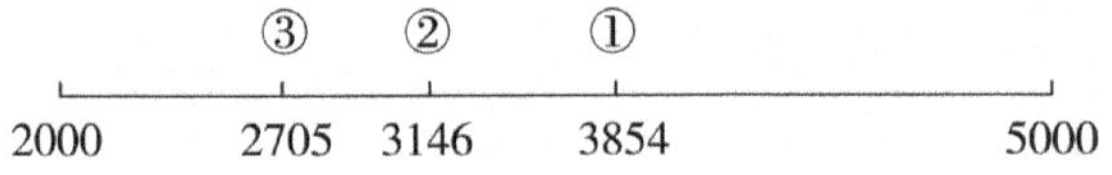

图7—5

由于第二点比第一点“好”，丢掉3854—5000一段。这时，称②为“好”点，①为“坏”点。可以看到，丢掉的一段是不包括“好”点在内的。

继续进行试验，直到找到最“佳”点。

第三试验点

大+小-中

=3854+2000-3146=2708（注意，这时的“大”表示丢掉一段后，新试验范围的上限。）

试验结果显示，棉蚜死亡率为100%。

经过三次试验，找到了合适的兑水倍数为2708倍。

又如，烫金是烫印精装书籍名以及书脊金字或图案的一种生产工艺。北京新华印刷厂早在20世纪60年代末期，在生产实践中认识到烫金温度是影响烫金质量的主要因素。发现用自动烫金机烫金时，温度低，金字有砂眼（字迹中有烫不上金的地方）；温度高，金字容易有毛刺。工人师傅只用了半小时，用0.618法做了三次试验就找到了最佳的烫金温度。

温度的优选范围定为60—170摄氏度（图7—6）。

第一试验点

$$
\begin{aligned}
&(大-小)\times 0.618+小\\
&=(170-60)\times 0.618+60=128
\end{aligned}
$$

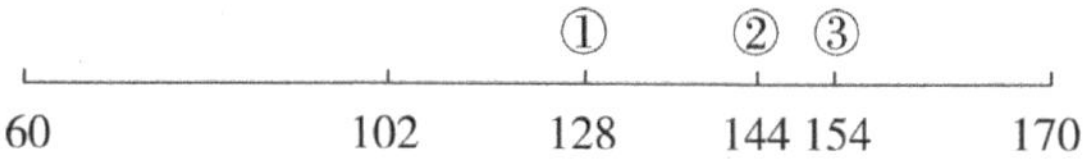

图 7—6

在 128 摄氏度处做试验后，金字有砂眼，说明温度低。

第二试验点

$$(大+小)-中$$
$$=(170+60)-128=102$$

应在 102 摄氏度处做试验，但 102 摄氏度低于 128 摄氏度，没有做试验的必要。为了保证最“佳”点的不丢失，丢掉 60—102 摄氏度一段。第二试验点选择在

$$(大+小)-中$$
$$=(170+102)-128=144 \text{ 摄氏度}$$

试验结果比第一点好，于是丢掉 102—128 摄氏度一段。

第三试验点

$$(大+小)-中$$
$$=(170+128)-144=154(\text{摄氏度})$$

试验后，发现 154 摄氏度时，产品合格率符合要求。

以上两个实例说明，在某生产实践或科学试验中存在着一个单变量的函数 $f(x)$，并在区间 $[a, b]$ 有极大（小）值存在。无须求出 $f(x)$ 的解析表达式，即可通过试验找到该函数的精确或近似的（可预先给出要求的精确度）极值来。区间 $[a, b]$ 为试验范围，a，b 称试验范围的上、下限。

这种通过试验寻找函数的极值（优选值）的过程中，选择第一个试验点①时，应用了公式：

$$(大-小)\times 0.618+小$$
$$=(b-a)\times 0.618+a=①$$

若令 $a=0$，$b=1$，则① $=(1-0)\times 0.618+0=0.618$。也就是说，第一个试验点安排在试验范围 $[a, b]$ 的 0.618 处。而第二个试验点②，由 $(大+小)-中=(b+a)-① \overset{a=0,b=1}{=} 1-0.618=0.382$ 可知，②是①的对称点（图 7—7）。因

此这种方法称为0.618法，亦称优选法。它是由我国著名数学家华罗庚先生生前发明和倡导的。

图7—7

综合上述，0.618法概括如下：

（1）确定问题，找出主要因素。

（2）确定主要因素的试验范围［a，b］，这是能否得出理想结果的关键。

（3）第一个试验点安排在［a，b］的0.618处，用①表示。并用①对应的数据进行试验，得出结果。

（4）第二个试验点安排在［a，b］的0.382处，用②表示，并用②对应的数据进行试验，得出结果。

（5）比较两次试验结果，按照“留好去坏”的原则，保留“好”点所在部分，去掉“坏”点且不包含“好”点的部分，确定新的试验范围。新的试验范围内必剩一个试验点①（①“好”②“坏”）或②（②“好”①“坏”）。

（6）继续安排试验，重复（4）（5）两步，直到找到最“佳”点为止。

设函数$f(x)$，$x\in[a, b]$，是单峰函数［指在笛卡尔直角坐标系下，$f(x)$的图像是极值点在下方的一条曲线］，并记$f(x)$在［a，b］上的最优解为$x_{\min}$。采用0.618法求$f(x)$在［a，b］上的最优解$x_{\min}$经过如下的迭代过程。

（1）选取允许误差$\varepsilon>0$。

（2）令　$x_1=(b-a)\times 0.382+a$　　$x_2=(b-a)\times 0.618+a$

计算　$f_1=f(x_1)$　$f_2=f(x_2)$

（3）判断是否满足：$b-a<\varepsilon$，若满足，转到（4）；否则转到（5）。

（4）若$f_1<f_2$，则令$x_{\min}\approx x_1$；反之，令$x_{\min}\approx x_2$。迭代停止。

（5）检验是否满足：$f_1>f_2$，若满足，转到（6）；否则转到（7）。

（6）令 $a=x_1$；$x_1=x_2$；$x_2=a+b-x_1$；$f_1=f_2$；$f_2=f(x_2)$

转到（3）。

（7）令 $b=x_2$；$x_2=x_1$；$x_1=a+b-x_2$；$f_2=f_1$；$f_1=f(x_1)$

转到（3）（图7—8）。

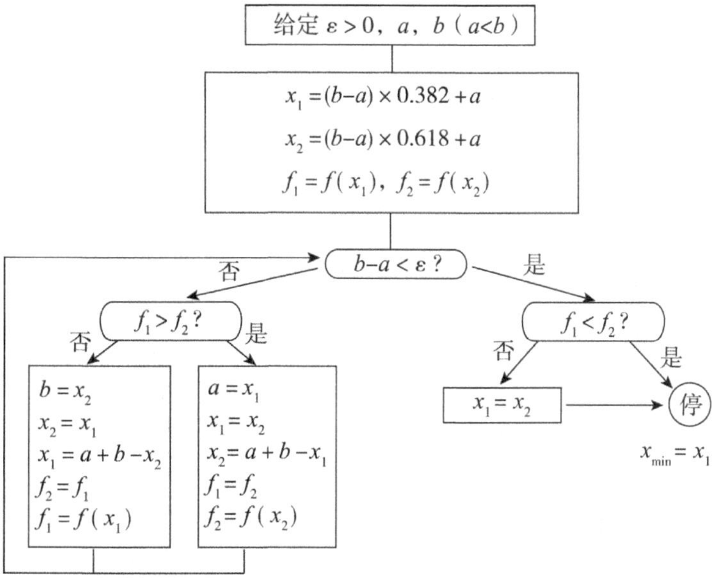

图 7—8

例 2　求函数 $f(x)=x^2$ 在［−1，2］上的最优值，给定 $\varepsilon=0.8$。

解：计算初始两点：

$$x_1=(b-a)\times0.382+a=(2+1)\times0.382+(-1)=0.146$$

$$x_2=(b-a)\times0.618+a=(2+1)\times0.618+(-1)=0.854$$

$$f_1=f(x_1)=0.146^2\approx0.021$$

$$f_2=f(x_2)=0.854^2\approx0.729$$

因为 $b-a=3>\varepsilon=0.8$，且 $f_1<f_2$，故 a 不变

$$b=0.854$$

$$x_2=x_1=0.146$$

$$f_2=f_1=0.021$$

$$x_1=a+b-x_2=(-1)+0.854-0.146=-0.292$$

$$f_1=f(x_1)=(-0.292)^2\approx 0.085$$

以下迭代见表 7—6（k 表示迭代次数）

表 7—6

k	a	b	x_1	f_1	x_2	f_2
0	-1	2	0.146	0.021	0.854	0.729
1	-1	0.854	-0.292	0.085	0.146	0.021
2	-0.292	0.854	0.146	0.021	0.416	0.173
3	-0.292	0.416	-0.022	0.000	0.146	0.021

经过三次迭代之后，$b-a=0.416-(-0.292)=0.708<\varepsilon$，故 $x_{\min}=-0.022$。

2. 多目标决策问题

假设有 n 个变量 x_1，x_2，…，x_n，记 $x=(x_1, x_2, \cdots, x_n)^T$，已知

$$F(x)=[f_1(x), f_2(x), \cdots, f_p(x)]^T \qquad (p>1)$$

$$G(x)=[g_1(x), g_2(x), \cdots, g_m(x)]^T$$

其中 $f_j(x)=f_j(x_1, x_2, \cdots, x_n)$（$j=1, 2, \cdots, p$），$g_i(x_1, x_2, \cdots, x_n)$（$i=1, 2, \cdots, m$）。

多目标决策的数学模型是指在约束条件上 $G(x)\geqslant 0$ 下，求 x 使 $F(x)$ 达到最优［其中 $f_j(x)$ 可达最大或最小］。缩写在

$$\begin{cases}V=\max F(x)\\ G(x)\geqslant 0\end{cases} \quad 或 \quad \begin{cases}V=\min F(x)\\ G(x)\geqslant 0\end{cases}$$

称 x_1，x_2，…，x_n 为决策变量，g_1，g_2，…，g_m 为约束函数，f_1，f_2，…，f_p 为目标函数。

由于有多个目标函数，所以称为多目标决策。

但是实际问题中使多个目标同时达到最优的决策变量（哪怕是单变量的）是很难寻求的。目前，国外研究生的博士论文视该问题为热门，经济学科、管理学科、系统工程、控制论，运筹学以及数学规划和最优控制的发展都依赖于该问题的解决。

下面给出一个多目标决策的简单实例，借助于三种标准的效用曲线（一种令人满意的决策方法），选出最优决策方案。

例 3　假定要设计一台能移动使用的机器人，希望它的成本低、功率大、自重小。这就要求设计时要同时用三种不同计量单位——千瓦、元、千克，作为评价该机器人的设计方案优劣的标准。解决的方法是把三种计量的数据都化为决策者的效用值。然后再按一定的办法加以综合，并用综合效用值进行各设计方案的评价。为达到这个目的，首先分别求出决策者对于功率、成本、机重等三种标准的效用曲线，设已作出曲线如图 7—9 所示。设 U_1、U_2、U_3 分别代表决策者对于功率、成本、机重的效用值。其次，假定决策者认为三种标准在总评价中所占的比重是各不相同的（即重视程度有差别）。设功率在总评价中被重视的程度为 1；成本被重视的程度为 2；机重被重视的程度为 3，即三种各不相同的指标在总评价中的权值分别为 1，2，3，用字母 U 表示对该机器人的综合效用的评价函数，于是可得出

$$U = U_1 + 2U_1 + 3U_3$$

现在假设有两个设计方案。第一个方案：成本为 7000 元，功率为 120 千瓦，机重为 750 千克；第二个方案为：成本为 8000 元，功率为 150 千瓦，机重为 600 千克。同时用三种标准衡量，应选哪一个设计方案？

解：先研究第一个设计方案，从图上分别查出 7000 元的效用值 $U_2 = 0.8$，120 千瓦的效用值 $U_1 = 0.7$，750 千克的效用值 $U_3 = 0.81$。

根据查出的数据，再考虑加权，则第一个方案的综合效用值：

$$U = 2 \times 0.8 + 0.7 + 3 \times 0.81 = 4.73$$

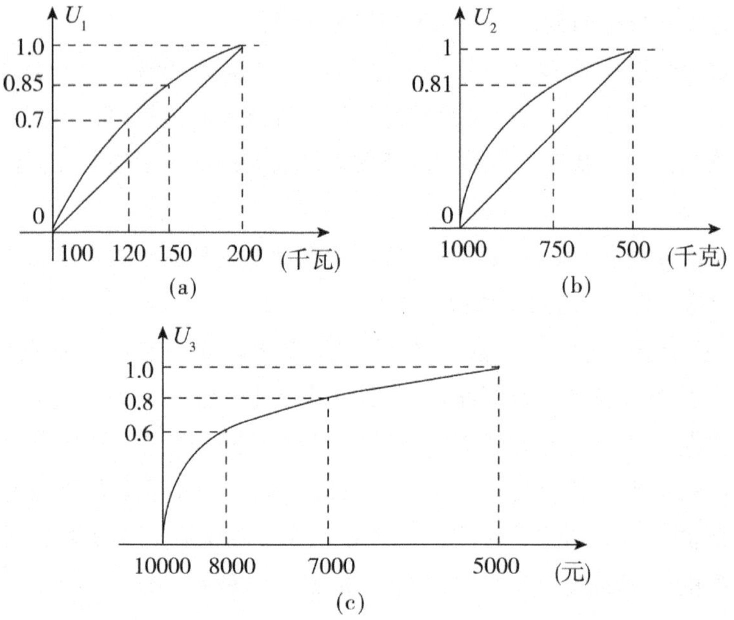

图 7—9

用同样的办法求得第二个方案的综合效用值

$$U = 2 \times 0.62 + 0.85 + 3 \times 0.92 = 4.85$$

比较两方案的综合加权效用值，可以认为第二个方案更符合决策者的设想，选为最优决策方案。

在实际工作中运用多目标分析法是相当复杂和困难的。原因在于：(1) 究竟以哪几种标准作为评价方案的依据；(2) 对应于各种标准的决策者效用曲线不容易画出；(3) 综合效用值不一定就是几种标准的效用值的代数和。即使是几种不同标准的效用值的代数和，各加权值也不是容易确定的。另外，从前面的例子可以看出，这种分析方法带有很大的主观随意性，因而得到的结果往往不能真正反映决策者的意愿。

要想科学地、准确地解决多目标决策问题，必须根据多目标决策问题的数学模型，首先要找出实际问题的决策变量 $x = (x_1, x_2, \cdots, x_n)$，然后确定依赖于 x 的目标函数 $f_1(x)$，$f_2(x)$，$\cdots$，$f_p(x)$ 和约束函数 $g_1(x)$，$g_2(x)$，$\cdots$，$g_m(x)$，最终利用数学理论和方法及电算来得到准确的、使决策者满意的答案。

这就要求深入实际、亲临现场、调查研究、掌握第一手材料，去粗取精，去伪存真，并善于分析、综合、精确计算，才可能得到理想的结果。

利用多目标决策的方法在我国近30年的时间内对几个具体问题做了计算与决策，如在纺织工业中的配棉问题已设计出很实用的软件系统。无论理论方面的研究还是实用方面的发展，都远远不能对管理中、科技发展中提出的多目标决策问题进行满意的回答。因此，笔者很难找到一个比较理想的实际例子介绍给读者。

§3　决策的类型和分析方法

在§1中讲过什么叫决策问题的行动、状态和益损值，它们是构成决策问题的三个要素。每个决策问题都有供决策者选择的几种行动方案（简称行动），而这些行动都面临着共有的自然状态（简称状态），行动和状态共同发生作用产生了益损值（也称目标值，一般以货币形式作为衡量标准）。决策正是通过比较诸行动方案的益损值的大小，来确定行动的优劣，从而达到择优决策的目的。

（一）决策的类型

根据决策问题三个要素的关系，将决策问题分为如下类型：

（1）确定型决策：指行动确定后，状态也被确定（其状态发生或不发生）。这时，目标值被唯一确定。

（2）不确定型决策：指行动确定后，状态未被确定。这时，目标值不能被目标确定。

这类问题由于自然状态出现的可能性未知，决策依赖于一些无法控制的因素，具有很大的风险性。因此，这类问题也称风险型决策。

例如，有一个土建工程，建筑公司要定出：下月开工（行动 a_1），还是不开工（行动 a_2）？如果开了工，天不下雨（状态 θ_1），可得利润5万元；若开工下起雨来（状态 θ_2），会造成两万元的损失；如果不论下雨或不下雨，决定都不开工，就会造成窝工损失5千元。显然，这个问题的决策是否成功，完全决定于对天气预测的可靠性。

若天气预测100%准确，下个月天气好不下雨，即自然状态 θ_1 确定的条件下，有两个待选行动方案 a_1、a_2，得确定型决策表（表7—7）供决策者选择。显然，行动 a_1 为最优行动，这时，该问题是一个确定型决策问题。

表7—7

益损值（千元） 状态 / 行动	θ_1（不下雨）
a_1（开工）	50
a_2（不开工）	−5

若下个月天气情况未知，即自然状态不能确定的条件下，来考虑两个行动方案 a_1、a_2，得不确定型决策表（表7—8）。这时，该问题是一个不确定型决策问题。显然，决策者无论选择行动 a_1 或 a_2 都具有一定的风险性。

表7—8

益损值（千元） 状态 / 行动	θ_1（不下雨）	θ_2（下雨）
a_1（开工）	50	−20
a_2（不开工）	−5	−5

若中央气象局的天气预报给出下个月的降水概率为30%，这时可得到概率型决策表7—9。这样的决策称为概率型决策。

（3）概率型决策：指行动确定后，将状态看作随机变量，其发生的概率（可能性）可确定。这时，目标值也可以确定，决策虽带有一定风险，但已知。

表7—9

益损值（千元） 状态 / 行动	θ_1（不下雨）	θ_2（下雨）
	$p(\theta_1)=0.7$	$p(\theta_2)=0.3$
a_1（开工）	50	−20
a_2（不开工）	−5	−5

眼光敏锐的读者很快从表 7—9 发现，在前面的 §1 中用决策树法解答过的几个例子均属概率型决策问题。

（二）确定型决策的分析方法

任何一个线性规划问题都是一个确定型决策，因此，线性规划问题任何一种解法都可以看作确定型决策的一种分析方法。下面介绍的是这类决策的一般解法。

例 1　某公司有资金 500 万元，准备分给 A、B、C 三个项目使用者投资，其投资分配及相应收益间的关系已预测如表 7—10。

表 7—10

益损值（万元）使用者 / 方案分配数（万元）	A	B	C
100（a_1）	15	16	20
200（a_2）	36	35	40
300（a_3）	78	70	80
400（a_4）	90	92	90
500（a_5）	100	110	110

问用怎样的分配投资方案决策，使公司收益值最大？

解：首先应指出，这是一个确定型决策问题。因问题中虽有五种行动方案，但不论哪种行动或分配给哪个使用者，都有确定的收益值。即都有一种结局（即效果或成效），它不受任何自然状态干扰，也就是说不论哪种行动都有确定的状态。因此这是确定型决策。这样的决策称为多行动同一种结局的确定型决策。这种问题较复杂，解决它须经多个步骤，即一步一步地（或一个阶段一个阶段地）考虑决策，最后得出整个问题的最优决策。

第一步先考虑将资金仅分配给使用者 A。

显然，行动 a_i（$i=1, 2, \cdots, 5$）中，最优行动为 a_5。最大收益值为 100

万元。

第二步考虑将资金分配给使用者 A、B。

（1）将 100 万元分配给 A、B，对 B 的收益值大（$15<16$）

（2）将 200 万元分配给 A、B 有三种收益：

A、B 各得 100 万元，收益 $15+16=31$ 万元；

A 得 200 万元，收益 36 万元；

B 得 200 万元，收益 35 万元。

因此，将 200 万元分配给 A 收益最大为 36 万元。

（3）用 300 万元分配给 A、B 有四种收益：

A 得 100 万元、B 得 200 万元，收益 $15+35=40$ 万元；

A 得 200 万元、B 得 100 万元，收益 $36+16=52$ 万元；

A 得 300 万元，收益 78 万元；

B 得 300 万元，收益 70 万元。

因此，将 300 万元分配给 A 收益最大为 78 万元。

（4）将 400 万元分配给 A、B 有五种收益：

A 得 100 万元、B 得 300 万元，收益 $15+70=85$ 万元；

A 得 200 万元、B 得 200 万元，收益 $36+35=71$ 万元；

A 得 300 万元，B 得 100 万元，收益 $78+16=94$ 万元；

A 得 400 万元，收益 90 万元；

B 得 400 万元，收益 92 万元。

因此，将 400 万元分别分配给 A、B 300 万元、100 万元，收益最大为 94 万元。

（5）将 500 万元分配给 A、B 有六种收益：

（从略）

第三步考虑将资金分配给 A、B、C。

（从略）

以上用的是“穷举比较法”，通过穷举比较可以找出资金分配最优决策方案为：将 500 万元资金分配给使用者 A 300 万元，C 200 万元，不给 B 分配，所得收益值最大（为 $78+40=118$ 万元）。

其实，用穷举比较法得出最优决策的过程是这样进行的。

首先写出投资收益值矩阵

$$V=\begin{pmatrix}15 & 16 & 20\\ 36 & 35 & 40\\ 78 & 70 & 80\\ 90 & 92 & 90\\ 100 & 110 & 100\end{pmatrix}=(V_{ij})\ (i=1,\ 2,\ 3,\ 4,\ 5\quad j=1,\ 2,\ 3)$$

并在矩阵 V 中：

（1）找出最大的数，设为 S_1。

（2）任取两列，并在这两列中各取一个数（不一定最大）并求其和，设 S_2 为这些和中最大者。

（3）在三列中各取一个数，并求其和，设 S_3 为这些和中最大者。

则决策的最大收益值

$$S=\max\ \{S_1,\ S_2,\ S_3\}$$

同时，由 S 的构成给出了资金的分配方案。

可以看出，对多行动多步骤的确定型决策问题，用穷举比较法解决是相当麻烦的。有时甚至“穷举”不周，达不到求解目的。为此，下面给出一个求解的计算公式。

假设用 Q 表示某种资源（如例 1 中的投资额）的总数量；用 n 表示资源使用者的数目；x_i 表示第 i 个使用者分得的资源数（资金分配数）；$g_i(x_i)$代表由于分出 x_i 后得到的收益。显然

$$Q = x_1 + x_2 + \cdots + x_n = \sum_{i=1}^{n} x_i \quad x_i \geqslant 0 \qquad (7—2)$$

总收益为

$$G_n(x) = g_1(x_1) + g_2(x_2) + \cdots + g_n(x_n) = \sum_{i=1}^{n} g_i(x_i) \qquad (7—3)$$

最大总收益

$$f_n(Q) = \max\sum_{i=1}^{n} g_i(x_i) \quad x_i \geqslant 0 \qquad (7—4)$$

当把 Q 中的 x_n 分给第 n 个使用者后，所余资源 $Q-x_n$ 就分配给其余的 $n-1$ 个使用者，这两部分收益之和 $g_n(x_n)+f_{n-1}(Q-x_n)$应该等于总收益$G(x)$。于是最终收益还可表示为

$$f_n(Q) = \max_{0\leqslant x_n\leqslant Q}\{g_n(x_n)+f_{n-1}(Q-x_n)\} \qquad (7—5)$$

该式是计算多步骤决策的基本公式，用它可计算出获得最大收益时的 x_n 值：

当 $n=1$ 时，即资源分配给一个使用者，则预期最大总收益为

$$f_1(Q)=g_1(Q) \tag{7—6}$$

当 $n=2$ 时，即资源分配给两个使用者，则预期总收益为

$$f_2(Q)=\max_{0\leq x_2\leq Q}\{g_2(x_2)+f_1(Q-x_2)\} \tag{7—7}$$

其中 $g_2(x_2)+f_1(Q-x_2)$ 的计算依次如下：

$$g_2(0)+f_1(Q-0)$$

$$g_2(1)+f_1(Q-1)$$

$$g_2(2)+f_1(Q-2)$$

$$\cdots$$

$$g_2(Q)+f_1(Q-Q)=g_2(Q)+f_1(0)$$

因为 g_2（x_2）和 $f_1(Q-x_2)$ 是已知函数，故借此求 f_2（Q）对应的 x_2 值。

当 $n=3$ 时，将 Q 分给三个使用者，则

$$f_3(Q)=\max_{0\leq x_3\leq Q}\{g_3(x_3)+f_2(Q-x_3)\} \tag{7—8}$$

循序进行，即可求出多步的有利决策，而最后一步的决策即整个问题的最优决策。

利用（7—5）来求解例 1。

例 1 中，$Q=500$ 万元。现分为三个步骤进行，同时将资金按五种分法分别计算，即将资金按 $x_1=100$ 万元；$x_2=200$ 万元；$x_3=300$ 万元；$x_4=400$ 万元；$x_5=500$ 万元分配给 $A[g_1(x)]$、$B[g_2(x)]$、$C[g_3(x)]$。

$n=1$（第一步）由表 7—10 可知：

$f_1(1)=g_1(1)=15$ 万元

$f_1(2)=g_1(2)=36$ 万元

$f_1(3)=g_1(3)=78$ 万元

$f_1(4)=g_1(4)=90$ 万元

$f_1(5)=g_1(5)=100$ 万元

有利决策为：$f_1(5)=100$ 万元，即将 500 万元都分配给使用者 A，最大获益为 100 万元。

为了简明，将 $n=2$，3 两步列成表 7—11 进行计算。

表 7—11

n	Q	计算公式及计算结果	有利决策时分配数
2	100（万元）	$f_2(1)=\max\begin{cases}g_2(0)+f_1(1)=15\\g_2(1)+f_1(0)=16\end{cases}$	$f_2(1)$最大时为 16 $x_2=1$，$x_1=0$
	200（万元）	$f_2(2)=\max\begin{cases}g_2(0)+f_1(2)=36\\g_2(1)+f_1(1)=31\\g_2(2)+f_1(0)=35\end{cases}$	$f_2(2)$最大时为 36 $x_2=0$，$x_1=2$
	300（万元）	$f_2(3)=\max\begin{cases}g_2(0)+f_1(3)=78\\g_2(1)+f_1(2)=52\\g_2(2)+f_1(1)=50\\g_2(3)+f_1(0)=70\end{cases}$	$f_2(3)$最大时为 78 $x_2=0$，$x_1=3$
	400（万元）	$f_2(4)=\max\begin{cases}g_2(0)+f_1(4)=90\\g_2(1)+f_1(3)=94\\g_2(2)+f_1(2)=71\\g_2(3)+f_1(1)=85\\g_2(4)+f_1(0)=92\end{cases}$	$f_2(4)$最大时为 94 $x_2=1$，$x_1=3$
	500（万元）	$f_2(5)=\max\begin{cases}g_2(0)+f_1(5)=100\\g_2(1)+f_1(4)=106\\g_2(2)+f_1(3)=113\\g_2(3)+f_1(2)=106\\g_2(4)+f_1(1)=107\\g_2(5)+f_1(0)=110\end{cases}$	$f_2(5)$最大时为 113 $x_2=2$，$x_1=3$

续表

n	Q	计算公式及计算结果	有利决策时分配数
3	100（万元）	$f_3(1)=\max\begin{cases}g_3(0)+f_2(1)=16\\g_3(1)+f_2(0)=20\end{cases}$	$f_3(1)$最大时为 20 $x_3=1$，$x_2=0$，$x_1=0$
	200（万元）	$f_3(2)=\max\begin{cases}g_3(0)+f_1(2)=36\\g_3(1)+f_1(1)=36\\g_3(2)+f_1(0)=40\end{cases}$	$f_3(2)$最大时为 40 $x_3=2$，$x_2=0$，$x_1=0$
	300（万元）	$f_3(3)=\max\begin{cases}g_3(0)+f_2(3)=70\\g_3(1)+f_2(2)=56\\g_3(2)+f_2(1)=56\\g_3(3)+f_2(0)=80\end{cases}$	$f_3(3)$最大时为 80 $x_3=3$，$x_2=0$，$x_1=0$
	400（万元）	$f_3(4)=\max\begin{cases}g_3(0)+f_2(4)=94\\g_3(1)+f_2(3)=98\\g_3(2)+f_2(2)=76\\g_3(3)+f_2(1)=96\\g_3(4)+f_2(0)=90\end{cases}$	$f_3(4)$最大时为 98 $x_3=1$，$x_2=0$，$x_1=3$
	500（万元）	$f_3(5)=\max\begin{cases}g_3(0)+f_2(5)=113\\g_3(1)+f_2(4)=114\\g_3(2)+f_2(3)=118\\g_3(3)+f_2(2)=116\\g_3(4)+f_2(1)=106\\g_3(5)+f_2(0)=110\end{cases}$	$f_3(5)$最大时为 118 $x_3=2$，$x_2=0$，$x_1=3$

综合第三步的有利决策可以看出，其各种不同数额的资金分配给 A、B、C 三个使用者，归纳其收益为

$f_3(1)$最大值 =20 万元，$x_3=1$，$x_2=0$，$x_1=0$

$f_3(2)$最大值 = 40 万元，$x_3 = 2$，$x_2 = 0$，$x_1 = 0$

$f_3(3)$最大值 = 80 万元，$x_3 = 3$，$x_2 = 0$，$x_1 = 0$

$f_3(4)$最大值 = 98 万元，$x_3 = 1$，$x_2 = 0$，$x_1 = 0$

$f_3(5)$最大值 = 118 万元，$x_3 = 2$，$x_2 = 0$，$x_1 = 3$

从表 7—11 分析各有利决策中由 A、B、C 三家使用，将 $Q = 500$ 万元中的 300 万元分配给使用者 A，200 万元分配给使用者 C，不给 B 分配，所得收益最大（为 118 万元）。

该例实际上是将一个多元问题转化成多步骤，而每一步骤成为一元问题。就是说将一个复杂的 n 次式转化为 n 个一次式求解。

（三）不确定型决策的分析方法

确定型决策，每一行动都对应着唯一确定的结局，只要比较一下各结局的优劣，便知哪一个行动最优。但在不确定型决策中，由于行动结局随状态不同而异，而状态又不为决策者所知悉，在这种情况下的决策具有很大的主观性和风险性，因此决策的优劣完全取决于对未来客观发生的状态估计，而对未来发生的状态估计又取决于决策者的素质、经验、偏好和胆识。通过下面的例子，给出四种决策的原则。

例如，今有两个行动，两种状态的决策问题，其收益函数 $Q(a, \theta)$ 如表 7—12 所示。

表 7—12

收益(Q) 状态(θ) 行动(a)	θ_1	θ_2
a_1	100	50
a_2	30	150

（1）最大最小原则。

设想采取任何行动都使收益最小的状态发生，然后比较哪一个行动的收益最大，哪一个行动便是最优行动。

表达式：$\max\limits_{a}\min\limits_{\theta} Q(\theta, a) = Q(\theta_0, a_0)$　　a_0 最优

例中，如采取行动 a_1，以 θ_2 发生的收益最小，这时的收益为 50；采取行动 a_2，以 θ_1 发生时收益最小，这时收益为 30。由于 50 > 30，故最大最小原则认为最优行动为 a_1。

最大最小原则是决策分析方法——悲观法（最大最小法）的基础。它适用于企业规模小、资金薄弱，经不起大的经济冲击；或者决策者认为最坏状态发生的可能性大，对好状态缺乏信心。在某些行动可能导致重大损失时，人们往往愿意采用这一较为稳妥的决策方法。但这种方法会使人们失去进取信心，甚至无所作为。

（2）最大最大原则。

设想采取任何一个行动，都是收益最大的状态发生，然后比较各行动的结果，哪一个行动的收益最大，哪一个行动就是最大最大原则下的最优行动。

在这种原则下的决策分析方法称为乐观法（最大最大法）。

表达式：$\max\limits_{a}\max\limits_{\theta}Q(\theta, a) = Q(\theta_0, a_0)$　　a_0 最优

在例中，如采取行动 a_1，最大收益状态是 θ_1，这时收益为 100；如采取行动 a_2，最大收益为 150。由于 150 > 100，故乐观法下的最优行动为 a_2。

最大最大原则是从最好情况着眼的带有冒险性质的一种决策方法。它反映了决策者的乐观情绪。当决策者估计出现最好状态的可能性甚大，而且即使出现最坏状态损失也不十分严重时可以采取这一决策原则，否则采取盲目乐观的态度是不明智的。

（3）最小最大损失值原则。

若例中的收益函数 $Q(\theta, a)$ 改为损失函数 $R(\theta, a)$，设想采取任何行动，都是损失值最大的状态发生，然后比较各行动的结果，具有最小损失值的行动为最优行动。

表达式：$\min\limits_{a}\max\limits_{\theta}R(\theta, a) = R(\theta_0, a_0)$　　a_0 最优

该原则也是从坏处着眼，从而也带有保守性质和悲观情绪。这一点与最大最小（收益值）原则类似。但是，这一原则不是从收益考虑，而是从损失考虑，故常能避免过分保守的结果。

（4）赫尔维茨准则。

人们嫌最大最小原则过于悲观、保守，不愿采用；又嫌最大最大原则过于乐

观、冒险，也不愿采用。赫尔维茨准则（Hurwitz criteria）就是在这种情况下产生的介于上述两个原则之间的一种判别行动优劣的原则。

赫尔维茨准则：首先指示一个表示决策者乐观程度的乐观系数 $\alpha(0\leqslant\alpha\leqslant1)$。决策对状态的估计越乐观，$\alpha$ 就越接近于 1；越悲观，α 就越接近于 0。然后对每一个行动 α，按下面的公式计算 H 值：

$$H(a)=\alpha\max_{\theta}Q(\theta,a)+(1-\alpha)\min_{\theta}Q(\theta,a)$$

最后比较诸 $H(a)$ 的大小，使 $H(a)$ 达到最大值的行动 a_0 便是最优行动。

在例中，若指定乐观系数 $\alpha=0.3$，则

$$H(a_1)=0.3\times100+(1-0.3)\times50=65$$

$$H(a_2)=0.3\times150+(1-0.3)\times30=66$$

由于 $H(a_2)>H(a_1)$，故 a_2 为最优行动。

例 3　本章 §1 例 2 中，若六种状态发生的概率未知，则该例是一个不确定型决策。试用上述四种原则求解该决策问题的最优行动。

解：(1) 按最大最小原则，采取任何一个行动都是收益最小的状态发生，由表 7—2 可知各行动的最小收益（表 7—13）：

表 7—13

a	a_0	a_1	a_2	a_3	a_4	a_5
$\min\limits_{\theta}V(\theta,a)$	0	-35	-70	-105	-140	-175

比较各行动的结果，收益最大的为行动 a_0（收益值为 0），故冰棍推销者在最大最小原则指导下决策，应购进冰棍 0 百支，也就是停止营业。

(2) 按最大最大原则，采取任何一个行动都是收益最大的状态发生，由表 7—2 可知各行动的最大收益（表 7—14）：

表 7—14

a	a_0	a_1	a_2	a_3	a_4	a_5
$\max\limits_{\theta}V(\theta,a)$	0	15	30	45	60	75

比较各行动的结果，收益最大的为行动 a_5（收益值为 75 元），故冰棍推销者在该原则指导下决策，应采取行动 a_5 即购进 5 百支冰棍。

（3）按最小最大损失值原则，采用任何行动，都是损失值最大的状态发生，由损失函数可知各行动的最大损失（表 7—15）：

表 7—15

a	a_0	a_1	a_2	a_3	a_4	a_5
$\max\limits_{\theta} R(\theta,\ a)$	75	60	70	105	140	175

$$\left[\text{注：损失函数}\quad R(\theta,a)=\begin{cases}15(\theta-a)\text{当 } a\leqslant\theta\text{ 时}\\35(a-\theta)\text{当 } a>\theta\text{ 时}\end{cases}\right]$$

这里，诸行动中损失最小的为行动 a_1。故 a_1 为最优行动。

（4）在赫尔维茨准则下，若指定乐观系数 $\alpha=0.8$，可计算出：

$$H(a_0)=0\times0.8+0\cdot(1-0.8)=0$$

$$H(a_1)=15\times0.8-35(1-0.8)=5$$

$$H(a_2)=30\times0.8-70(1-0.8)=10$$

$$H(a_3)=45\times0.8-105(1-0.8)=15$$

$$H(a_4)=60\times0.8-140(1-0.8)=20$$

$$H(a_5)=75\times0.8-1750(1-0.8)=25$$

比较诸 H 值，$H(a_5)$最大，故 a_5 为最优行动（$\alpha=0.8$ 情况下）。

（四）概率型决策的分析方法

概率型决策视状态参数 θ 为随机变量，在已知 θ 的概率$P(\theta)$下，可求出各行动的期望值 $E(a)$。通过比较诸行动期望值的大小，取最大期望值的行动为最优行动。

概率型决策克服了不确定型决策的种种决策原则的缺点，但它是建立在对状态参数 θ 的概率估计的基础上，因此这种决策仍具有一定的风险性。如果决策者对 $P(\theta)$的估计，不论在主观（凭借于经验）或客观（凭借于调查研究）上都是科学的话，那么这种决策方法具有很大的准确性和适用性。

概率型决策常用的方法是决策树法。决策树法是以计算诸行动的期望益损值为依据，并加以比较来确定最优行动，亦称期望值原则。期望值原则以概率论与数理统计作为理论基础。因此这种决策方法较为科学、有效、直观，被决策者广泛采用。

笔者已经把决策树法作为本章的第一节内容详尽地介绍给了读者，不再赘述。

附录1　导数公式

(1) $(c)'=0$（c 为常数）

(2) $(u\pm v)'=u'\pm v'$

(3) $(uv)'=u'v+uv'$

(4) $(cu)'=cu'$（c 为常数）

(5) $\left(\frac{u}{v}\right)'=\frac{u'v-uv'}{v^2}$（$v\neq 0$）

(6) $\frac{dy}{dx}=f'(u)\cdot\varphi'(x)$ 其中 $y=f(u)$，$u=\varphi(x)$

(7) $[f^{-1}(y)]'=\frac{1}{f'(x)}$ 其中 $y=f(x)$，$f'(x)\neq 0$

(8) $(x^{\alpha})'=\alpha x^{\alpha-1}$

(9) $(\log_a x)'=\frac{1}{x}\log_a e$（$a>0$，$a\neq 1$）

(10) $(\ln x)'=\frac{1}{x}$

(11) $(e^x)'=e^x$

(12) $(a^x)'=a^x\ln a$（$a>0$，$a\neq 1$）

(13) $(\sin x)'=\cos x$

(14) $(\cos x)'=-\sin x$

(15) $(\tan x)'=\frac{1}{\cos^2 x}=\sec^2 x$

(16) $(\cot x)'=-\frac{1}{\sin^2 x}=-\csc^2 x$

(17)　$(\sec x)' = \sec x \cdot \tan x$

(18)　$(\csc x)' = -\csc x \cdot \cot x$

(19)　$(\arcsin x)' = \dfrac{1}{\sqrt{1-x^2}}$　$(-1 < x < 1)$

(20)　$(\arccos x)' = -\dfrac{1}{\sqrt{1-x^2}}$　$(-1 < x < 1)$

(21)　$(\arctan x)' = \dfrac{1}{1+x^2}$

(22)　$(\operatorname{arccot} x)' = -\dfrac{1}{1+x^2}$

附录 2

附表 1　泊松分布数值表

$$P(\xi=m)=\frac{\lambda^m}{m!}e^{-\lambda}$$

m \ λ	0. 1	0. 2	0. 3	0. 4	0. 5	0. 6	0. 7	0. 8	0. 9	1. 0	1. 5	2. 0	2. 5	3. 0	3. 5	4. 0
0	0. 904837	0. 818731	0. 740818	0. 676320	0. 606531	0. 548812	0. 496585	0. 449329	0. 406570	0. 367879	0. 223130	0. 135335	0. 082085	0. 049787	0. 030197	0. 018316
1	0. 090484	0. 163746	0. 222245	0. 268128	0. 303265	0. 329287	0. 347610	0. 359463	0. 365913	0. 367879	0. 334695	0. 270671	0. 205212	0. 149361	0. 105691	0. 073263
2	0. 004524	0. 016375	0. 033337	0. 053626	0. 075816	0. 098786	0. 121663	0. 143785	0. 164661	0. 183940	0. 251021	0. 270671	0. 256516	0. 224042	0. 184959	0. 146525
3	0. 000151	0. 001092	0. 003334	0. 007150	0. 012636	0. 019757	0. 028388	0. 038343	0. 049398	0. 061313	0. 125510	0. 180447	0. 213763	0. 224042	0. 215785	0. 195367
4	0. 000004	0. 000055	0. 000250	0. 000715	0. 001580	0. 002964	0. 004968	0. 007669	0. 011115	0. 015328	0. 047067	0. 090224	0. 133602	0. 168031	0. 188812	0. 195367
5		0. 000002	0. 000015	0. 000057	0. 000158	0. 000356	0. 000696	0. 001227	0. 002001	0. 003066	0. 014120	0. 036089	0. 066801	0. 100819	0. 132169	0. 156293
6			0. 000001	0. 000004	0. 000013	0. 000036	0. 000081	0. 000164	0. 000300	0. 000511	0. 003530	0. 012030	0. 027834	0. 50409	0. 077098	0. 104196

续表

m \ λ	0.1	0.2	0.3	0.4	0.5	0.6	0.7	0.8	0.9	1.0	1.5	2.0	2.5	3.0	3.5	4.0
7					0.000001	0.000003	0.000008	0.000019	0.000039	0.000073	0.000756	0.003437	0.009941	0.021604	0.038549	0.059540
8							0.000001	0.000002	0.000004	0.000009	0.000142	0.000859	0.003106	0.008102	0.016865	0.029770
9										0.000001	0.000024	0.000191	0.000863	0.002701	0.006559	0.013231
10											0.000004	0.000038	0.000216	0.000810	0.002296	0.005292
11												0.000007	0.000049	0.000221	0.000730	0.001925
12												0.000001	0.000010	0.000055	0.000213	0.000642
13													0.000002	0.000013	0.000057	0.000197
14														0.000003	0.000014	0.000056
15														0.000001	0.000003	0.000015
16															0.000001	0.000004
17																0.000001

附表 2—1　标准正态分布密度函数值表

$$\varphi_0(u)=\frac{1}{\sqrt{2\pi}}e^{-\frac{u^2}{2}}$$

u	0. 00	0. 01	0. 02	0. 03	0. 04	0. 05	0. 06	0. 07	0. 08	0. 09
0. 0	0. 3989	0. 3989	0. 3989	0. 3988	0. 3986	0. 3984	0. 3982	0. 3980	0. 3977	0. 3973
0. 1	0. 3970	0. 3965	0. 3961	0. 3956	0. 3951	0. 3945	0. 3939	0. 3932	0. 3925	0. 3918
0. 2	0. 3910	0. 3902	0. 3894	0. 3885	0. 3876	0. 3867	0. 3857	0. 3847	0. 3836	0. 3825
0. 3	0. 3814	0. 3802	0. 3790	0. 3778	0. 3765	0. 3752	0. 3739	0. 3725	0. 3712	0. 3697
0. 4	0. 3683	0. 3668	0. 3653	0. 3637	0. 3621	0. 3605	0. 3589	0. 3572	0. 3555	0. 3538
0. 5	0. 3521	0. 3503	0. 3485	0. 3467	0. 3448	0. 3429	0. 3410	0. 3391	0. 3372	0. 3352
0. 6	0. 3332	0. 3312	0. 3292	0. 3271	0. 3251	0. 3230	0. 3209	0. 3187	0. 3166	0. 3144
0. 7	0. 3123	0. 3101	0. 3079	0. 3056	0. 3034	0. 3011	0. 2989	0. 2966	0. 2943	0. 2920
0. 8	0. 2897	0. 2874	0. 2850	0. 2827	0. 2803	0. 2780	0. 2756	0. 2732	0. 2709	0. 2685
0. 9	0. 2661	0. 2637	0. 2613	0. 2589	0. 2565	0. 2541	0. 2516	0. 2492	0. 2468	0. 2444
1. 0	0. 2420	0. 2396	0. 2371	0. 2347	0. 2323	0. 2299	0. 2275	0. 2251	0. 2227	0. 2203
1. 1	0. 2179	0. 2155	0. 2131	0. 2107	0. 2083	0. 2056	0. 2036	0. 2012	0. 1989	0. 1965
1. 2	0. 1942	0. 1919	0. 1895	0. 1872	0. 1849	0. 1826	0. 1804	0. 1781	0. 1758	0. 1736
1. 3	0. 1714	0. 1691	0. 1669	0. 1647	0. 1626	0. 1604	0. 1582	0. 1561	0. 1539	0. 1518
1. 4	0. 1497	0. 1476	0. 1456	0. 1435	0. 1415	0. 1394	0. 1374	0. 1354	0. 1334	0. 1315
1. 5	0. 1295	0. 1276	0. 1257	0. 1238	0. 1219	0. 1200	0. 1182	0. 1163	0. 1145	0. 1127
1. 6	0. 1109	0. 1092	0. 1074	0. 1057	0. 1040	0. 1023	0. 1006	0. 09893	0. 09728	0. 09566
1. 7	0. 09405	0. 09246	0. 09089	0. 08933	0. 08780	0. 08628	0. 08478	0. 08329	0. 08183	0. 08038
1. 8	0. 07895	0. 07754	0. 07614	0. 07477	0. 07341	0. 07206	0. 07074	0. 06943	0. 06814	0. 06687
1. 9	0. 06562	0. 06438	0. 06316	0. 06195	0. 06077	0. 05959	0. 05844	0. 05730	0. 05618	0. 05508
2. 0	0. 05399	0. 05292	0. 05186	0. 05082	0. 04980	0. 04879	0. 04780	0. 04682	0. 04586	0. 04491
2. 1	0. 04398	0. 04307	0. 04217	0. 04128	0. 04041	0. 03959	0. 03871	0. 03788	0. 03706	0. 03626
2. 2	0. 03547	0. 03470	0. 03394	0. 03319	0. 03246	0. 03174	0. 03103	0. 03034	0. 02965	0. 02898
2. 3	0. 02833	0. 02768	0. 02705	0. 02643	0. 02582	0. 02522	0. 02463	0. 02406	0. 02349	0. 02294
2. 4	0. 02239	0. 02186	0. 02134	0. 02083	0. 02033	0. 01984	0. 01936	0. 01888	0. 01842	0. 01797
2. 5	0. 01753	0. 01709	0. 01667	0. 01625	0. $0^2$1585	0. 01545	0. 01506	0. 01468	0. 01431	0. 01394
2. 6	0. 01358	0. 01323	0. 01287	0. 01256	0. $0^2$1223	0. 01191	0. 01160	0. 01130	0. 01100	0. 01071

续表

u	0. 00	0. 01	0. 02	0. 03	0. 04	0. 05	0. 06	0. 07	0. 08	0. 09
2. 7	0. 01042	0. 01014	$0.0^{2}9871$	$0.0^{2}9606$	$0.0^{2}9347$	$0.0^{2}9094$	$0.0^{2}8846$	$0.0^{2}8605$	$0.0^{2}8370$	$0.0^{2}8140$
2. 8	$0.0^{2}7915$	$0.0^{2}7697$	$0.0^{2}7483$	$0.0^{2}7274$	$0.0^{2}7071$	$0.0^{2}6873$	$0.0^{2}6679$	$0.0^{2}6491$	$0.0^{2}6307$	$0.0^{2}6127$
2. 9	$0.0^{2}5953$	$0.0^{2}5782$	$0.0^{2}5616$	$0.0^{2}5454$	$0.0^{2}5296$	$0.0^{2}5143$	$0.0^{2}4993$	$0.0^{2}4847$	$0.0^{2}4705$	$0.0^{2}4567$
3. 0	$0.0^{2}4432$	$0.0^{2}4301$	$0.0^{2}4173$	$0.0^{2}4049$	$0.0^{2}3928$	$0.0^{2}3810$	$0.0^{2}3695$	$0.0^{2}3584$	$0.0^{2}3475$	$0.0^{2}3370$
3. 1	$0.0^{2}3267$	$0.0^{2}3167$	$0.0^{2}3070$	$0.0^{2}2975$	$0.0^{2}2884$	$0.0^{2}2794$	$0.0^{2}2707$	$0.0^{2}2623$	$0.0^{2}2541$	$0.0^{2}2461$
3. 2	$0.0^{2}2384$	$0.0^{2}2309$	$0.0^{2}2236$	$0.0^{2}2165$	$0.0^{2}2096$	$0.0^{2}2029$	$0.0^{2}1964$	$0.0^{2}1901$	$0.0^{2}1840$	$0.0^{2}1780$
3. 3	$0.0^{2}1723$	$0.0^{2}1667$	$0.0^{2}1612$	$0.0^{2}1560$	$0.0^{2}1508$	$0.0^{2}1459$	$0.0^{2}1411$	$0.0^{2}1364$	$0.0^{2}1319$	$0.0^{2}1275$
3. 4	$0.0^{2}1232$	$0.0^{2}1191$	$0.0^{2}1151$	$0.0^{2}1112$	$0.0^{2}1075$	$0.0^{2}1033$	$0.0^{2}1003$	$0.0^{2}9689$	$0.0^{2}9358$	$0.0^{2}9037$
3. 5	$0.0^{3}8727$	$0.0^{3}8426$	$0.0^{3}8135$	$0.0^{3}7853$	$0.0^{3}7581$	$0.0^{3}7317$	$0.0^{3}7061$	$0.0^{3}6814$	$0.0^{3}6575$	$0.0^{3}6343$
3. 6	$0.0^{3}6119$	$0.0^{3}5902$	$0.0^{3}5693$	$0.0^{3}5490$	$0.0^{3}5294$	$0.0^{3}5105$	$0.0^{3}4921$	$0.0^{3}4744$	$0.0^{3}4573$	$0.0^{3}4408$
3. 7	$0.0^{3}4248$	$0.0^{3}4093$	$0.0^{3}3944$	$0.0^{3}3800$	$0.0^{3}3661$	$0.0^{3}3526$	$0.0^{3}3396$	$0.0^{3}3271$	$0.0^{3}3149$	$0.0^{3}3032$
3. 8	$0.0^{3}2919$	$0.0^{3}2810$	$0.0^{3}2705$	$0.0^{3}2604$	$0.0^{3}2506$	$0.0^{3}2411$	$0.0^{3}2320$	$0.0^{3}2232$	$0.0^{3}2147$	$0.0^{3}2065$
3. 9	$0.0^{3}1987$	$0.0^{3}1910$	$0.0^{3}1837$	$0.0^{3}1766$	$0.0^{3}1693$	$0.0^{3}1633$	$0.0^{3}1569$	$0.0^{3}1508$	$0.0^{3}1449$	$0.0^{3}1393$
4. 0	$0.0^{3}1333$	$0.0^{3}1286$	$0.0^{3}1235$	$0.0^{3}1186$	$0.0^{3}1140$	$0.0^{3}1094$	$0.0^{3}1051$	$0.0^{3}1009$	$0.0^{4}9687$	$0.0^{4}9299$
4. 1	$0.0^{4}8926$	$0.0^{4}8567$	$0.0^{4}8222$	$0.0^{4}7890$	$0.0^{4}7570$	$0.0^{4}7263$	$0.0^{4}6967$	$0.0^{4}6683$	$0.0^{4}6410$	$0.0^{4}6147$
4. 2	$0.0^{4}5894$	$0.0^{4}5652$	$0.0^{4}5418$	$0.0^{4}5194$	$0.0^{4}4979$	$0.0^{4}4772$	$0.0^{4}4573$	$0.0^{4}4382$	$0.0^{4}4199$	$0.0^{4}023$
4. 3	$0.0^{4}3854$	$0.0^{4}3691$	$0.0^{4}3535$	$0.0^{4}3386$	$0.0^{4}3242$	$0.0^{4}3104$	$0.0^{4}2972$	$0.0^{4}2845$	$0.0^{4}2723$	$0.0^{4}2606$
4. 4	$0.0^{4}2494$	$0.0^{4}2387$	$0.0^{4}2284$	$0.0^{4}2185$	$0.0^{4}2090$	$0.0^{4}1999$	$0.0^{4}1912$	$0.0^{4}1829$	$0.0^{4}1749$	$0.0^{4}1672$
4. 5	$0.0^{4}1593$	$0.0^{4}1528$	$0.0^{4}1461$	$0.0^{4}1396$	$0.0^{4}1334$	$0.0^{4}1275$	$0.0^{4}1218$	$0.0^{4}1164$	$0.0^{4}1112$	$0.0^{4}1062$
4. 6	$0.0^{4}1014$	$0.0^{5}9684$	$0.0^{5}9248$	$0.0^{5}8830$	$0.0^{5}8430$	$0.0^{5}8047$	$0.0^{5}7681$	$0.0^{5}7331$	$0.0^{5}6996$	$0.0^{5}6675$
4. 7	$0.0^{5}6370$	$0.0^{5}6077$	$0.0^{5}5797$	$0.0^{5}5530$	$0.0^{5}5274$	$0.0^{5}5030$	$0.0^{5}4796$	$0.0^{5}4573$	$0.0^{5}4360$	$0.0^{5}4156$
4. 8	$0.0^{5}3961$	$0.0^{5}3775$	$0.0^{5}3593$	$0.0^{5}3428$	$0.0^{5}3267$	$0.0^{5}3112$	$0.0^{5}2965$	$0.0^{5}2824$	$0.0^{5}2690$	$0.0^{5}2561$
4. 9	$0.0^{5}2439$	$0.0^{5}2322$	$0.0^{5}2211$	$0.0^{5}2105$	$0.0^{5}2003$	$0.0^{5}1907$	$0.0^{5}1814$	$0.0^{5}1727$	$0.0^{5}1643$	$0.0^{5}1563$

附表 2—2　标准正态分布函数表

$$\Phi_0(u) = \frac{1}{\sqrt{2\pi}}\int_{-\infty}^{u} e^{-\frac{x^2}{2}}dx \qquad (u \geqslant 0)$$

u	0. 00	0. 01	0. 02	0. 03	0. 04	0. 05	0. 06	0. 07	0. 08	0. 09
0. 0	0. 50000	0. 5040	0. 5080	0. 5120	0. 5160	0. 5199	0. 5239	0. 5279	0. 5319	0. 5359
0. 1	0. 5398	0. 5438	0. 5478	0. 5517	0. 5557	0. 5596	0. 5636	0. 5675	0. 5714	0. 5753
0. 2	0. 5793	0. 5832	0. 5871	0. 5910	0. 5948	0. 5987	0. 6026	0. 6064	0. 6103	0. 6141
0. 3	0. 6179	0. 6217	0. 6255	0. 6293	0. 6331	0. 6368	0. 6404	0. 6443	0. 6480	0. 6517
0. 4	0. 6554	0. 6591	0. 6628	0. 6664	0. 6700	0. 6736	0. 6772	0. 6808	0. 6844	0. 6879
0. 5	0. 6915	0. 6950	0. 6985	0. 7019	0. 7054	0. 7088	0. 7123	0. 7157	0. 7190	0. 7224
0. 6	0. 7257	0. 7291	0. 7324	0. 7357	0. 7389	0. 7422	0. 7454	0. 7486	0. 7517	0. 7549
0. 7	0. 7580	0. 7611	0. 7642	0. 7673	0. 7703	0. 7734	0. 7764	0. 7794	0. 7823	0. 7852
0. 8	0. 7881	0. 7910	0. 7939	0. 7967	0. 7995	0. 8023	0. 8051	0. 8078	0. 8106	0. 8133
0. 9	0. 8159	0. 8186	0. 8212	0. 8238	0. 8264	0. 8289	0. 8315	0. 8340	0. 8365	0. 8389
1. 0	0. 8413	0. 8438	0. 8461	0. 8485	0. 8508	0. 8531	0. 8554	0. 8577	0. 8599	0. 8621
1. 1	0. 8643	0. 8665	0. 8686	0. 8708	0. 8729	0. 8749	0. 8770	0. 8790	0. 8810	0. 8830
1. 2	0. 8849	0. 8869	0. 8888	0. 8907	0. 8925	0. 8944	0. 8962	0. 8980	0. 8997	0. 90147
1. 3	0. 90320	0. 90490	0. 90658	0. 90824	0. 90988	0. 91149	0. 91309	0. 91466	0. 91621	0. 91774
1. 4	0. 91924	0. 92073	0. 92220	0. 92364	0. 82507	0. 92647	0. 92785	0. 92922	0. 93056	0. 93189
1. 5	0. 93319	0. 93448	0. 93574	0. 93699	0. 93822	0. 93943	0. 94062	0. 94179	0. 94295	0. 94408
1. 6	0. 94520	0. 94630	0. 94738	0. 94845	0. 94950	0. 95053	0. 95154	0. 95254	0. 95352	0. 95449
1. 7	0. 95543	0. 95637	0. 95728	0. 95818	0. 95907	0. 95994	0. 96080	0. 96164	0. 96246	0. 96327
1. 8	0. 96407	0. 96485	0. 96562	0. 96638	0. 96721	0. 96784	0. 96856	0. 96926	0. 96995	0. 97062
1. 9	0. 97128	0. 97193	0. 97257	0. 97320	0. 97381	0. 97441	0. 97500	0. 97558	0. 97615	0. 97670
2. 0	0. 97725	0. 97778	0. 97831	0. 97882	0. 97932	0. 97982	0. 98030	0. 98077	0. 98124	0. 98169
2. 1	0. 98214	0. 98257	0. 98300	0. 98341	0. 98382	0. 98422	0. 98461	0. 98500	0. 98537	0. 98574
2. 2	0. 98610	0. 98645	0. 98679	0. 98713	0. 98745	0. 98778	0. 98809	0. 98840	0. 98870	0. 98899
2. 3	0. 98928	0. 98956	0. 98983	0. $9^2$0097	0. $9^2$0358	0. $9^2$0613	0. $9^2$0863	0. $9^2$1106	0. $9^2$1344	0. $9^2$1576
2. 4	0. $9^2$1802	0. $9^2$2024	0. $9^2$2240	0. $9^2$2451	0. $9^2$2656	0. $9^2$2857	0. $9^2$3053	0. $9^2$3244	0. $9^2$3431	0. $9^2$3613

续表

u	0.00	0.01	0.02	0.03	0.04	0.05	0.06	0.07	0.08	0.09
2.5	$0.9^{2}3790$	$0.9^{2}3963$	$0.9^{2}4132$	$0.9^{2}4297$	$0.9^{2}4457$	$0.9^{2}4614$	$0.9^{2}4766$	$0.9^{2}4915$	$0.9^{2}5060$	$0.9^{2}5201$
2.6	$0.9^{2}5339$	$0.9^{2}5473$	$0.9^{2}5604$	$0.9^{2}5731$	$0.9^{2}5855$	$0.9^{2}5975$	$0.9^{2}6093$	$0.9^{2}6207$	$0.9^{2}6319$	$0.9^{2}6427$
2.7	$0.9^{2}6533$	$0.9^{2}6636$	$0.9^{2}6736$	$0.9^{2}6833$	$0.9^{2}6928$	$0.9^{2}7020$	$0.9^{2}7110$	$0.9^{2}7197$	$0.9^{2}7282$	$0.9^{2}7365$
2.8	$0.9^{2}7445$	$0.9^{2}7523$	$0.9^{2}7599$	$0.9^{2}7673$	$0.9^{2}7744$	$0.9^{2}7814$	$0.9^{2}7882$	$0.9^{2}7948$	$0.9^{2}8012$	$0.9^{2}8074$
2.9	$0.9^{2}8134$	$0.9^{2}8193$	$0.9^{2}8250$	$0.9^{2}8305$	$0.9^{2}8359$	$0.9^{2}8411$	$0.9^{2}8462$	$0.9^{2}8511$	$0.9^{2}8559$	$0.9^{2}8605$
3.0	$0.9^{2}8650$	$0.9^{2}8694$	$0.9^{2}8736$	$0.9^{2}8777$	$0.9^{2}8817$	$0.9^{2}8856$	$0.9^{2}8893$	$0.9^{2}8930$	$0.9^{2}8965$	$0.9^{2}8999$
3.1	$0.9^{3}0324$	$0.9^{3}0646$	$0.9^{3}0957$	$0.9^{3}1260$	$0.9^{3}1553$	$0.9^{3}1836$	$0.9^{3}2112$	$0.9^{3}2378$	$0.9^{3}2636$	$0.9^{3}2886$
3.2	$0.9^{3}3129$	$0.9^{3}3363$	$0.9^{3}3590$	$0.9^{3}3810$	$0.9^{3}4024$	$0.9^{3}4230$	$0.9^{3}4429$	$0.9^{3}4623$	$0.9^{3}4810$	$0.9^{3}4911$
3.3	$0.9^{3}5166$	$0.9^{3}5335$	$0.9^{3}5499$	$0.9^{3}5658$	$0.9^{3}5811$	$0.9^{3}5959$	$0.9^{3}6103$	$0.9^{3}6242$	$0.9^{3}6376$	$0.9^{3}6505$
3.4	$0.9^{3}66331$	$0.9^{3}6752$	$0.9^{3}6869$	$0.9^{3}6982$	$0.9^{3}7091$	$0.9^{3}7197$	$0.9^{3}7299$	$0.9^{3}7398$	$0.9^{3}7493$	$0.9^{3}7585$
3.5	$0.9^{3}7674$	$0.9^{3}7759$	$0.9^{3}7842$	$0.9^{3}7922$	$0.9^{3}7999$	$0.9^{3}8074$	$0.9^{3}8146$	$0.9^{3}8215$	$0.9^{3}8282$	$0.9^{3}8347$
3.6	$0.9^{3}8409$	$0.9^{3}8469$	$0.9^{3}8527$	$0.9^{3}8583$	$0.9^{3}8637$	$0.9^{3}8689$	$0.9^{3}8739$	$0.9^{3}8787$	$0.9^{3}8834$	$0.9^{3}8879$
3.7	$0.9^{3}8922$	$0.9^{3}8964$	$0.9^{4}0039$	$0.9^{4}0426$	$0.9^{4}0799$	$0.9^{4}1158$	$0.9^{4}1504$	$0.9^{4}1838$	$0.9^{4}2159$	$0.9^{4}2468$
3.8	$0.9^{4}2765$	$0.9^{4}3052$	$0.9^{4}3327$	$0.9^{4}3593$	$0.9^{4}3848$	$0.9^{4}4094$	$0.9^{4}4331$	$0.9^{4}4558$	$0.9^{4}4777$	$0.9^{4}4988$
3.9	$0.9^{4}5190$	$0.9^{4}5385$	$0.9^{4}5573$	$0.9^{4}5753$	$0.9^{4}5926$	$0.9^{4}6092$	$0.9^{4}6253$	$0.9^{4}6406$	$0.9^{4}6554$	$0.9^{4}6696$
4.0	$0.9^{4}6833$	$0.9^{4}6964$	$0.9^{4}7090$	$0.9^{4}7211$	$0.9^{4}7327$	$0.9^{4}7439$	$0.9^{4}7546$	$0.9^{4}7649$	$0.9^{4}7748$	$0.9^{4}7843$
4.1	$0.9^{4}7934$	$0.9^{4}8022$	$0.9^{4}8106$	$0.9^{4}8186$	$0.9^{4}8263$	$0.9^{4}8338$	$0.9^{4}8409$	$0.9^{4}8477$	$0.9^{4}8542$	$0.9^{4}8605$
4.2	$0.9^{4}8665$	$0.9^{4}8723$	$0.9^{4}8778$	$0.9^{4}8832$	$0.9^{4}8882$	$0.9^{4}8931$	$0.9^{4}8978$	$0.9^{5}0226$	$0.9^{5}0655$	$0.9^{5}1066$
4.3	$0.9^{5}1460$	$0.9^{5}1837$	$0.9^{5}2199$	$0.9^{5}2545$	$0.9^{5}2876$	$0.9^{5}3193$	$0.9^{5}3497$	$0.9^{5}3788$	$0.9^{5}4066$	$0.9^{5}4332$
4.4	$0.9^{5}4587$	$0.9^{5}4831$	$0.9^{5}5065$	$0.9^{5}5288$	$0.9^{5}5502$	$0.9^{5}5706$	$0.9^{5}5902$	$0.9^{5}6089$	$0.9^{5}6268$	$0.9^{5}6439$
4.5	$0.9^{5}6602$	$0.9^{5}6759$	$0.9^{5}6908$	$0.9^{5}7051$	$0.9^{5}7187$	$0.9^{5}7318$	$0.9^{5}7442$	$0.9^{5}7561$	$0.9^{5}7675$	$0.9^{5}7784$
4.6	$0.9^{5}7888$	$0.9^{5}7987$	$0.9^{5}8081$	$0.9^{5}8172$	$0.9^{5}8258$	$0.9^{5}8340$	$0.9^{5}8419$	$0.9^{5}8494$	$0.9^{5}8566$	$0.9^{5}8634$
4.7	$0.9^{5}8699$	$0.9^{5}8761$	$0.9^{5}8821$	$0.9^{5}8877$	$0.9^{5}8931$	$0.9^{5}8983$	$0.9^{6}0320$	$0.9^{6}0789$	$0.9^{6}1235$	$0.9^{6}1661$
4.8	$0.9^{6}2067$	$0.9^{6}2453$	$0.9^{6}2822$	$0.9^{6}3173$	$0.9^{6}3508$	$0.9^{6}3827$	$0.9^{6}4131$	$0.9^{6}4420$	$0.9^{6}4696$	$0.9^{6}4958$
4.9	$0.9^{6}5208$	$0.9^{6}5446$	$0.9^{6}5673$	$0.9^{6}5889$	$0.9^{6}6094$	$0.9^{6}6289$	$0.9^{6}6475$	$0.9^{6}6652$	$0.9^{6}6821$	$0.9^{6}6981$

附表3　t分布双侧临界值表

$P(|t(n)|>t_{\alpha})=\alpha$　n：自由度

n \ α	0.9	0.8	0.7	0.6	0.5	0.4	0.3	0.2	0.1	0.05	0.02	0.01	0.001
1	0.158	0.325	0.510	0.727	1.000	1.376	1.963	3.078	6.314	12.706	31.821	63.657	636.619
2	0.142	0.289	0.445	0.617	0.816	1.061	1.386	1.886	2.920	4.303	6.965	9.925	31.598
3	0.137	0.277	0.424	0.584	0.765	0.978	1.250	1.638	2.353	3.182	4.541	5.841	12.924
4	0.134	0.271	0.414	0.569	0.741	0.941	1.190	1.533	2.132	2.776	3.747	4.604	8.610
5	0.132	0.267	0.408	0.559	0.727	0.920	1.156	1.476	2.015	2.571	3.365	4.032	6.859
6	0.131	0.265	0.404	0.553	0.718	0.906	1.134	1.440	1.943	2.447	3.143	3.707	5.959
7	0.130	0.263	0.402	0.549	0.711	0.896	1.119	1.415	1.895	2.365	2.998	3.499	5.405
8	0.130	0.262	0.399	0.546	0.706	0.889	1.108	1.397	1.860	2.306	2.896	3.355	5.041
9	0.129	0.261	0.398	0.543	0.703	0.883	1.100	1.383	1.833	2.262	2.821	3.250	4.781
10	0.129	0.260	0.397	0.542	0.700	0.879	1.093	1.372	1.812	2.228	2.764	3.169	4.587
11	0.129	0.260	0.396	0.540	0.697	0.876	1.088	1.363	1.796	2.201	2.718	3.106	4.437
12	0.128	0.259	0.395	0.539	0.695	0.873	1.083	1.356	1.782	2.179	2.681	3.055	4.318
13	0.128	0.259	0.394	0.538	0.694	0.870	1.079	1.350	1.771	2.160	2.650	3.012	4.221
14	0.128	0.258	0.393	0.537	0.692	0.868	1.076	1.345	1.761	2.145	2.624	2.977	4.140
15	0.128	0.258	0.393	0.536	0.691	0.866	1.074	1.341	1.753	2.131	2.602	2.947	4.073
16	0.128	0.258	0.392	0.535	0.690	0.865	1.071	1.337	1.746	2.120	2.583	2.921	4.015
17	0.128	0.257	0.392	0.534	0.689	0.863	1.069	1.333	1.740	2.110	2.567	2.898	3.965
18	0.127	0.257	0.392	0.534	0.688	0.862	1.067	1.330	1.734	2.101	2.552	2.878	3.922
19	0.127	0.257	0.391	0.533	0.688	0.861	1.066	1.328	1.729	2.093	2.539	2.861	3.883
20	0.127	0.257	0.391	0.533	0.687	0.860	1.064	1.325	1.725	2.086	2.528	2.845	3.850
21	0.127	0.257	0.391	0.532	0.686	0.859	1.063	1.323	1.721	2.080	2.518	2.831	3.819
22	0.127	0.256	0.390	0.532	0.686	0.858	1.061	1.321	1.717	2.074	2.508	2.819	3.792
23	0.127	0.256	0.390	0.532	0.685	0.858	1.060	1.319	1.714	2.069	2.500	2.807	3.767
24	0.127	0.256	0.390	0.531	0.685	0.857	1.059	1.318	1.711	2.064	2.492	2.797	3.745
25	0.127	0.256	0.390	0.531	0.684	0.856	1.058	1.316	1.708	2.060	2.485	2.787	3.725
26	0.127	0.256	0.390	0.531	0.684	0.856	1.058	1.315	1.706	2.056	2.479	2.779	3.707
27	0.127	0.256	0.389	0.531	0.684	0.855	1.057	1.314	1.703	2.052	2.473	2.771	3.690
28	0.127	0.256	0.389	0.530	0.683	0.855	1.056	1.313	1.701	2.048	2.467	2.763	3.674

续表

n \ α	0.9	0.8	0.7	0.6	0.5	0.4	0.3	0.2	0.1	0.05	0.02	0.01	0.001
29	0.127	0.256	0.389	0.530	0.683	0.854	1.055	1.311	1.699	2.045	2.462	2.756	3.659
30	0.127	0.256	0.389	0.530	0.683	0.854	1.055	1.310	1.697	2.042	2.457	2.750	3.646
40	0.126	0.255	0.388	0.529	0.681	0.851	1.050	1.303	1.684	2.021	2.432	2.704	3.551
60	0.126	0.254	0.387	0.527	0.679	0.848	1.046	1.296	1.671	2.000	2.390	2.660	3.460
120	0.126	0.254	0.386	0.526	0.677	0.845	1.041	1.289	1.658	1.980	2.358	2.617	3.373
∞	0.126	0.253	0.385	0.524	0.674	0.842	1.036	1.282	1.645	1.960	2.326	2.576	3.291

附表 4　F 检验的临界值表

$P\{F(n_1,n_2)>F_\alpha\}=\alpha$　　　　($\alpha=0.05$)

n_2 \ n_1	1	2	3	4	5	6	7	8	9	10	12	15	20	24	30	40	60	120	∞
1	161. 40	199. 50	215. 70	224. 60	230. 20	234. 00	236. 80	238. 90	240. 50	241. 90	243. 90	245. 90	248. 00	249. 10	250. 10	251. 10	252. 20	253. 30	254. 30
2	18. 51	19. 00	19. 16	19. 25	19. 30	19. 33	19. 35	19. 37	19. 38	19. 40	19. 41	19. 43	19. 45	19. 45	19. 46	19. 47	19. 48	19. 49	19. 30
3	10. 13	9. 55	9. 28	9. 12	9. 01	8. 94	8. 89	8. 85	8. 81	8. 79	8. 74	8. 70	8. 66	8. 64	8. 62	8. 59	8. 57	8. 55	8. 53
4	7. 71	6. 94	6. 59	6. 39	6. 26	6. 16	6. 09	6. 04	6. 00	5. 96	5. 91	5. 86	5. 80	5. 77	5. 75	5. 72	5. 69	5. 66	5. 63
5	6. 61	5. 79	5. 41	5. 19	5. 05	4. 95	4. 88	4. 82	4. 77	4. 74	4. 68	4. 62	4. 56	4. 53	4. 50	4. 46	4. 43	4. 40	4. 36
6	5. 99	5. 14	4. 76	4. 53	4. 39	4. 28	4. 21	4. 15	4. 10	4. 06	4. 00	3. 94	3. 87	3. 84	3. 81	3. 77	3. 74	3. 70	3. 67
7	5. 59	4. 74	4. 35	4. 12	3. 97	3. 87	3. 79	3. 73	3. 68	3. 64	3. 57	3. 51	3. 44	3. 41	3. 38	3. 34	3. 30	3. 27	3. 23
8	5. 32	4. 46	4. 07	3. 84	3. 69	3. 58	3. 50	3. 44	3. 39	3. 35	3. 28	3. 22	3. 15	3. 12	3. 08	3. 04	3. 01	2. 97	2. 93
9	5. 12	4. 26	3. 86	3. 63	3. 48	3. 37	3. 29	3. 23	3. 18	3. 14	3. 07	3. 01	2. 94	2. 90	2. 86	2. 83	2. 79	2. 75	2. 71
10	4. 96	4. 10	3. 71	3. 48	3. 33	3. 22	3. 14	3. 07	3. 02	2. 98	2. 91	2. 85	2. 77	2. 74	2. 70	2. 66	2. 62	2. 58	2. 54
11	4. 84	3. 98	3. 59	3. 36	3. 20	3. 07	3. 01	2. 95	2. 90	2. 85	2. 79	2. 72	2. 65	2. 61	2. 57	2. 53	2. 49	2. 45	2. 40
12	4. 75	3. 89	3. 49	3. 26	3. 11	3. 00	2. 91	2. 85	2. 80	2. 75	2. 69	2. 62	2. 54	2. 51	2. 47	2. 43	2. 38	2. 34	2. 30
13	4. 67	3. 81	3. 41	3. 18	3. 03	2. 52	2. 85	2. 77	2. 71	2. 67	2. 60	2. 53	2. 46	2. 42	2. 38	2. 34	2. 30	2. 25	2. 21
14	4. 60	3. 74	3. 34	3. 11	2. 96	2. 85	2. 76	2. 70	2. 65	2. 60	2. 53	2. 46	2. 39	2. 35	2. 31	2. 27	2. 22	2. 18	2. 13
15	4. 54	3. 68	3. 29	3. 06	2. 90	2. 79	2. 71	2. 64	2. 59	2. 54	2. 48	2. 40	2. 33	2. 29	2. 25	2. 20	2. 16	2. 11	2. 07
16	4. 49	3. 63	3. 24	3. 01	2. 85	2. 74	2. 66	2. 59	2. 54	2. 49	2. 42	2. 35	2. 28	2. 24	2. 19	2. 15	2. 11	2. 06	2. 01
17	4. 45	3. 59	3. 20	2. 96	2. 81	2. 70	2. 61	2. 55	2. 49	2. 45	2. 38	2. 31	2. 23	2. 19	2. 15	2. 10	2. 06	2. 01	1. 96
18	4. 41	3. 55	3. 16	2. 93	2. 77	2. 66	2. 58	2. 51	2. 46	2. 41	2. 34	2. 27	2. 19	2. 15	2. 11	2. 06	2. 02	1. 97	1. 92
19	4. 38	3. 52	3. 13	2. 90	2. 74	2. 63	2. 54	2. 48	2. 42	2. 38	2. 31	2. 23	2. 16	2. 11	2. 07	2. 03	1. 98	1. 93	1. 88

续表

n_2 \ n_1	1	2	3	4	5	6	7	8	9	10	12	15	20	24	30	40	60	120	∞
20	4.35	3.49	3.10	2.87	2.71	2.60	2.51	2.45	2.39	2.35	2.28	2.20	2.12	2.08	2.04	1.99	1.95	1.90	1.84
21	4.32	3.47	3.07	2.84	2.68	2.57	2.49	2.42	2.37	2.32	2.25	2.18	2.10	2.05	2.01	1.95	1.92	1.87	1.81
22	4.30	3.44	3.05	2.82	2.66	2.55	2.46	2.40	2.34	2.30	2.23	2.15	2.07	2.03	1.98	1.94	1.89	1.84	1.78
23	4.28	3.42	3.03	2.80	2.64	2.53	2.44	2.37	2.32	2.27	2.20	2.13	2.05	2.01	1.96	1.91	1.86	1.81	1.76
24	4.26	3.40	3.01	2.78	2.62	2.51	2.42	2.36	2.30	2.25	2.18	2.11	2.03	1.98	1.94	1.89	1.84	1.79	1.73
25	4.24	3.39	2.99	2.76	2.60	2.49	2.40	2.34	2.28	2.24	2.16	2.09	2.01	1.96	1.92	1.87	1.82	1.77	1.71
26	4.23	3.37	2.98	2.74	2.59	2.47	2.39	2.32	2.27	2.22	2.15	2.07	1.99	1.95	1.90	1.85	1.80	1.75	1.69
27	4.21	3.35	2.96	2.73	2.57	2.46	2.37	2.31	2.25	2.20	2.13	2.06	1.97	1.93	1.88	1.84	1.79	1.73	1.67
28	4.20	3.34	2.95	2.71	2.56	2.45	2.36	2.29	2.24	2.19	2.12	2.04	1.96	1.91	1.87	1.82	1.77	1.71	1.65
29	4.18	3.33	2.93	2.70	2.55	2.43	2.35	2.28	2.22	2.18	2.10	2.03	1.94	1.90	1.85	1.81	1.75	1.70	1.64
30	4.17	3.32	2.92	2.69	2.53	2.42	2.33	2.27	2.21	2.16	2.09	2.01	1.93	1.89	1.84	1.79	1.74	1.68	1.62
40	4.08	3.23	2.84	2.61	2.45	2.34	2.25	2.18	2.12	2.08	2.00	1.92	1.84	1.79	1.74	1.69	1.64	1.58	1.51
60	4.00	3.15	2.76	2.53	2.37	2.25	2.17	2.10	2.04	1.99	1.92	1.84	1.75	1.70	1.65	1.59	1.53	1.47	1.39
120	3.92	3.07	2.68	2.45	2.29	2.17	2.09	2.02	1.96	1.91	1.83	1.75	1.66	1.61	1.55	1.50	1.43	1.35	1.25
∞	3.84	3.00	2.60	2.37	2.21	2.10	2.01	1.94	1.88	1.83	1.75	1.67	1.57	1.52	1.46	1.39	1.32	1.22	1.00

参考文献

1. 厉以宁，秦宛顺《现代西方经济学概论》北京大学出版社
2. 高汝熹《高等数学（一）微积分》武汉大学出版社
3. 范金城《工程数学概率论与数理统计》辽宁大学出版社
4. 赵树嫄《线性代数》中国人民大学出版社
5. 杨庆之《最优化方法》科学出版社
6. 李茂林《经济数学方法》中央民族大学出版社
7. 李维铮，郭耀煌，甘应爱，等《运筹学（第三版）》清华大学出版社
8. （苏）辛钦《数学分析简明教程》高等教育出版社